VOLLER
HOFFNUNG

VOLLER HOFFNUNG

ERWARTE JEDEN TAG ETWAS GUTES

Copyright © 2015 by Joyce Meyer
Titel der Originalausgabe: Get Your Hopes Up!
Originalverlag: FaithWords Hachette Book Group, New York, U. S. A.

© Alle Rechte der deutschen Ausgabe bei
Joyce Meyer Ministries GmbH
Postfach 76 10 01
22060 Hamburg
www.joyce-meyer.de
Tel. +49 (0) 40/88 88 4 11 11

ISBN: 978-3-945678-06-0
eBook ISBN: 978-3-945678-61-9

Bestellungen bitte an die oben stehende Adresse richten.

1. Auflage, März 2016

Alle Bibelzitate wurden, wenn nicht anderweitig gekennzeichnet, folgender Bibelausgabe übernommen:
Neues Leben. Die Bibel © 2002 und 2006 SCM R.Brockhaus im SCM-Verlag GmbH & Co. KG, Witten.

Sonstige verwendete Bibelausgaben:
Revidierte Elberfelder Bibel © 1985/1991/2008 SCM R.Brockhaus im
SCM-Verlag GmbH & Co. KG, Witten.
Bibeltext der *Schlachter* © 2000 Genfer Bibelgesellschaft.
Lutherbibel, revidierter Text 1984, durchgesehene Ausgabe © 1999 Deutsche Bibelgesellschaft, Stuttgart.
Die Verse aus der *Amplified Bible* wurden direkt aus dem Englischen übersetzt.
The Amplified ® Bible. Copyright © 1954, 1958, 1962, 1964, 1965, 1987 by The Lockman Foundation.

Übersetzung: Jokim Schnöbbe
Lektorat: Doris C. Leisering und Esther Keith
Umschlag: Lars Osterwald
Satz: Satz & Medien Wieser, Stolberg
Druck und Verarbeitung: CPI books GmbH

Alle Rechte vorbehalten!
Vervielfältigung oder Abschrift, auch auszugsweise, nur mit schriftlicher Genehmigung des Verlags.

Inhalt

Einleitung 7

Teil I: Hoffnung verleiht Flügel 15
1. Fangen Sie an mehr zu erwarten 17
2. »Folge dem Leiter« 28
3. Kein »Ich kann nicht« mehr 38
4. Die Kraft der Hoffnung 49
5. Eine neue Identität entdecken 61

Teil II: Hoffnung, wenn es wehtut 73
6. Schauen Sie hinauf! 75
7. Lieber dankbar sein 86
8. Worte der Hoffnung 96
9. In Bewegung bleiben 108

Teil III: Hoffnung und Lebensglück 121
10. In allem das Gute suchen 123
11. Gefangene der Hoffnung 134
12. Eine Gebetserhörung sein 144
13. Hoffnung ist unser Anker 155

Teil IV: Hoffnung für jetzt 165
14. Heute, nicht morgen! 167
15. Gottes Perspektive 175
16. Die Entscheidung liegt bei uns 187
17. Hoffnung im Überfluss 199

Nachwort 211
Weitere Bibelverse über Hoffnung 213
Gebet um Errettung 218
Anmerkungen 220

Einleitung

Ohne Glauben ist es unmöglich, Gott zu gefallen, und wer zu ihm kommen möchte, muss glauben, dass er existiert und dass er die belohnt, die ihn aufrichtig suchen (siehe Hebräer 11,6). Glaube ist das Vertrauen darauf, dass das, was wir *hoffen*, sich erfüllen wird (siehe Hebräer 11,1). In der Bibel wird uns versichert, dass unser Glaube Berge versetzen kann, selbst wenn er nur so groß wäre wie ein Senfkorn (siehe Matthäus 17,20). Abraham hielt an der *Hoffnung* fest, dass er das erleben würde, was Gott ihm versprochen hatte (siehe Römer 4,18). Manche Menschen versuchen zu *glauben*, haben aber keine *Hoffnung*. Sie hegen nicht die positive Erwartung, dass Gott sie, einfach weil er gut ist, auch Gutes erleben lässt. Ich bin überzeugt: Hoffnung geht dem Glauben voraus und ist mit ihm verbunden. Man kann das eine nicht von dem anderen trennen. Wie soll ein negativer, hoffnungsloser Mensch ein Leben voller Glauben führen können? Ein solcher Mensch mag zwar an Gott glauben, doch aus dem Glauben zu leben bedeutet mehr, als nur daran zu glauben, dass es Gott gibt. Man muss auch glauben, dass er gut ist und die belohnt, die ihn aufrichtig suchen. Glaubensvolle Menschen erwarten, dass Gott gut zu ihnen ist, nicht weil sie es verdient haben, sondern weil Gott es versprochen hat.

Ich habe die letzten 38 Jahre meines Lebens damit verbracht, durch die Welt zu reisen und Menschen die Bibel nahezubringen. Über diese Zeit hinweg habe ich viele wunderbare Menschen kennengelernt – Menschen wie Sie. Firmeninhaber, Hausfrauen, berufstätige Mütter, Künstler, Pastoren, Unternehmer, Politiker, ehrenamtlich Tätige, alleinerziehende Mütter und Väter. Ich hatte das Vorrecht, Männer und Frauen aus fast allen sozialen Schichten kennenzulernen.

Einigen davon geht es richtig gut; sie fühlen sich obenauf. Andere haben mir anvertraut, dass sie gerade so über die Runden kommen; jeder Tag ist eine neue Herausforderung. Und viele haben mit Umständen zu kämpfen, die so schwierig sind, dass sie sich ehrlich gesagt vom Leben überfordert und aufgerieben fühlen. Doch ich habe entdeckt, dass unabhängig davon, was für ein Mensch es ist und wie seine Situation im Einzelnen aussieht, es etwas gibt, was sie alle – wir alle – unbedingt brauchen, nämlich Hoffnung.

Hoffnung ist die freudige und zuversichtliche Erwartung, dass Gutes geschehen wird. Sie ist eine mächtige, umfassende Inspiration, eine steigende Flut, die allen Booten Auftrieb gibt. Ob wir nun gerade mit schlaffen Segeln in den Hafen gleiten, am Dock festhängen oder mutig in See gestochen sind, Hoffnung gibt unserem Geist Aufschwung. Sie fordert uns heraus zu glauben: *Weißt du was? Am Ende wird bestimmt alles gut.* Sie ist das teilweise unerklärliche, aber immer unbestreitbare Gefühl, dass heute ein schlechter Tag zum Aufgeben ist. Hoffnung ist der Glaube, dass jeden Moment etwas Gutes passieren kann!

Aus diesem Grund halte ich ein Buch über Hoffnung für notwendig. Es soll Ihnen helfen, die erstaunlichen Möglichkeiten der Hoffnung zu entdecken. Die Bibel sagt uns sogar, dass Hoffnung eines von drei Dingen ist, die auch dann noch Bestand haben, wenn alles andere vergeht (siehe 1. Korinther 13,13). Unabhängig davon, wer Sie sind oder wie es momentan um Ihr Leben bestellt ist: Ohne Hoffnung kann niemand sein Leben gut bewältigen. Wenn Ihre Umstände gerade nicht so rosig sind, brauchen Sie definitiv Hoffnung, und wenn zurzeit alles wunderbar läuft, brauchen Sie die Hoffnung, dass es so bleibt. Wer im Garten der Hoffnung lebt, der ist immer von etwas Blühendem umgeben!

Doch so wichtig Hoffnung auch ist, sie kann an etwas Falsches gebunden sein. Wer seine Hoffnung auf einen bestimmten Menschen setzt, hat darin nur eine höchst unzuverlässige Kraftquelle. Wer seine Hoffnung auf den Arbeitsplatz, auf Geld, auf die Rente setzt, kann enttäuscht werden. Wer seine Hoffnung auf die eigenen Fähigkeiten setzt, bei dem verblasst die Hoffnung, sobald an seinem Selbstbewusstsein gerüttelt wird. Im Grunde ist es ganz einfach: Hoffnung ist nur so stark wie ihre Quelle. Deshalb muss sich unsere Hoffnung auf Gott gründen. Gott selbst und das, was er uns in der Bibel verspricht, müssen die Grundlage unserer Hoffnung bilden. Wo Gott nicht die Quelle ist, wird Hoffnung zu bloßem Wunschdenken, zu einer vorübergehenden Atempause. Die Hoffnung, zu der ich Sie einlade, ist ganz anders als das, was in der Gesellschaft unter Hoffnung verstanden wird. Die Hoffnung, um die es in diesem Buch geht, ist in dem allmächtigen, allwissenden, allgegenwärtigen, einzig wahren Gott und seinem Sohn Jesus Christus begründet.

Man könnte es so sagen: Ohne Hoffnung auf Gott kann man nicht viel machen, aber *mit* Hoffnung auf Gott gibt es nicht viel, was man *nicht* machen kann.

Beschäftigt man sich eingehender mit der Bibel, zeigt sich deutlich, was passiert, wenn Gottes Kinder wagen, mit Hoffnung zu leben. Im Alten wie auch im Neuen Testament sehen wir immer wieder, wie ganz normale Menschen – Menschen, die genauso mit Fehlern und Versagen behaftet waren wie wir – schier unmögliche Hindernisse überwanden. Sie waren dazu in der Lage, weil sie an der Hoffnung festhielten, dass Gott etwas unglaublich Gutes für sie am Horizont bereithielt und sie daraufhin ihren Glauben auf ihn setzten.

- Obwohl die Hebräer viele Generationen lang Sklaven in Ägypten gewesen waren, weckte die Hoffnung auf Freiheit in Mose den Traum, von ihren grausamen Unterdrückern befreit zu werden.
- Während sich die israelitische Armee aus Angst vor Goliath in ihren Löchern verkroch, ließ die Hoffnung auf Sieg David fragen: *Was bekommt der Mann, der diesen Philister tötet und der Schande für Israel ein Ende setzt?* (1. Samuel 17,26).

- Mit dem bösen Komplott Hamans konfrontiert, der ihr Volk vernichten wollte, fand Ester den Mut, sich über alle Konventionen hinwegzusetzen und um eine Audienz beim König zu bitten – in der Hoffnung, dass sie das Komplott vielleicht verhindern und etwas Gutes bewirken könnte.
- Angetrieben von der Hoffnung, dass Jesus der verheißene Messias sein könnte, ließen ganz gewöhnliche Menschen ihre Arbeit, Freunde und sogar Familie hinter sich und folgten ihm nach, bis hin zum Kreuz.

Sehen Sie das weitreichende, Grenzen einreißende Wesen der Hoffnung? In jedem dieser biblischen Beispiele war die Hoffnung mehr als nur ein motivierender Gedanke oder ein schnell verblassender Tagtraum. Die Hoffnung war ein Feuersturm, der einfach nicht ausgelöscht werden konnte, geschürt von der Überzeugung, dass mit Gott nichts unmöglich ist.

- Bei Mose zerriss die Hoffnung Ketten.
- Bei David stellte die Hoffnung eine Frage, die niemand sonst sich zu fragen traute.
- Bei Ester glaubte die Hoffnung entgegen alle Erwartungen, dass Gott sie benutzen konnte, um ihr Volk vor der Vernichtung zu bewahren.
- Bei den Jüngern von Jesus gab die Hoffnung ihnen den Mut, sich auf ein neues Leben einzulassen und die Welt auf den Kopf zu stellen.

Ich glaube, dass Hoffnung dasselbe in Ihrem Leben bewirken kann. Deswegen freue ich mich riesig, dass Sie dieses Buch lesen. Und deswegen freue ich mich darauf, Ihnen die Geschichten, die biblischen Prinzipien und praktischen Lebenslektionen nahezubringen, die Sie auf jeder Seite finden werden. Diese sollen Sie ermutigen, voller Hoffnung zu sein. *Machen Sie sich Hoffnungen*, ganz bewusst. Packen Sie die Hoffnung mit beiden Händen und weigern Sie sich, ohne Hoffnung zu leben!

Einleitung

Ob es Ihnen bewusst ist oder nicht, Ihr Leben lang hat die Gesellschaft Ihnen eingeredet: *Machen Sie sich nicht zu viele Hoffnungen.* Vergangene Verletzungen, gegenwärtige Enttäuschungen und zukünftige Unsicherheiten bringen Ihnen bei, Ihre Erwartungen herunterzuschrauben. *Bloß vernünftig sein, immer ruhig bleiben, nur nicht zu viel erwarten, sonst wird man nur enttäuscht.*

Der Schwangerschaftstest ist positiv. *Nur keine Hoffnungen machen; denk daran, was letztes Mal passiert ist.* Jemand, der einen verletzt hat, entschuldigt sich und will die Sache bereinigen. *Nur keine Hoffnungen machen; der verletzt dich bestimmt wieder.* Bei der Arbeit bietet sich eine große Chance. *Nur keine Hoffnungen machen; daraus wird vermutlich sowieso nichts.*

Ein Leben ohne Hoffnung ist allerdings kein besonders lebenswertes Leben. Vielleicht sagen Sie, dass Sie einfach Vorsicht walten lassen wollen. *Vorsicht ist doch besser als Nachsicht, Joyce.* In Wirklichkeit wird diese Vorsicht jedoch von Angst erzeugt. Von der Angst, wieder verletzt zu werden, von der Angst, enttäuscht zu werden, von der Angst, Risiken einzugehen. Die Angst mag gute Gründe haben. Vielleicht haben Sie tiefe Verletzungen erlebt und viel Entmutigendes und Enttäuschendes durchgemacht. Die Erfahrung lehrt uns, dass sich nie etwas ändern wird. Doch die Bibel lehrt uns etwas anderes. Sie lehrt uns, dass mit Gott alles möglich ist!

Es ist Zeit für eine Veränderung! Vertrauen Sie Gott genug, um auf das Beste zu hoffen: die beste Beziehung, die beste Gelegenheit, die beste Ehe, die besten Neuigkeiten, die besten Resultate, das beste Leben. Erwarten Sie, dass Sie heute etwas Gutes erleben werden!

Gott möchte Ihnen das bestmögliche Leben schenken. Sollten Sie das bezweifeln, denken Sie nur daran, dass er uns sein Bestes gab, als er Jesus auf die Welt sandte. Jesus ist gestorben, damit Sie in den ewigen Genuss des Himmels kommen, wenn Sie sein Geschenk der Errettung annehmen. Aber er ist auch gestorben, damit Sie schon hier auf der Erde ein gutes Leben genießen können: In Johannes 10,10 sagt Jesus, dass er uns das Leben in ganzer Fülle schenken will, damit wir es genießen können.

Ich hoffe, dass Sie beim Lesen dieses Buches entdecken, wie sehr Gott Ihnen das Leben in ganzer Fülle geben möchte. Er möchte das Beste für Sie, geistlich, geistig, emotional, zwischenmenschlich, körperlich – jedes Jahr, jeden Tag, jeden Moment. Und wenn Sie wissen, dass Gott das Beste für Sie will, kommen Sie gar nicht umhin, Hoffnung zu schöpfen. Gott möchte sich um alles kümmern, was Sie brauchen, und Sie in die Lage versetzen, auch anderen zu helfen.

Also wenn Sie heute leiden und bezweifeln, dass sich die Dinge je zum Besseren wenden werden ... *seien Sie voller Hoffnung*.

Wenn Sie gerade so über die Runden kommen, wenn Ihr Leben nur noch mechanisch verläuft und Sie sich fragen, ob es nicht mehr zu bieten hat ... *seien Sie voller Hoffnung*.

Wenn Sie Kinder großziehen und sich fragen, was sie im Leben erwartet ... *seien Sie voller Hoffnung*.

Wenn Sie sich auf ein aufregendes neues Abenteuer einlassen, bei dem Sie mehr riskieren als je zuvor ... *seien Sie voller Hoffnung!*

Wer wagt, Hoffnung zu schöpfen, bei dem verändert sich etwas. Glaube wächst, Freude kehrt ein, Frieden breitet sich aus. Also, sollten Sie mit »gerade so über die Runden kommen«, »mehr ist nicht zu erwarten« oder »ist eben Glückssache« zufrieden sein, dann legen Sie dieses Buch lieber beiseite.

Doch sollten Sie für Veränderung bereit sein – sollten Sie für etwas Besseres bereit sein –, dann lesen Sie weiter. Hoffnung hat es an sich, das Leben derer, die sie bejahen, auf wunderbare Weise zu verwandeln. Sie ist der Katalysator, der den Funken für Ideen gibt und die Gedanken beflügelt. Sie ist der Anker, der uns Halt bietet, wenn die Stürme des Lebens toben (siehe Hebräer 6,19). Sie ist der Optimismus, der uns die Kraft gibt, ein besseres Leben aufzubauen (siehe Sprüche 23,18) und sie ist der Trost zu wissen, dass wir nie allein sind (siehe Römer 5,5).

Klingt das gut? Dann haben Sie den Mut, etwas zu tun, was Sie vielleicht schon lange nicht mehr getan haben: Seien Sie voller Hoffnung. Sie werden es nicht bereuen. Gott wartet doch nur darauf, Ihnen etwas Gutes zu tun.

Teil I

Hoffnung verleiht Flügel

Aber die auf den HERRN hoffen, gewinnen neue Kraft; sie heben die Schwingen empor wie die Adler ...

Jesaja 40,31 (Elberfelder)

Viele Menschen haben das Gefühl, es wäre habgierig oder falsch, auf mehr zu hoffen, als was sie momentan haben. Es stimmt zwar, dass wir immer zufrieden sein sollten mit dem, was wir haben, doch das bedeutet nicht, dass es falsch ist, sich mehr vom Richtigen zu wünschen, solange man es sich auch aus den richtigen Gründen wünscht. Wie geht das, zufrieden zu sein und gleichzeitig mehr zu wollen? Ich bin in diesem Augenblick mit allem in meinem Leben sehr zufrieden, weil ich glaube, dass Gott einen perfekten Zeitplan für mein Leben hat. Würde ich immer bei dem bleiben, was ich momentan habe, wäre ich trotzdem glücklich, weil meine Freude und Zufriedenheit in Jesus verankert sind. Gleichzeitig wünsche ich mir jedoch auch von allem noch mehr, weil ich mein gottgegebenes Potenzial ausschöpfen und so viel wie möglich für Gott und andere Menschen tun will. Ich möchte nicht mehr und nicht weniger als das beste Leben, das Gott mir geben will!

Ich möchte mehr von Gott in meinem Leben. Ich wünsche

mir eine engere, vertrautere Beziehung zu ihm (siehe Philipper 3,10). Ich möchte mehr Weisheit, mehr Ausgeglichenheit und mehr gute Freunde. Ich wünsche mir mehr für meine Kinder und ich wünsche mir, dass sich mehr Menschen entscheiden, Jesus Christus nachzufolgen. Ich möchte bei anderen gerne mehr Wunder, mehr Heilungen und mehr positive Veränderungen erleben.

Ich bin der ehrlichen Überzeugung: Wir können mit unserer momentanen Lage zufrieden sein, uns gleichzeitig aber auch aus den richtigen Gründen und zur richtigen Zeit mehr wünschen (siehe Philipper 4,11.19).

Genauer gesagt glaube ich, dass Menschen, die sich mit weniger begnügen als dem, was Gott für sie bereithält, Gottes Größe einschränken. Er möchte sich bei jedem von uns als stark erweisen. Er kann viel mehr tun, als wir je bitten oder auch nur hoffen würden, unendlich viel mehr, als unsere kühnsten Gebete, Wünsche, Gedanken oder Träume es hergeben (siehe Epheser 3,20).

KAPITEL 1

Fangen Sie an mehr zu erwarten

Vertraue auf den Herrn! Sei mutig und tapfer und hoffe geduldig auf den Herrn!

Psalm 27,14

Hohe Erwartungen sind der Schlüssel zu allem.

Sam Walton

Ich möchte Ihnen die Geschichte von einer Frau namens Hanna erzählen. Hanna ist Christin und sie nimmt ihren Glauben sehr ernst. Sie liest regelmäßig die Bibel. Einmal im Monat verteilt sie ehrenamtlich Decken an Obdachlose. Das klingt doch vorbildlich, oder?

Es gibt da allerdings noch etwas, was Sie über Hanna wissen sollten: In ihrem Bekanntenkreis ist sie als »Hiobs-Hanna« bekannt, ein Spitzname, der hinter ihrem Rücken geflüstert wird. Ihre Freunde finden diesen Spitznamen eigentlich schrecklich, aber fairerweise muss man sagen, dass Hanna ihn verdient hat. Irgendwie hat sie ein Talent für Hiobsbotschaften. In nahezu jeder Situation erwartet und findet sie das Schlimmste. Ein Beispiel dazu.

Letzten Sommer machten Hanna und ihr Mann (Versager-Volker) Familienurlaub mit ihren beiden Kindern (Aus-ihm-wird-nichts-Anton und Mittelmäßig-Maren). Ich sollte hinzufügen, dass Volker ein liebevoller Ehemann und Anton und Maren super Kinder sind, doch Hanna hegt keine großen Hoffnungen für sie. Sie erwartet nichts Nennenswertes für sie. Im Gegenteil, eigentlich erwartet sie eher das Schlimmste, daher die Spitznamen.

VOLLER HOFFNUNG

Schon seit Monaten hatten Volker und Hanna eine Sommerwoche an einem beliebten Urlaubsziel geplant, doch als die Reise näher rückte, wuchs in Hanna die Überzeugung, dass der Urlaub bestimmt der totale Reinfall werden würde. Auf der Hinfahrt – nahezu 500 Kilometer – klagte Hanna immer wieder: »Das war eine schlechte Idee. Die Schlangen in dem Freizeitpark sind bestimmt meilenlang. Das Hotel ist sicherlich nicht so gut wie in der Werbung. Ich wette, es regnet die ganze Woche.« Volker und die Kinder versuchten Hanna vom Gegenteil zu überzeugen – sie würden aus jeder Situation einfach das Beste machen –, aber Hanna ließ sich nicht von ihrer sauren Stimmung abbringen. Volker, Anton und Maren mussten sich das 500 Kilometer lang anhören. Die Fahrt kam allen eher wie 1500 Kilometer vor.

Der Urlaub erfüllte dann auch Hannas Erwartungen. Die Schlangen im Freizeitpark waren ein wenig länger als normal. Volker, Anton und Maren war das egal. Es gab ihnen die Gelegenheit, zusammen zu lachen und zu entscheiden, was sie als Nächstes machen wollten. Doch Hanna regte das schrecklich auf. »Ich wusste doch, dass das passieren würde«, murrte sie.

Das Restaurant, in dem sie am ersten Abend aßen, war auch nicht perfekt. Die Kellnerin informierte Volker und Hanna, dass ihnen leider das Getränk ausgegangen sei, das sie bestellt hatten. Volker bestellte sich einfach ein anderes Getränk; Hanna entschied sich für eine niedergeschlagene Haltung. »Nicht zu fassen!«, sagte sie mit einem Seufzer.

Doch der Tropfen, der das Fass zum Überlaufen brachte, war das Hotelzimmer. Nachdem sich die Familie für den Abend in dem Zimmer eingerichtet hatte, entdeckten sie, dass der Fernseher nicht richtig funktionierte. »Hab ichs doch gewusst! Hab ichs doch gewusst! Das hab ich doch gleich gesagt!«, meckerte die verärgerte Hanna. »Ich hab doch gesagt, dass das Hotel nichts taugen würde.« Volker rief bei der Rezeption an und im Handumdrehen wurde ein neuer Fernseher aufs Zimmer gebracht, doch es war zu spät:

Hiobs-Hanna hatte ihren Hiobs-Urlaub. Genau das, was sie erwartet hatte.

Eine Herzensangelegenheit

Hanna ist zwar frei erfunden, hat jedoch teilweise starke Ähnlichkeiten mit Ihnen und mir. Wir alle haben schon mit pessimistischen Haltungen und niedrigen Erwartungen zu schaffen gehabt. Wir haben das Wetter als »teilweise wolkig« statt als »teilweise sonnig« beschrieben, haben das Glas als »halb leer« statt als »halb voll« gesehen.

Ihre niedrigen Erwartungen hielten Hanna davon ab, einen Sommerurlaub zu genießen, doch niedrige Erwartungen halten viele Menschen auch davon ab, ihr ganzes Leben zu genießen. Sie verleben jeden Tag mit einer negativen, nörgelnden, kritischen Haltung. Selten hoffen sie auf das Beste, weil sie zu sehr damit beschäftigt sind, das Schlimmste zu erwarten. Läuft es schlecht, denken sie: *Ich hab doch gleich geahnt, dass das heute nichts wird.* Läuft es gut, denken sie: *Das hält bestimmt nicht lange an.* An guten wie an schlechten Tagen, auf der Bergspitze und im Tal, niemals und nirgends genießen sie ihr Leben, weil sie nicht damit rechnen, dass sie es können. Vielleicht sind Sie und ich nicht ganz so schlimm wie Hanna, doch ehrlich gesagt hat jedes Maß an Hoffnungslosigkeit verheerende Auswirkungen auf unser Leben. Warum nicht lieber das Beste glauben und Gott die Tür öffnen, um zu sehen, wozu er in der Lage ist?

Niedrige Erwartungen sind mehr als nur ein paar mürrische Bemerkungen an einem besonders langwierigen Montag oder das Gefühl, mit dem falschen Fuß aufgestanden zu sein. Niedrige Erwartungen sind das Symptom eines tieferen Problems, eines *geistlichen* Problems. Einige haben in der Vergangenheit so viele Enttäuschungen erlebt, dass sich die Angewohnheit herausgebildet hat, nur noch weitere Enttäuschungen zu erwarten. Andere haben ein derart niedriges Selbstwertgefühl, dass sie meinen, sie hätten nichts Gutes verdient, also erwarten sie auch nichts. Und wieder andere wissen nicht, dass Gott gut ist und dass er seinen Kindern Gutes tun möchte. Die Risiken, die diese Symptome mit sich bringen, sind bezeichnend. Könnten wir das, was in unserer Seele vorgeht, genauso beschreiben wie körperliche Beschwerden, würde sich das in etwa so anhören:

Arzt: Also, Sie sagen, dass Sie sich geistlich und emotional etwas angeschlagen fühlen? Welche Symptome zeigen sich denn?

Patient: Ach, Herr Doktor, ich habe so ein ungutes Gefühl, was die Zukunft betrifft. Ich habe so viele Enttäuschungen erlebt und ich erwarte selten, dass für mich oder meine Familie etwas gut läuft.

Arzt: Ihre Symptome sagen mir schon alles, was ich wissen muss. Sie leiden an starker Hoffnungslosigkeit.

Hannas Symptome waren Negativität, Sorgen und Murren. Diese Symptome wurden durch ihren Herzenszustand ausgelöst, nämlich Hoffnungslosigkeit. Statt sich auf einen schönen Familienurlaub zu freuen, malte Hanna sich die schlimmsten Szenarien aus. *Die Schlangen sind lang. Das Restaurant ist nicht gut. Das Hotel ist grauenhaft.* In solchen Gedanken steckt keine Hoffnung. Volker, Anton und Maren zeigten dagegen ganz andere Symptome. Sie waren positiv, optimistisch und fröhlich, bereit, aus jeder Situation das Beste zu machen. Sie waren voller Hoffnung. Ihre Erwartungen waren riesig.

Es ist wichtig festzuhalten, dass Hannas Umstände die gleichen waren wie die ihrer Familie, sie reagierten nur unterschiedlich auf diese Umstände. Sie alle standen Schlange, aßen gemeinsam im selben Restaurant und hatten den kaputten Fernseher im Hotelzimmer. Durch diese Vorfälle wurden Hannas niedrige Erwartungen bestätigt und sie wollte nur noch aufgeben. Bei den anderen wurden die hohen Erwartungen zwar teilweise infrage gestellt, doch sie entschieden sich, dadurch nicht gleich ihre Hoffnung und Freude aufzugeben. Das ermöglichte ihnen, die jeweiligen Situationen gut zu bewältigen und die Vorfälle schnell hinter sich zu lassen. Sie ließen sich den Spaß nicht verderben.

Vor dem Hintergrund dieses Beispiels lassen Sie mich Ihnen eine Frage stellen: Wie sehen Ihre Symptome aus? Welche Diagnose ließe sich bei einer ehrlichen Bewertung Ihres Herzens stellen?

Sind Sie wie Volker, Anton und Maren? Freuen Sie sich auf die Zukunft? Erwarten Sie, dass der heutige Tag besser sein wird als der gestrige und der morgige noch besser als der heutige? Wenn Sie morgens aufstehen, freuen Sie sich dann gespannt auf das, was Gott heute wieder für Sie bereithält?

Oder sind Sie eher wie Hiobs-Hanna? Machen Sie sich immer auf das Schlimmste gefasst? Sind Sie von Sorgen geplagt, was alles Schlechtes passieren könnte? Benutzen Sie Formulierungen wie »Jetzt geht das schon wieder los«, »Das funktioniert doch nie im Leben«, »Ich hätte es ja wissen müssen, dass das nicht klappt« oder »Ich hab kein gutes Gefühl bei dieser Sache«?

Die Glaubensverbindung

Bei dieser Reise der Hoffnung, auf die wir uns begeben, ist es wichtig, unser Herz zu prüfen, weil Hoffnung und positive *Erwartungen* eng mit dem Glauben verbunden sind. Der Einfachheit halber könnte man sagen, dass der Grad unserer Erwartungen mit dem Grad unseres Glaubens gleichzusetzen ist. Wer niedrige Erwartungen hat, der macht auch wenig Gebrauch von seinem Glauben, das kann ich Ihnen garantieren. Wer hingegen hohe Erwartungen hat, zeichnet sich durch mutigen Glauben aus. Denken Sie daran: Es geht darum, unsere Erwartungen auf Gott zu setzen. Es geht nicht nur um eine positive

Haltung, sondern um das Vertrauen, dass er sich um uns kümmert und alles im Griff hat.

Die Bibel sagt uns, dass unser Glaube – unsere positive, hoffnungsvolle Erwartung – Gott gefällt (siehe Hebräer 11,6). In den Evangelien sehen wir mehrfach, dass Jesus sich aufgrund des Glaubens – sprich: der Erwartungen – der Menschen, denen er begegnete, dazu bewegen ließ, ihnen zu helfen (siehe Matthäus 9,29; Markus 5,34; Lukas 7,50 und 17,19). Von einer dieser Begebenheiten wird im Markusevangelium in Kapitel 10 berichtet. Ich liebe diese Geschichte und ich glaube, dass sie für Sie und mich heute wichtig ist, weil sie sich ganz um die Bedeutung von Erwartungen dreht.

In Markus 10,46-47 wird berichtet:

… Als Jesus und seine Jünger die Stadt [Jericho] wieder verließen, folgte ihnen eine große Menschenmenge. Ein blinder Bettler namens Bartimäus (der Sohn des Timäus) saß am Straßenrand, als Jesus vorüberging. Als Bartimäus hörte, dass Jesus von Nazareth in der Nähe war, begann er zu schreien: »Jesus, Sohn Davids, hab Erbarmen mit mir!«

Wenn man mal genauer darüber nachdenkt, hatte Bartimäus doch eigentlich nichts Gutes zu erwarten. Er war ein blinder Bettler, der jeden Tag am Straßenrand saß und versuchte, vom Kleingeld anderer zu überleben. Er hatte es sehr schwer. Wenn jemand einen guten Grund besaß, seine Erwartungen herunterzuschrauben, dann Bartimäus. Er hätte sich sagen können: *Das bringt doch alles nichts. Es wird sich nie etwas ändern. Jesus wird mich höchstwahrscheinlich gar nicht bemerken. Warum sollte ich mir Hoffnungen machen?* Eine solche Haltung wäre völlig verständlich gewesen.

Doch Bartimäus wagte es, auf mehr zu hoffen. Er malte sich aus, was sich ändern könnte, statt zu denken, dass sich vermutlich nichts ändern würde. Er machte sich nicht nur leise Hoffnungen, sondern ganz laute, als er aus vollem Hals schrie: »Jesus, Sohn Davids, hab Erbarmen mit mir!« Man kann förmlich die Beharrlichkeit in seiner Stimme hören. Es war so, als wenn Bartimäus sich sagte, dass er diese Chance auf keinen Fall verpassen wollte. Obwohl ihn viele Leute in der Menschenmenge anfuhren und sagten: »Sei still!«, ließ er sich nicht den Mund verbieten (siehe Markus 10,48). Er schrie nur noch lauter, bis Jesus anhielt und ihn herbeirief.

Und jetzt kommt einer der erstaunlichsten Momente in dieser Geschichte: Als Bartimäus zu Jesus gebracht wurde, stellte Jesus ihm eine verblüffende Frage. In Vers 51 sagt Jesus zu diesem blinden Bettler: »*Was soll ich für dich tun?*«

Das ist doch eine komische Frage, oder? Man kann förmlich die Gedanken der Jünger lesen: »*Was soll ich für dich tun?« Ist das nicht offensichtlich, Herr? Der Mann ist blind. Wie kannst du ihn denn so etwas fragen?* Doch Jesus Frage an Bartimäus ging tiefer: *Was erwartest du? Erwartest du eine Mahlzeit? Wünschst du dir jemanden, der dich an der Hand herumführt? Erwartest du nur Almosen?* Das alles waren Dinge, die Bartimäus geholfen hätten, und wenn er nur wenig Glauben gehabt hätte, dann hätte er sich vielleicht mit einem dieser Dinge begnügt.

Doch Bartimäus hatte höhere Erwartungen. Als Jesus ihn fragte: »Was soll ich für dich tun?«, zögerte Bartimäus nicht. Er musste gar nicht groß drüber nachdenken; er fragte sich nicht, ob er vielleicht zu viel erwartete. Nein, Bartimäus sagte unverblümt: »Herr, ich möchte sehen!« Vermutlich kennen Sie den Ausgang der Geschichte. Jesus war von Bartimäus' Glauben bewegt. In Vers 52 heißt es: *Da sagte Jesus zu ihm: »Geh nur. Dein Glaube hat dich geheilt.« Und im selben Augenblick konnte der Blinde sehen! Dann folgte er Jesus auf seinem Weg.*

Da Bartimäus mutig genug war, das Beste zu erwarten, bekam er es auch. Dasselbe gilt für unser Leben und deshalb ist das Maß unserer Erwartungen so wichtig. Wenn Sie nichts Großes von Gott erwarten, erleben Sie auch nichts Großes. Aber wenn Sie es wagen, Ihre Erwartungen höher anzusetzen und damit rechnen, dass Gott in Ihrem Leben handelt, dann fangen

Sie an zu träumen, zu glauben, zu bitten, dann wagen Sie mutige Schritte, von dem Wissen getragen, dass Gott Ihnen Gutes wünscht und eine Menge für Sie geplant hat.

Nur für den Fall, dass Sie sich immer noch nicht sicher sind, ob Sie wirklich Gutes von Gott erwarten dürfen, lesen Sie bitte die folgende Bibelstelle aus Jesaja ganz langsam durch und verinnerlichen Sie, was da steht:

> *Deshalb wartet der Herr sehnlich darauf, euch zu begnadigen. Er wird sich erheben, um euch sein Erbarmen zu zeigen. Denn der Herr ist ein gerechter Gott. Glücklich ist, wer auf ihn vertraut.*
>
> Jesaja 30,18

Gott sucht förmlich nach Menschen, denen er Gutes tun kann, und wenn wir auf ihn vertrauen – das heißt damit rechnen, dass er uns Gutes tut –, dann sind wir gemeint. Erwarten Sie, dass Gott Ihnen vor allem sich selbst schenkt, denn er ist wichtiger als alles andere. Denken Sie auch daran, dass er alles mitbringt, was wir je brauchen werden.

Drei Schritte zu höheren Erwartungen

Vielleicht lesen Sie dieses Kapitel und denken: *Joyce, das hört sich ja alles sehr gut an, aber wie bekomme ich es hin, mehr zu erwarten? Ich hetze von einem Termin zum nächsten, schaffe es kaum, die Rechnungen zu bezahlen, versuche nur, genug Brot für die Kinder auf den Tisch zu bekommen oder die Firma am Laufen zu halten. Ich habe mich mein ganzes Leben lang abgerackert, nur um an* diesen *Punkt zu kommen. Wie soll ich da bitte schön meine Erwartungen höher schrauben?*

Ich könnte vieles über den Glauben sagen – Tausende und Abertausende Bücher sind zu diesem Thema geschrieben worden –, aber ich will Ihnen nur drei einfache Schritte nennen, wie Sie heute anfangen können. Diese drei Schritte werden Ihnen helfen, Ihre Erwartungen zu erhöhen:

1. Glauben.
Wer zu Gott gehört, wird nicht ohne Grund »gläubig« genannt. Wenn Zweifel aufkommen, wenn Sie versucht sind aufzugeben oder wenn Sie am liebsten Schluss machen wollen, dann glauben Sie lieber.
Glaube ist die Grundlage unseres geistlichen Lebens. Glauben Sie dem, was Gott in der Bibel sagt. Glauben Sie, dass er hält, was er verspricht. Glauben Sie, dass er Sie liebt und glauben Sie, dass er etwas Wunderbares für Sie bereithält. Jesus hat gesagt, dass wir »die Herrlichkeit Gottes sehen« würden, wenn wir nur glauben (siehe Johannes 11,40). Damit ist gemeint, dass wir alle wunderbaren Eigenschaften Gottes ganz konkret erleben.

2. Bitten.
In Jakobus 4,2 steht: *Euch fehlt das, was ihr so gerne wollt, weil ihr Gott nicht darum bittet.* Haben Sie sich einmal entschieden zu glauben, dass Gott jedem Bedürfnis in Ihrem Leben begegnen kann, dann nur zu: Bitten Sie Gott, diese Bedürfnisse zu stillen. Erzählen Sie ihm von Ihren Träumen. Jesus stellt Ihnen dieselbe Frage, die er Bartimäus stellte: »Was soll ich für dich tun?« Trauen Sie sich, Gott um etwas zu bitten, das nur er tun kann. Natürlich sollten wir uns alle nach dem Willen Gottes richten und in Betracht ziehen, dass er unsere Bitte gegebenenfalls auch nicht erfüllt, wenn sie nicht das Richtige für uns ist – und uns stattdessen etwas Besseres gibt.

3. Erwarten.
Erwarten Sie in Ihrem Tagesablauf, dass Gott Ihre Gebete erhört, Ihre Bedürfnisse stillt und Ihren Traum erfüllt,

wenn dieser von ihm stammt. Selbst wenn sich Ihre Wünsche noch nicht verwirklicht haben oder wenn sie nicht ganz wie erhofft wahr geworden sind, bedeutet das nicht, dass Gott nicht am Werk ist. Bewahren Sie sich Ihre positive Erwartungshaltung und übersehen Sie nicht, was Gott bereits tut. Seien Sie dankbar dafür, während Sie weiterhin auf das warten, was Sie sich wünschen oder brauchen.

Was immer Sie sich im Einzelnen heute erhoffen – eine engere Verbindung zu Gott, ein tieferes Bibelverständnis, eine stabilere Ehe, einen finanziellen Aufschwung, eine Studienmöglichkeit, Entfaltung Ihrer geistlichen Gaben, einen Neuanfang –, wenn Sie es sich von Herzen wünschen und es im Einklang mit der Bibel steht, dann glauben, bitten und erwarten Sie.

Höhere Erwartungen bringen größere Veränderung

Sie kommen nur so hoch hinauf wie Ihre Erwartungen. Ihre Erwartungen verändern zwar nicht sofort Ihr Umfeld oder Ihre Umstände, aber sie verändern, wie Sie auf Ihr Umfeld und Ihre Umstände reagieren. Ihre Erwartungen verändern *Sie*. Sie ermöglichen Ihnen mit einer positiven Haltung auf eine Wende hinzuleben. Sie machen Sie zu einem mutigen, zuversichtlichen, mit Freude erfüllten Menschen, der glaubt, dass Gott einen guten Plan für sein Leben hat.

Hier ist eine kleine Geschichte, die gut veranschaulicht, welche Freude große Erwartungen bringen können:

Es waren einmal Zwillinge, die sich in jeder Hinsicht glichen, nur dass der eine Optimist und der andere Pessimist war. Sie sahen gleich aus, waren gleich groß, alles war gleich, nur dass der eine sehr negativ und der andere sehr positiv eingestellt war. Die Eltern machten sich Sorgen darüber und

Fangen Sie an mehr zu erwarten

brachten die beiden Jungs zu einem Arzt. Dieser hatte folgende Idee:

»Schenken Sie dem Pessimisten zum nächsten Geburtstag ein funkelnagelneues Fahrrad und dem Optimisten eine Kiste voll Dung.«

Die Eltern fanden diese Maßnahme recht drastisch – immerhin hatten sie ihre Söhne immer gleich behandelt. Doch in diesem Fall beschlossen sie, dem Rat des Arztes zu folgen. Als der Geburtstag schließlich kam, führten die Eltern den Pessimisten zu seinem Geschenk. Er schaute es sich an und sagte prompt: »Bestimmt baue ich damit einen Unfall und breche mir das Bein.«

Als der Optimist seine hübsch eingepackte Kiste voll Dung öffnete, war er einen Moment lang verblüfft, doch dann sprang er begeistert auf, lief nach draußen und rief aus: »Ihr könnt mich nicht reinlegen. Wo es so viel Dung gibt, muss auch ein Pony in der Nähe sein!«[1]

Sei voller Hoffnung!

Ich möchte Sie ermutigen, heute Ihre Erwartungen eine Stufe höher zu schrauben. Es spielt keine Rolle, wie sich Ihre Situation momentan darstellt; Gott ist größer als jedes Hindernis, das Ihnen im Weg steht. Denken Sie nicht, dass es aufgrund Ihrer Vergangenheit oder Ihrer Gegenwart keine Besserung geben kann. Ihre bisherige Lebensgeschichte muss nicht bestimmen, wie es weitergeht. Entschließen Sie sich lieber zu glauben, dass Gott noch viel mehr für Sie bereithält. Jesus fragt Sie: »Was soll ich für dich tun?« Die Frage hat es in sich. Also, schrauben Sie Ihre Hoffnungen hoch. Irgendwo muss hier doch ein Pony sein!

KAPITEL 2

»Folge dem Leiter«

Ich halte mich nah zu dir, denn deine rechte Hand hält mich sicher.

Psalm 63,9

Hoffnung ist das Wort, das Gott auf die Braue eines jeden Menschen geschrieben hat.

Victor Hugo, Les Misérables

In den USA gibt es das beliebte Kinderspiel »Folge-dem-Leiter«. Ob im Kindergarten, in der Grundschule oder mit Spielkameraden draußen, irgendwann hat sich dabei wahrscheinlich jedes Kind schon mal in eine Schlange eingereiht und es sich im Spiel zur Aufgabe gemacht, dem Leiter zu folgen. Stellen Sie sich einmal vor, wie es ist, den Schritten des Vordermanns zu folgen, genau so wie der Vordermann den Schritten seines eigenen Vordermanns folgt. Das ist gar nicht so leicht. Durch Tunnel hindurch, über Klettergerüste hinweg, die Leiter hoch, die Rutsche hinunter, über den ganzen Spielplatz.

Ich selbst erinnere mich vor allem daran, dass der Spaß bei diesem Spiel sehr stark davon abhing, wie gut der Leiter war. Hatte man einen, der nicht auf Zack war, sich wenig einfallen ließ oder einen schlechten Orientierungssinn hatte, war das Spiel schnell vorbei. Die Kinder verloren das Interesse und suchten sich etwas anderes zum Spielen. Das Gegenteil war auch nicht besser. War der Leiter zu schnell, übermäßig akrobatisch oder besserwisserisch, hielt das Spiel ebenfalls nicht lange an, weil keiner mithalten konnte. Für ein erfolgreiches Spiel brauchte es den richtigen Leiter, einen Leiter, der ein an-

»Folge dem Leiter«

gemessenes Tempo vorgab, das Spiel interessant gestaltete und uns irgendwo hinführte, wohin wir gerne folgten.

Die richtige Leitung ist ganz entscheidend. Das ist eine Wahrheit, die in der Kindheit ebenso wie im Teenageralter immer wieder eine Rolle spielt und sich bis in die »Erwachsenenwelt« hineinzieht. Falls Sie in einem Sportteam waren und einen guten Trainer hatten, hat Ihr Team vermutlich einige Erfolge erzielt. Falls Sie das Glück hatten, einen motivierten und inspirierenden Lehrer zu haben, haben Sie vermutlich mehr über das betreffende Fach gelernt, als es sonst der Fall gewesen wäre. Falls Ihr Chef Sie angespornt hat, Ihr Bestes zu geben und Ihnen Erfolgschancen ermöglicht hat, haben Sie Ihre Arbeit vermutlich gut und auch gern gemacht. Wie viel Spaß man bei einer Sache hat und wie viel Erfolg man erzielt, steht im direkten Zusammenhang damit, welchem Leiter man folgt.

Was für den Spielplatz und den Sportplatz gilt, was im Klassenzimmer und im Konferenzraum gilt, das trifft auch auf die tiefer greifenden Bereiche des Lebens zu. Hier ist die richtige Leitung ebenfalls entscheidend. Wem oder was Sie folgen, bestimmt, wie sehr Sie Ihr Leben genießen können. Doch mir geht es hier nicht um einen Chef, einen Lehrer, einen Vater oder eine Mutter, sondern um etwas noch Wichtigeres: Ich meine die Entscheidung, Gott und seinem Plan für Ihr Leben zu folgen.

Wenn Sie sich im Leben immer nur an Ihre eigene Tagesordnung halten – wenn Sie alles selbst lösen wollen und nur Ihrem eigenen Plan folgen –, werden Sie aller Wahrscheinlichkeit nach ziemlich unglücklich damit. Es ist nicht so, dass Ihr Plan unbedingt schlecht ist; es ist nur so, dass Gottes Plan unermesslich besser ist.

Immer wenn Sie sich mit Ihrem Plan begnügen, statt sich nach Gottes Plan zu richten, ziehen Sie den Kürzeren. Davon abgesehen erzeugt es viel Stress, seine eigenen Ideen auf Biegen und Brechen durchsetzen zu wollen. Stößt man auf ein Hindernis – die Bewerbung wird abgelehnt, eine Geschäftsidee scheitert, die Verlobung platzt, das Haus lässt sich nicht verkaufen –, baut sich Druck auf, weil man das Gefühl hat, das Problem aus eigener Kraft bewältigen zu müssen. Ist man in einer Führungsrolle, kann man leicht die Hoffnung verlieren, weil man sich seiner eigenen Fehler, Misserfolge und Beschränkungen nur allzu bewusst ist.

Wer ein Leben führen möchte, das von Hoffnung getragen ist, der sollte die Führung lieber Gott überlassen. Lassen Sie ihn die Richtung angeben und machen Sie es sich zur Aufgabe, ihm vorbehaltlos nachzufolgen, in dem Vertrauen darauf, dass er einen erstklassigen Plan für Sie hat und diesen Plan auch erstklassig ausführen wird. Hören Sie ein paar Minuten auf zu lesen und fragen Sie sich: *Richte ich mich wirklich ganz nach Gott oder verlange ich im Grunde, dass Gott sich nach mir richtet?* Mit Gott hat man einen Leiter, der genau das richtige Tempo hält und das Leben interessant gestaltet; und selbst wenn er einen mal in die ein oder andere Richtung führt, in die man eigentlich nicht gehen will, endet man doch immer zur richtigen Zeit am richtigen Ort. Auf Gott zu warten bedeutet nicht, nur herumzusitzen und nichts zu tun. Im Gegenteil. Man plant für die Zukunft und gibt sich alle Mühe, seine Aufgaben erfolgreich zu erledigen – doch erst *nachdem* man Zeit mit Gott verbracht und ihn um seine Führung gebeten hat. Und wenn man Pläne macht, dann klammert man sich nicht krampfhaft daran. Man geht mit einer ganz anderen Haltung durch jeden Tag: *Herr, ich vertraue darauf, dass du einen Plan für mein Leben hast. Zeige mir die Richtung, in die ich gehen soll. Schließe jede Tür, die nicht zu deinem Plan gehört, und öffne jede Tür, durch die ich gehen soll. Führe mich an diesem Tag, genauso wie an allen kommenden Tagen.*

Wenn etwas schiefläuft und der Weg holperig wird, geraten Menschen, die Gottes Leitung folgen, nicht gleich in Panik. Sie glauben fest daran, dass Gott jede Situation, ob gut oder schlecht, für seinen Plan nutzen kann. Wir alle machen Fehler und haben viele Lektionen zu lernen, doch so lange wir Hoffnung bewahren, können wir unsere Lebensreise genießen. Vielleicht schlagen wir einige unbeabsichtigte Umwege ein, doch am Ende setzen sich Gottes Wege durch.

Auf Gott vertrauen, nicht auf sich selbst

Wenn wir Gott die Leitung in unserem Leben überlassen und darauf vertrauen, dass er einen guten Plan für uns hat, ist es leichter, große Hoffnungen für unser geistliches Wachstum, unsere Ehe, Gesundheit, Kinder, Beziehungen, unsere Arbeit und Finanzen zu haben. Doch es ist auch eine Vertrauens*übung* zu glauben, dass Gott etwas Konkretes mit uns vorhat und uns zu entscheiden, seiner Führung zu folgen, um dann zu erleben, wie sein Plan sich erfüllt.

Das ist vergleichbar mit dem »Vertrauensfall«, den Sie vielleicht schon mal gesehen haben. Bei dieser Vertrauensübung lässt man sich nach hinten fallen, ohne Netz oder Polsterung, die den Sturz abfangen. Hinter einem steht nur eine andere Person, die verspricht, einen aufzufangen, bevor man aufprallt. Wenn man sagt: »Herr, ich entscheide mich, deiner Führung zu folgen«, dann ist das ganz ähnlich. Doch es gibt auch einen erheblichen Unterschied: Gott fängt uns nicht nur auf, sondern trägt uns höher hinauf als zuvor.

Gott vollkommen zu vertrauen ist etwas, das ich mit der Zeit lernen musste und immer noch täglich neu lerne. Früher hatte ich die Angewohnheit, nur mir selbst zu vertrauen. Diese Angewohnheit rührte von den vielen Jahren her, in denen ich Menschen immer wieder vertraut hatte, nur um am Ende enttäuscht und verletzt zu werden. Folglich beschloss ich, nie wieder jemandem zu vertrauen. Diese schmerzhaften Erfahrungen lehrten mich: *Wenn du willst, dass etwas richtig läuft, dann musst du es schon selbst erledigen. Wenn du andere um nichts bittest und ihnen nicht dein Herz öffnest, können sie dich auch nicht verletzen.* Doch diese Einstellung war ungesund. Sie hielt mich nicht nur davon ab, Menschen zu vertrauen; sie hielt mich auch davon ab,

Gott zu vertrauen. Es war eine schlechte Angewohnheit, von der ich mich mit Gottes Hilfe lösen musste.

Die Bibel sagt sehr deutlich, dass wir auf Gott vertrauen sollen, statt uns auf uns selbst zu verlassen. In Sprüche 3,5-6 steht:

Vertraue von ganzem Herzen auf den Herrn und verlass dich nicht auf deinen Verstand. Denke an ihn, was immer du tust, dann wird er dir den richtigen Weg zeigen.

Auf Gott zu »vertrauen«, das heißt einfach zu glauben, dass er gut ist, dass er uns liebt, uns helfen kann und will – und uns helfen *wird*. Allzu oft vertrauen wir allen *außer* Gott, oder wir vertrauen anderen, *bevor* wir Gott vertrauen. Wir verlassen uns auf unsere Freunde, auf die Bank, auf die Börse, auf die Regierung, auf unsere eigenen Talente und Fähigkeiten – mehr, als wir uns auf Gott und sein Wort verlassen. Haben Sie schon mal jemanden sagen gehört: »Ich habe alles versucht, doch es war vergeblich. Jetzt bleibt mir wohl nichts anderes übrig als zu beten«? Die meisten von uns haben bestimmt schon etwas in dieser Art gesagt – und das ist sehr aufschlussreich. Im Grunde sagen wir damit: »Ich habe versucht, mir selbst zu helfen, ohne Erfolg. Ich habe es bei anderen Menschen versucht, auch ohne Erfolg. Nichts funktioniert. Da bleibt mir wohl nichts anderes übrig, als auf Gott zu vertrauen.«

In jedem Kampf sollte Gebet immer unsere erste Abwehrlinie darstellen, keinen letzten Rettungsversuch, nachdem alle Halteseile gerissen sind. Gott möchte, dass wir ihn an die erste Stelle in unserem Leben setzen. Er möchte, dass wir unsere Zuversicht und unser Vertrauen auf ihn setzen. Immer. In allem. Er möchte, dass unsere Hoffnung in ihm verankert ist und wir ihm glauben. Dann wird unser Leben nämlich nicht von Enttäuschung und Fruchtlosigkeit geprägt sein, sondern von ihm in das siegreiche, überfließende, von Freude erfüllte Leben geführt werden, das Jesus uns durch seinen Tod ermöglicht hat. Es gibt ein Lied, in dem es heißt: »Meine Hoffnung ruht für alle

Zeit auf Jesus, meiner Gerechtigkeit.« Setzen Sie all Ihre Hoffnung auf Gott und machen Sie sich auf eine spannende Reise gefasst.

Wie man Gottes Leitung folgt

Wer sich einmal entschieden hat, dem Leiter Jesus zu folgen, wird nicht mehr von seiner menschlichen Natur beherrscht, sondern richtet sich nach dem, was Gottes Geist will (siehe Römer 8,5). Ob man von seiner menschlichen Natur (dem eigenen Plan) statt von Gottes Geist (seinem Plan) beherrscht wird, merkt man unter anderem daran, ob einem der innere Friede fehlt und man sich ständig krampfhaft abmüht. Wenn Sie etwas Bestimmtes tun wollen, dabei jedoch keinen Frieden verspüren, dann lassen Sie es lieber sein.

Ein Beispiel: Sie sind auf Arbeitssuche, doch die einzige Stelle, die Ihnen in Ihrem Fachbereich angeboten wird, ist am anderen Ende des Landes. Wenn Sie sich nun einreden, ohne erst darüber zu beten, dass Sie unbedingt den Wohnort wechseln müssen, weil Sie sonst gar keine Arbeitsstelle bekommen, zieht das möglicherweise jahrelangen Kummer nach sich. Wenn Ihre ganze Familie den Umzug nicht befürwortet und Ihre Entscheidung viel Streit und Unruhe erzeugt, sollten Sie auf klare Wegweisung von Gott warten.

Das ist sehr wichtig. Wenn Sie von unruhigen Gedanken geplagt werden und Sie bei Ihrer Entscheidung keinen Frieden haben, dann lassen Sie die Finger davon! Oft überreden wir uns selbst, etwas zu tun, bei dem wir keinen Frieden haben, und das führt nur zu Schwierigkeiten. Im obigen Beispiel würde die Argumentation in etwa so aussehen: »Eigentlich will ich gar nicht umziehen. Meine Familie ist auch dagegen und die Stelle ist nicht hundertprozentig das, was ich mir vorgestellt habe, aber vielleicht ist sie ja doch ganz in Ordnung. Sie ist eben das beste

Angebot, das ich habe. Ich bin die Warterei leid.« Nehmen Sie sich vor dieser Art von Argumentation in Acht, ganz gleich wie ungeduldig Sie sind. Solange Sie keinen Frieden bei einer Sache verspüren, täten Sie gut daran zu warten, bis Gott Ihnen eine bessere Gelegenheit in den Weg legt.

Mir ist natürlich bewusst, dass Sie und Ihre Familie finanziell versorgt sein müssen, aber es wäre ratsamer, vor Ort vorübergehend irgendeine Arbeit anzunehmen, während Sie weiter nach der richtigen Stelle suchen, statt einen Riesenumzug zu veranstalten, zu dem Sie innerlich kein echtes Ja haben. Frieden soll wie ein Schiedsrichter in Ihrem Leben regieren und jede Frage entscheiden, die in Ihren Gedanken aufkommt (siehe Kolosser 3,15).

Wie die Situation im Einzelnen auch aussieht, das Prinzip bleibt gleich. Ob es nun um die Partnersuche, die Entscheidung für eine bestimmte Gemeinde, eine Anschaffung oder gesunde Beziehungsgrenzen geht (die Liste ließe sich beliebig fortsetzen): Richten Sie sich stets nach der Weisheit und dem Frieden Gottes.

Sollten Sie sich nicht sicher sein, welche Entscheidung zu treffen ist – weil Ihnen nicht klar ist, ob Sie nun Ihren eigenen Wünschen oder Gottes Führung folgen –, dann schauen Sie auf den Schiedsrichter. Lassen Sie den Frieden entscheiden.

Selbst wenn Sie sich grundsätzlich entschlossen haben, Gottes Führung zu folgen, werden Sie immer noch die eine oder andere Fehlentscheidung treffen. Lassen Sie sich davon nicht entmutigen; das gehört zum Lernen dazu. Die Jünger, die Jesus nachfolgten, machten auch Fehler. Sie müssen sich nie schämen, einen Rückzieher zu machen, wenn Sie merken, dass eine bestimmte Richtung doch nicht von Gott angegeben war. Sie können einfach sagen: »Ich habe mich geirrt« und einen entsprechenden Richtungswechsel vornehmen. Ich kann gar nicht zählen, wie oft ich an Gottes vollkommenem Plan vorbeigeschossen bin. Das wird Ihnen nicht anders ergehen. Gerade dadurch schulen wir ja unser Ohr für Gottes Anweisungen.

Teilweise muss man einfach Schritte wagen und etwas ausprobieren, um herauszufinden, ob Gott es für einen vorgesehen hat oder nicht. Wenn Sie alles getan haben, um Gottes Willen für Ihre Situation herauszufinden, ohne eine klare Richtungsvorgabe bekommen zu haben, dann folgen Sie Ihrem Herzen und vertrauen Sie darauf, dass Gott Ihnen nach und nach die richtigen Schritte zeigen wird. Ich sage häufig, dass niemand ein geparktes Auto fahren kann, selbst Gott nicht. Wenn unser Leben geparkt ist, sollten wir vielleicht einfach erst mal einen Gang einlegen und in irgendeine Richtung losfahren. Oft finden wir den richtigen Weg erst, wenn wir unterwegs sind.

Gott ist immer da

Es ist so gut zu wissen, dass Menschen, die sich zu Gott halten, nie allein sind. Lassen Sie es mich noch persönlicher ausdrücken: *Sie* sind nie allein. Gott führt Sie nicht aus großer Entfernung; er lebt in Ihrem Herzen und geht Schritt für Schritt an Ihrer Seite, in jeder Situation. Auch wenn es manchmal so wirkt, als wäre niemand für Sie da und Sie müssten Ihre Schwierigkeiten ganz allein bewältigen, setzen Sie Ihre Hoffnung auf Gott. Er hat doch versprochen, immer bei Ihnen zu sein und Sie zu führen.

Wenn wir mit Schwierigkeiten zu kämpfen haben, was bei uns allen vorkommt, dann möchte der Teufel, dass wir die Hoffnung aufgeben. Er will unser Augenmerk auf unser Problem richten, weg von Jesus und seinem Versprechen. Als Josua durch die Wüste zog, sagte Gott ihm, dass er nur auf Gottes Verheißungen schauen und nicht von den Gesetzen abweichen sollte, »damit du Erfolg hast, wohin du auch gehst« (siehe Josua 1,4-7). Lassen Sie sich von den Problemen und Sorgen der Welt nicht hoffnungslos machen. Lassen Sie sich vielmehr von Hoffnung packen, um einen doppelten Lohn von Gott zu erhalten.

VOLLER HOFFNUNG

Kommt zurück in die befestigte Stadt, ihr Gefangenen, denn noch besteht Hoffnung! Heute verheiße ich, dass ich euch doppelten Ersatz geben werde!

Sacharja 9,12

Kürzlich las ich von einem Mann, der Flugstunden nahm, um seinen Pilotenschein zu machen. Während einer Stunde sagte ihm sein Fluglehrer, er solle einen längeren Sturzflug einleiten. Der Schüler tat wie befohlen, war jedoch nicht auf das vorbereitet, was als Nächstes passierte: Der Motor schmierte ab und das Flugzeug geriet außer Kontrolle. Mit Panik in den Augen schaute der Schüler hilfesuchend auf seinen Lehrer, doch der sagte kein Wort. Der Schüler brauchte nicht lange, um sich zu beruhigen, seine Fassung wiederzugewinnen und Herr der Lage zu werden – entsprechend seiner Ausbildung, die nun zum ersten Mal auf die Probe gestellt wurde.

Nachdem das Flugzeug wieder waagerecht flog und keine Gefahr mehr bestand, wandte sich der Schüler dem Lehrer zu und machte seinen Ängsten und seinem Frust Luft. Der Fluglehrer habe seinen Job nicht richtig gemacht, fand der Schüler, so, als wäre er überhaupt nicht da gewesen. Nachdem sich der Lehrer die Empörung seines Schülers geduldig angehört hatte, erwiderte er ganz ruhig: »Sie können dieses Flugzeug in keine Lage bringen, aus der ich es nicht wieder herausholen kann. Wenn Sie fliegen lernen wollen, dann müssen Sie das Ganze noch mal machen.« Obwohl der Sturzflug dem Schüler einen ordentlichen Schrecken eingejagt hatte, war sein Lehrer doch die ganze Zeit da gewesen. Er hätte schon eingegriffen, wenn sein Schüler wirklich in Gefahr gewesen wäre. Doch er benutzte die schwierige Situation, um seinem Schüler Fähigkeiten beizubringen, die ihm in Zukunft zugutekommen würden.[2]

Ich erzähle Ihnen diese Geschichte, weil es auch in Ihrem Leben Sturzflüge geben kann, die länger anhalten, als Ihnen lieb ist. Es kommt Ihnen so vor, als wäre der Motor Ihres Lebens abgeschmiert und alles außer Kontrolle geraten. Eine Ehe zerbricht, ein Traum zerplatzt, eine Diagnose wird gestellt, ein Kind kommt vom rechten Weg ab, Vertrauen wird gebrochen, ein Arbeitsplatz geht verloren. In solch schwierigen Zeiten ist es ganz natürlich, dass Panik aufkommt und man sich fragt, ob man völlig auf sich allein gestellt ist. Doch nur, weil Sie sich im Moment allein und verlassen fühlen, heißt das nicht, dass niemand da ist. Gott ist ganz nah bei Ihnen. Er ist nie von Ihrer Seite gewichen.

In 5. Mose 31,8 steht: *Er wird bei dir sein. Er wird sich nicht von dir zurückziehen und dich nicht im Stich lassen!* Und in Matthäus 28,20 verspricht Jesus: *Ich bin immer bei euch.* Das sind nur zwei Beispiele von vielen Bibelversen, in denen Gott uns versichert, dass wir nichts alleine durchmachen müssen. Selbst an unseren schlimmsten Tagen, selbst inmitten der schwersten Umstände, können wir die Gewissheit haben, dass wir nicht allein sind.

Sei voller Hoffnung!

Was ist Ihre größte Leidenschaft? Was weckt Begeisterung in Ihnen, wenn Sie nur daran denken? Eine gemeinnützige Organisation zu gründen? Sich an Ihrem Ort ehrenamtlich zu engagieren? Eine Firma aufzubauen? Eine Familie zu haben? Einen Studienabschluss zu machen? Oft sind unsere Herzenswünsche deshalb so stark, weil Gott sie in uns hineingelegt hat. Worauf Sie im Einzelnen auch hoffen, legen Sie es in Gottes Hand, bitten Sie ihn um seine Wegweisung und, wenn Sie Frieden dabei haben, unternehmen Sie Schritte, um aus der Hoffnung Wirklichkeit zu machen. Gott zu folgen bedeutet nicht, die Hände in den Schoß zu legen und auf das Erhoffte zu warten; es bedeutet, es mutig anzupacken. Fangen Sie an zu hoffen. Dort wo Gott Sie hinführt, ist es besser, als Sie es sich vorstellen können.

KAPITEL 3

Kein »Ich kann nicht« mehr

Gelobt sei der Gott und Vater unseres Herrn Jesus Christus, denn er hat uns in seiner großen Barmherzigkeit das Vorrecht geschenkt, wiedergeboren zu werden. Jetzt haben wir eine lebendige Hoffnung, weil Jesus Christus von den Toten auferstanden ist.

1. Petrus 1,3

Ein bisschen mehr Beharrlichkeit, ein bisschen mehr Mühe, dann wird aus dem hoffnungslosen Versagen vielleicht doch noch ein glanzvoller Erfolg.

Elbert Hubbard

1981 besuchte der Millionär namens Eugene Lang die Grundschule, zu der er fünfzig Jahre zuvor gegangen war und die in einem ärmlichen Stadtviertel lag. Der Mann, der sich seine Millionen aus eigener Kraft erarbeitet hatte, war dort, um vor den Schülern, die im nächsten Schuljahr auf die Highschool kommen sollten, eine Rede zu halten. Doch kurz bevor er auf die Bühne trat, sagte der Schulleiter ihm etwas, was ihn aus dem Konzept brachte: Statistisch gesehen würden zwei Drittel der Schüler nie den Highschoolabschluss erwerben, sondern schon lange davor die Schule abbrechen. Eigentlich hatte Lang geplant, den jungen Schülern zu sagen, wie wichtig harte Arbeit ist und dass sie am Ende zu Erfolg führt, doch als er diese beunruhigende Statistik vom Schulleiter hörte, änderte er spontan den Inhalt seiner Rede. Eugene Lang beschloss, etwas Radikales zu tun.

Während er vor den Sechstklässlern dieser Harlemer Grundschule stand, erzählte er ihnen, wie er 1963 Zeuge der berühmten »*I Have a Dream*«-Rede von Dr. Martin Luther King Jr. bei dem Marsch nach Washington gewesen war. Er ermutigte die Schüler, eigene Träume zu träumen, und dann sagte er ihnen, dass er ihnen helfen wolle, diese Träume zu verwirklichen. An dem Tag traf er mit den jungen Schülern eine Übereinkunft: Er versprach, später die Studiengebühren für jeden Sechstklässler zu übernehmen, der die Schule nicht abbrach, sondern den Highschoolabschluss schaffte.

An jenem Tag veränderte sich das Leben der angehenden Teenager. Mit einem Mal hatten sie Hoffnung – viele von ihnen zum ersten Mal überhaupt. Bei einem Interview Jahre später sagte einer der Schüler: »Ich hatte etwas, worauf ich hinarbeiten konnte, etwas, was auf mich wartete. Das war einmalig.« Aus Eugene Langs Versprechen wurde ein ganzes Schulprogramm und aus seinem Schulprogramm wurde eine nationale Bewegung. Die *New York Times* brachte eine Titelgeschichte über ihn und *60 Minutes* produzierte eine Sendung über den Millionär, der diesen Kindern aus ärmlichen Verhältnissen Hoffnung brachte. Tausende Anrufe und Briefe kamen herein und 1986 gründete Lang die nationale *I Have a Dream*-Stiftung, die hilft, in Schulen im ganzen Land entsprechende Hilfsprogramme aufzubauen. Seitdem wurden in 29 US-Bundesstaaten über 200 solcher Projekte ins Leben gerufen und mehr als 15 000 Schülern (»Träumer« genannt) konnte geholfen werden.

Und was wurde aus den 61 Sechstklässlern – den ursprünglichen Träumern –, denen Lang an jenem Frühsommertag 1981 seine spontane Rede gehalten hatte? Mehr als 90 Prozent schafften den Highschoolabschluss und die meisten davon absolvierten eine weiterführende Ausbildung. Das alles geschah aufgrund der Großzügigkeit eines Geschäftsmannes, der einer Gruppe Kinder einfach helfen wollte, höher hinauszukommen.[3]

Hoffnung hat es in sich, aber in einer »Ich kann nicht«-Atmosphäre wird sie nicht gedeihen.

Bevor Lang der Gruppe verarmter Stadtkinder sein Versprechen gab, lebten viele von ihnen unter einer dunklen »Ich kann nicht«-Wolke. *Wir können nicht aufs College gehen, weil wir uns die Studiengebühren nicht leisten können. Warum also überhaupt den Highschoolabschluss machen, wenn das College sowieso unerreichbar ist?* Was Eugene Lang tat, war, das »Ich kann nicht« zu beseitigen. Er nahm ihnen nicht die Arbeit ab. Er ging nicht für sie in die Schule, er erledigte nicht ihre Hausaufgaben, er erstellte nicht ihre Projekte, er schrieb nicht ihre Arbeiten. Das mussten sie alles selbst tun. Aber er räumte das größte »Ich kann nicht«, das ihnen im Weg stand, aus dem Weg – und der Hoffnung konnten Flügel wachsen.

Gottes Reaktion auf unser »Ich kann nicht«

Vielleicht ist Ihnen aufgefallen, dass ich diesen ersten Teil des Buches »Hoffnung verleiht Flügel« genannt habe. Den Titel habe ich deshalb gewählt, weil ich überzeugt bin, dass Gott Sie höher hinaufbringen möchte. Er möchte, dass ein höherer Friede Sie trägt und Ihre Zufriedenheit, Freude und Hoffnung ein höheres Niveau erreicht … die Liste ließe sich beliebig fortsetzen. In Kolosser 3,1-2 steht:

> *Da ihr mit Christus zu neuem Leben auferweckt wurdet, sucht Christus, der zur Rechten Gottes im Himmel sitzt. Denkt nicht an weltliche Angelegenheiten, sondern* **konzentriert eure Gedanken auf ihn** *[auf das Höhere]!* (ergänzt durch Amplified Bible; Hervorhebung durch die Autorin).

Mit Gott an der Seite werden die Dinge nicht immer schlimmer, sondern immer besser. Man sinkt nicht immer tiefer, sondern steigt immer höher. Aus dem Grund steht in Sprüche 4,18 auch, dass der Weg der Gottesfürchtigen »wie der erste Sonnenstrahl am Morgen« ist, »der immer heller leuchtet, bis das volle Licht des Tages erstrahlt«, und deshalb heißt es auch in Jesaja 40,31, dass die, die auf den Herrn warten, sich aufschwingen wie die Adler. Ihr Leben mit Jesus kann jeden Tag heller erstrahlen, kann jeden Tag neue Höhen erreichen.

Doch eine »Ich kann nicht«-Mentalität ist in der Lage, uns nachhaltig davon abzuhalten, in den Genuss des Lebens zu kommen, das Gott für uns vorgesehen hat. »Ich kann nicht« – das ist ein unnachgiebiger Käfig, der einen Menschen daran hindert, sein volles Potenzial auszuschöpfen. Stellen Sie sich einmal den majestätischen Weißkopfseeadler vor – dazu geschaffen, auf den Flügeln des Windes zu gleiten –, wie er in einem engen Käfig auf einer Stange hockt und zuschaut, wie sich andere Adler in die Höhe schwingen. So etwas passiert, wenn man sich von dieser »Ich kann nicht«-Mentalität gefangen nehmen lässt. Statt in den Genuss des Lebens zu kommen, für das man geschaffen wurde, hängt man in einem Umfeld von Beschränkungen und Einengungen fest. *Ich kann mich nicht beherrschen. Ich kann keinen Job finden. Ich kann diese Verletzung nicht überwinden. Ich kann nicht weitermachen. Ich kann mit meinem Ehepartner nicht zurechtkommen. Ich kann mich anderen nicht wieder öffnen. Ich kann das nicht schaffen. Ich kann diese Kinder nicht allein großziehen. Ich kann nicht fassen, dass mir so etwas passiert. Ich kann nicht, ich kann nicht, ich kann nicht.* Ich könnte noch viele weitere Beispiele aufführen; es gibt unendlich viele Dinge, die Menschen meinen nicht zu können.

Doch ist Ihnen ein wichtiger Faktor in dieser Liste von »Ich kann nicht«-Gedanken aufgefallen? Ich. Ich kann nicht. Ich kann nicht. Ich kann nicht. Ich. Ich. Ich. »Ich kann nicht« ist eine Mentalität, die auf das Ich ausgerichtet ist. Sie bezieht in ihr Denken nicht ein, dass Hilfe von anderen Menschen oder sogar von Gott kommen könnte. »Ich kann nicht« schaut auf die eigenen Schwächen und zieht die hoffnungslose Schlussfolgerung: »Das bekomme ich nicht hin.«

Das ist nichts Neues. Die Männer und Frauen in der Bibel hatten mit derselben Haltung zu kämpfen. Sara dachte: *Ich kann keine Kinder bekommen; ich bin zu alt* (siehe 1 Mose 18,10-12).

Mose dachte: *Ich kann nicht zum Pharao gehen; ich kann nicht gut reden* (siehe 2. Mose 6,30). Gideon dachte: *Ich kann Israel nicht führen; ich bin der Unbedeutendste in meiner Familie* (siehe Richter 6,15). Ester dachte: *Ich kann mein Volk nicht retten; ich werde nie eine Audienz beim König bekommen* (siehe Ester 4,11). Jesaja dachte: *Ich kann nicht für Gott sprechen; ich bin ein Mann mit unreinen Lippen* (siehe Jesaja 6,5-7). Die Jünger Jesu dachten: *Wir können diese Menschenmenge nicht mit Nahrung versorgen; wir haben doch nur fünf Laibe Brot und zwei Fische* (siehe Matthäus 14,15-18). In jeder dieser Situationen war das »Ich kann nicht« ein selbst gebauter Käfig, der diese Männer und Frauen davon abhalten wollte, Gottes Plan für ihr Leben zu erfüllen.

Dabei hatte Gott ja nie vorgehabt, Sara, Mose, Gideon, Ester, Jesaja oder die Jünger etwas aus eigener Kraft heraus und nur auf ihre eigenen Fähigkeiten gestellt meistern zu lassen. Gott wusste, dass sie es nicht konnten. Doch das spielte keine Rolle, weil *er* es konnte. Durch Jesus Christus können wir alles schaffen, was wir schaffen müssen. Wir können uns allem stellen!

Denn alles ist mir möglich durch Christus, der mir die Kraft gibt, die ich brauche.

Philipper 4,13

Es stimmte ja: Sara war zu alt, um noch Kinder zu bekommen; Mose konnte auf sich gestellt den Pharao nicht überzeugen; Gideon war nicht qualifiziert, eine Armee zu führen; Ester war noch nicht zum König gerufen worden; Jesaja war ein Mann mit unreinen Lippen; und die Jünger hatten nicht genug Verpflegung für die große Menschenmenge. Doch Gott hatte vor, jedes »Ich kann nicht« zu überwinden, um seine Ziele zu erreichen. Dazu mussten diese Männer und Frauen nur ihre »Ich kann nicht«-Mentalität erkennen und ablegen. Statt auf ihre Schwäche zu starren, richteten sie ihr Augenmerk auf Gottes Stärke. Das Resultat war buchstäblich wunderbar. Durch ihren

Glauben und Gehorsam konnte Gott ganz Erstaunliches in ihrem Leben vollbringen.

Dasselbe gilt für Sie. Bestimmt stehen auch Sie vor Herausforderungen, die schon mal Gedanken aufkommen lassen wie: *Ich schaffe das nicht. Ich kann diese Situation nicht länger ertragen, nicht einmal einen einzigen Tag. Ich kann nicht mehr auf eine Lösung warten. Ich kann einfach nicht vergeben. Wenn andere nur wüssten, was ich durchmache, würden sie es verstehen. Ich packe das nicht.* Aber Sie sollten wissen, dass Gott sehr wohl weiß, dass Sie es nicht können ... aber das spielt keine Rolle, weil *er* es kann.

Jesus sah sie aufmerksam an und sagte: »*Menschlich gesehen ist es unmöglich, aber nicht für Gott. Bei Gott ist alles möglich.*«

Markus 10,27

Eine Anpackmentalität

Vielleicht sind Sie bis jetzt mit einer »Ich kann nicht«-Mentalität durchs Leben gegangen, weil Ihnen andere das eingeredet haben. Vielleicht haben Sie so oft gehört: »Du kannst das nicht«, dass Sie sich diese Worte mit der Zeit zu eigen gemacht haben und daraus »Ich kann das nicht« geworden ist. Leider gibt es Menschen, die scheinbar Spaß daran haben, anderen zu sagen, was sie alles nicht können. Und manchmal sind diese Menschen gerade die Menschen, die uns am nächsten stehen. Ein Lehrer, ein Bruder, eine Schwester, ein Vater, eine Mutter, ein Gemeindeleiter, ein Freund, ein Mensch, vor dem wir großen Respekt haben. Es kann sehr entmutigend sein, wenn solch ein Mensch das Potenzial in uns nicht sieht. Es kann uns unsere Träume und unsere Kraft rauben, wenn wir es zulassen. Aber wir können auch einen besseren Kurs einschlagen und uns entscheiden, Gott zu glauben, wenn er sagt, dass wir es schaffen können!

Falls Ihnen das noch nie jemand gesagt hat, dann hören Sie genau hin, wie Gott Ihnen sagt: »Du kannst das!« Das sind Worte, die uns beflügeln werden, wenn wir ihnen Glauben schenken. Wie ich gerne sage: »Wunder kommen in Kannen.« Sie können überwinden. Sie können es schaffen. Sie können vergeben. Sie können Ihre Kinder richtig erziehen. Sie können eine glückliche Ehe haben. Sie können Freude erleben. Sie können Ihre Ziele erreichen. Sie können diszipliniert sein. Sie können die Vergangenheit hinter sich lassen. Sie können. Sie können. Sie können.

Wenn Sie vor einer Herausforderung stehen, ganz gleich wie groß sie erscheint, dann gibt Gott Ihnen die nötige Kraft, um sie zu meistern. Ausgerüstet mit Gottes Kraft können Sie jedes »Ich kann nicht« in Ihrem Leben erkennen und ablegen – und durch ein »Ich kann« ersetzen. Wie Israelmore Ayivor gesagt hat: »›Ich kann‹ ist der Vater von ›Habs getan‹.«

In seinem Buch *Der Arzt in uns selbst: Wie Sie Ihre Selbstheilungskräfte aktivieren können* erzählt Norman Cousins davon, wie bei ihm eine seltene Krankheit diagnostiziert wurde, die ihm die Kräfte raubte. Er kam ins Krankenhaus, wo ihm die Ärzte sagten, die Krankheit sei unheilbar; er würde den Rest seines Lebens von Krankheit und Schmerz geplagt sein. Cousins verließ das Krankenhaus auf eigenen Wunsch und tat etwas Ungewöhnliches. In dem Wissen, dass sich negative Gedanken und Emotionen schädlich auf den Körper auswirken, beschloss er, das Negative aus seinem Leben zu verbannen und das Positive in seiner Situation zu betonen. Er beschloss, dass er große Portionen Hoffnung, Liebe, Freude und Lachen brauchte. Er fing an, sich jeden Tag alte Komödien und Wiederholungen der *Versteckten Kamera* anzusehen. Das klingt sehr simpel, doch Cousins beschloss, dass er in seiner Situation lieber lachen wollte, als aufgrund der Schmerzen zu weinen. Was er daraufhin entdeckte, war, dass ihm zehn Minuten Lachen zwei Stunden schmerzfreien Schlaf ermöglichten. Erstaunlicherweise bildete sich seine Krankheit mit der Zeit zurück und die Geschichte seiner Genesung erschien in der ärztlichen Fachzeitschrift *New England Journal of Medicine*. Tausende Ärzte haben Cousins geschrieben und ihm für sein Experiment an sich selbst gedankt und Hollywood hat sogar einen Film über ihn gedreht.[4]

Ich danke Gott für Ärzte und den medizinischen Fortschritt, den wir heute haben – und ich erzähle Ihnen Norman Cousins' Geschichte nicht, um Ihnen davon abzuraten, einen Arzt aufzusuchen. Ich erzähle sie nur als praktisches Beispiel dafür, wie viel es ausmachen kann, wenn wir die negativen Einstellungen, die uns am Boden halten wollen, ablegen. Im Fall von Norman Cousins wirkte sich das sogar auf seine körperliche Gesundheit aus. Stellen Sie sich nur vor, wie sich Ihr Leben verändern kann, wenn Sie das negative »Ich kann nicht« ablegen und stattdessen das hoffnungsvolle »Ich kann« annehmen. Sobald Sie Ihr Augenmerk auf das richten, was Sie mit Jesu Hilfe alles können, statt auf das, was Sie auf sich gestellt nicht hinbekommen, werden sich Ihre Gedanken, Ihre Worte, Ihre Perspektive und Ihre Haltung ändern – und damit Ihr ganzes Leben. Wer seine Hoffnung auf Gott setzt, wird nicht enttäuscht werden (siehe Römer 5,4-5).

Das Unmögliche tun

Mit Gottes Hilfe können wir scheinbar Unmögliches meistern, solange wir uns nicht scheuen, es zu versuchen.

Manche der berühmtesten Persönlichkeiten der Weltgeschichte hatten eine Anpackmentalität, mit der sie Erstaunliches erreichten. Hier sind Zitate einiger dieser Menschen:

Es macht irgendwie Spaß, das Unmögliche zu tun.

Walt Disney

VOLLER HOFFNUNG

Dem, der es versucht, ist nichts unmöglich.

Alexander der Große

Jedes noble Werk ist zunächst unmöglich.

Thomas Carlyle

Der einzige Ort, an dem dein Traum unmöglich wird, ist in deinem eigenen Denken.

Robert H. Schuller

Wir würden viel mehr erreichen, würden wir es nicht für unmöglich halten.

Vince Lombardi

Das Wort »unmöglich« befindet sich nicht in meinem Wörterbuch.

Napoleon Bonaparte

Es erscheint immer unmöglich, bis es getan wird.

Nelson Mandela

Lassen Sie Ihr Denken nicht zu einem Hindernis werden, das Sie von dem abhält, was Sie im Leben erreichen können. Kleckern Sie nicht, klotzen Sie lieber! Gott ist nicht kleinkariert; warum sollten wir uns dann mit kleinkarierten Gedanken zufriedengeben? Ich glaube, viele Menschen kleckern gedanklich lieber, weil Sie Angst haben, Klotzen könnte Enttäuschungen nach sich ziehen. Doch ich persönlich nehme lieber in Kauf, ab und zu enttäuscht zu werden, als ein enttäuschendes Leben zu führen, weil ich es nie versucht habe. Alles, was noch niemand gemacht hat, ist unmöglich, bis es jemand macht. Warum sollten Sie nicht dieser Jemand sein?

Unsere Organisation macht eine erfolgreiche Gefängnisarbeit. In den letzten 16 Jahren hat unser Team mehr als 3 200 Gefängnisse besucht und 2,7 Millionen meiner Bücher zusammen mit einem Geschenkbeutel mit Hygieneartikel verteilt. Wir haben jedes staatliche Gefängnis in den Vereinigten Staaten besucht, doch als wir mit dem Projekt starten wollten, wurde uns gesagt, das sei unmöglich. Die erste Behörde, bei der wir die Erlaubnis beantragen wollten, in jedes Gefängnis in dem betreffenden Bundesstaat zu gehen, teilte uns mit: »Das ist unmöglich. Das hat noch nie jemand gemacht.«

Trauen Sie sich zu träumen. Wer weiß? Vielleicht wird Ihr Traum ja wahr! Träumen Sie nichts, dann bekommen Sie garantiert auch alles, was Sie sich nicht erträumt haben ... nämlich nichts. Sie können dieses Buch zu Ende lesen und denken: *Das war ein gutes Buch. Ich fühle mich jetzt hoffnungsvoller.* Es freut mich, wenn Sie das denken, aber ich möchte Sie eindringlich bitten, danach nicht einfach wie gewohnt mit dem Leben weiterzumachen. Lassen Sie die Worte in diesem Buch zu einem Katalysator für Größeres in Ihrem Leben werden. Erlauben Sie Ihrer Hoffnung zu wachsen, träumen Sie größere Träume. Nicht kleckern, klotzen! Irgendjemand wird es tun – da können es doch genauso gut *Sie* sein!

Sei voller Hoffnung!

Ich bin überzeugt: Gott möchte Ihnen helfen, aus dem Käfig des »Ich kann nicht« auszubrechen. Sie können heute Hoffnung schöpfen, vielleicht zum ersten Mal. Welche Herausforderungen oder Gelegenheiten auch vor Ihnen liegen, Sie können sie bewältigen – weil Gott mit Ihnen ist und Ihnen die nötige Kraft gibt. Die negativen Worte anderer sind den Worten Gottes nicht gewachsen. Wenn Gott für Sie ist, spielt es keine Rolle, wer gegen Sie ist (siehe Römer 8,31).

Nur zu, seien Sie voller Hoffnung. Vielleicht haben Sie in der Vergangenheit versagt, doch heute können Sie die Hürde überwinden. Vielleicht haben Sie in der Vergangenheit Fehler gemacht, doch heute können Sie weise Entscheidungen treffen.

VOLLER HOFFNUNG

Vielleicht haben Sie in der Vergangenheit aufgegeben, doch heute können Sie durchhalten. Vielleicht sind Sie in der Vergangenheit zurückhaltend gewesen, doch heute können Sie mutig sein. Vielleicht haben andere Ihnen in der Vergangenheit gesagt: »Du kannst nicht«, doch heute können Sie. Brechen Sie aus dem Käfig aus, der Sie davon abgehalten hat, in den Genuss des Besten zu kommen, das Gott für Ihr Leben vorbereitet hat. Schwingen Sie sich hoch hinaus bis zu dem Ziel, das er für Sie anvisiert hat. Und wenn Gegenwind aufkommt, lassen Sie sich keine Angst machen. Sie *können* es schaffen!

KAPITEL 4

Die Kraft der Hoffnung

Und wenn wir mit unserem Gott und Vater über euch sprechen, denken wir an alles, was ihr im Glauben tut, an die Liebe, die sich in eurem Verhalten zeigt, und an die Geduld, mit der ihr auf Jesus Christus, unseren Herrn, hofft.

1. Thessalonicher 1,3

Hoffnung hat süße Gedanken und süße Augen. Sie malt Bilder, webt Fantasien; sie füllt die Zukunft mit Freude.

Henry Ward Beecher

Wenn ich mit Menschen über Hoffnung spreche, stelle ich immer wieder fest, dass viele eine falsche Vorstellung davon haben, was Hoffnung eigentlich ist. Und wer nicht versteht, was etwas ist oder wie es funktioniert, der kann auch nicht richtig damit umgehen.

Das erinnert mich an eine witzige Geschichte, die mir ein Bekannter erzählte, der die Fußballmannschaft seines vierjährigen Sohnes trainiert. Er sagte, beim ersten Training der Saison war er etwas nervös, als er zum Fußballplatz kam. Er war noch nie zuvor Fußballtrainer gewesen und die Kinder hatten noch nie zuvor Fußball gespielt. Er wusste also, er würde alle Hände voll zu tun haben. Die Kinder kamen pünktlich, nagelneue Stollenschuhe an den Füßen und bolzten ihre schicken bunten Fußbälle über den Platz. Es herrschte gespannte Vorfreude.

Der unerfahrene Trainer steckte mit seinen vierjährigen Mannschaftskollegen die Köpfe zusammen, während stolze,

VOLLER HOFFNUNG

vernarrte Eltern ein Foto nach dem anderen mit ihren Smartphones machten und sie sofort bei unterschiedlichen sozialen Medien mit der Überschrift »Erstes Fußballtraining des Jahres!« posteten. Der Trainer erzählte den Kindern, dass sie eine »super Saison« haben und beim Training »lustige Spiele« machen würden, damit sie gut Fußball spielen lernten. Die Kinder brachen in Jubel aus, also beschloss der Trainer, gleich mit einer kleinen Übung zu beginnen. Er sagte: »Okay, hört zu, Jungs. Heute machen wir einen Staffellauf.« Die Kinder riefen im Chor: »Hurra!« Von der begeisterten Reaktion der Kindergartenkinder ermuntert, stellte der Trainer sie in zwei Reihen auf und wies sie an, den Ball zu einem Kegel hin und zurück zu dribbeln. Er sagte: »Das ist so ähnlich wie ein Staffellauf, nur mit einem Fußball.« Wieder kreischten die Kinder vor Freude. »Seid ihr bereit, Jungs?«, rief der Trainer. »Jaaaaaaaaaaaa!« riefen die Kinder im Chor. »Okay, auf die Plätze ... fertig ... *los!*«

Als der Trainer »*Los!*« rief, brach das Chaos aus. Statt dass der erste Spieler von beiden Gruppen zum Kegel lief, während die anderen Kinder warteten, bis sie an der Reihe waren (wie es eigentlich gedacht war), sprinteten alle Kinder auf einmal los, in alle Richtungen. Sie hörten »Los!«, also rannten sie los. Es gab keine Ordnung, keine Struktur, nur Chaos. Der Trainer brauchte geschlagene zehn Minuten – mithilfe einiger verdutzter, aber lachender Eltern –, um die Kinder wieder aufzustellen. Einige mussten von den Torpfosten heruntergeholt, andere mussten vom Getränkestand zurückgebracht werden. Ein verwirrtes Kind fand man auf einem anderen Fußballplatz, wo es versucht hatte, bei einem rivalisierenden Team mitzuspielen.

Als der Fußballtrainer an dem Abend nach Hause kam, war er so erledigt wie noch nie zuvor in seinem Leben. Er erzählte seiner Frau, einer Grundschullehrerin, von dem Fiasko. »Ich habe sie ganz ordentlich aufgestellt«, sagte er. »Ich habe ihnen erklärt, was wir machen wollen und ich habe dann gerufen:

›Auf die Plätze, fertig, los!‹ Wie konnte das nur so in die Hose gehen?« Seine Frau lachte in sich hinein und erklärte ihrem Mann, dass die Kinder in seinem Team erst vier Jahre alt waren; sie waren noch nicht einmal in der Grundschule. Die Kinder wussten vermutlich überhaupt nicht, was ein Staffellauf war, weil sie noch nie an einem Mannschaftswettbewerb teilgenommen hatten. Das Einzige, was diese Vorschulkinder hörten, war »rennen« und »*Los!*« – und genau das taten sie dann auch. Sie verstanden das Rennen nicht richtig, was Frust und Unordnung zur Folge hatte.

Wenn ich mir diese Geschichte so durch den Kopf gehen lasse, wird mir bewusst, dass viele Menschen Hoffnung genauso missverstehen, wie diese Kinder das Rennen missverstanden haben und die Folgen sind Frust und Unordnung. Es gibt viele Menschen, die Hoffnung für ein passives Wort halten, für eine Art träge Emotion. Sie meinen fälschlicherweise, wenn wir nur passiv herumsitzen und auf bessere Zeiten hoffen, kommen diese vielleicht auch. Doch Hoffnung ist keine Sache für Nichtstuer. Sie ist mehr als nur ein Tagtraum oder Wunschdenken. Falls Sie Hoffnung so verstehen, werden Sie höchstwahrscheinlich nie bekommen, was Sie sich erhoffen.

Hoffnung gibt uns Antrieb und motiviert uns, zur Tat zu schreiten. Wie bereits erwähnt, ist Hoffnung die fröhliche Zuversicht, dass etwas Gutes passieren wird. Diese Zuversicht befähigt uns, ganz konkret die Aufforderungen in der Bibel zu befolgen und Glaubensschritte zu wagen. Hoffnung weckt zu viel Begeisterung, um passiv zu bleiben. Hoffnung, das heißt: mutig glauben, gewagt entscheiden, entschlossen sprechen und leidenschaftlich durchhalten.

Im Zusammenhang mit Hoffnung gibt es keine Untätigkeit, weil es bei Gott keine Untätigkeit gibt. Gott ist immer in Bewegung und er ist in unserem Leben aktiv. Er möchte, dass auch wir uns in Bewegung setzen und mit ihm mitgehen. Ein fauler, zaudernder, passiver Mensch ist nie ein glücklicher Mensch.

VOLLER HOFFNUNG

Wer die Kraft der Hoffnung versteht, der ist von Herzen bereit, zum richtigen Zeitpunkt im Glauben das anzupacken, was dran ist. Ja, manchmal müssen wir auf Gott warten. Doch geistlich gesehen ist ein derartiges Warten nicht passiv, sondern etwas ganz Aktives. Wir warten nicht nur, sondern *er*warten, dass Gott Großes tut. Es gibt zahllose Bibelverse, die davon sprechen, auf Gott zu warten, und in der englischen Amplified Bible werden diese Stellen so übersetzt: »warte auf und erwarte den Herrn«. Das finde ich wirklich gut, weil es klarstellt: Wir müssen aktiv erwarten, dass Gott in unser Leben eingreift. Wir müssen uns immer in Bereitschaft halten, damit wir von jetzt auf gleich loslegen können, sobald Gott den Startschuss gibt. Und während des Wartens sind wir mit der hoffnungsvollen Zuversicht erfüllt, dass Gott etwas Großes und Wunderbares für uns plant. Denken Sie nur an eine schwangere Frau, die ein Kind erwartet. Sie plant, sie träumt, sie trifft Vorbereitungen, spricht mit anderen darüber und denkt ständig an das Baby, das unterwegs ist.

Dem Kampf entgegenlaufen, nicht von ihm weg!

Wer das Buch der Psalmen in der Bibel liest, stellt schnell fest, dass David ein Mann voller Hoffnung und Erwartung war. Das kann man aus den Liedtexten heraushören, die er geschrieben hat. Ein paar Beispiele:

> *Deshalb seid stark und mutig, alle, die ihr eure Hoffnung auf den Herrn setzt!*
>
> Psalm 31,25

> *Alle, die dir vertrauen, werden nicht untergehen, doch die, die andere betrügen wollen, werden zu Fall kommen.*
>
> Psalm 25,3

Die Kraft der Hoffnung

Mein Herr, worauf kann ich hoffen? **Meine einzige Hoffnung bist du.**

Psalm 39,8
(Hervorhebung jeweils durch die Autorin)

Ob David nun gerade Schafe hütete, eine Bande Abtrünniger anführte oder als König über Israel herrschte, er lebte immer in der Hoffnung, dass Gott etwas Wunderbares in seinem Leben tun würde. Doch Davids Hoffnung war keine Ausrede fürs Nichtstun. Ganz im Gegenteil. Seine Hoffnung spornte ihn an. David vertraute darauf, dass Gott auf erstaunliche Weise eingreifen würde, aber er wusste auch, dass er in einer Partnerschaft mit Gott stand und aktiv gehorsam sein musste. Deshalb sehen wir häufig, wie David Gott erst um Wegweisung bittet und dann mutige Glaubensschritte wagt (siehe 1. Chronik 14,10; 1. Chronik 14,14; 1. Samuel 23,2; 2. Samuel 2,1).

Können Sie sich vorstellen, was passiert wäre, wenn David in der Auseinandersetzung mit Goliat passiv geblieben wäre, wenn es ihm an Elan und Disziplin gefehlt hätte? Stellen Sie sich David einmal vor, wie er zu sich sagt: *Hoffentlich tut Gott etwas. Bis dahin warte ich hier zusammen mit den anderen hinter der Front. Hoffen wir mal, dass Gott den Riesen mit einem Blitz erschlägt.* Wäre das seine Haltung gewesen, hätte Gott sich einen anderen gesucht, um Goliat zu besiegen. Gott hielt nach jemandem Ausschau, der bereit war, seinen Teil zum Kampf beizutragen, jemand, dessen Hoffnung ihn anspornen würde. David war dieser Jemand.

Als David sich an der Kampffront blicken ließ, um seinen Brüdern Vorräte zu bringen, und hörte, wie der riesige Philister Gott verfluchte und die Armeen Israels verhöhnte, setzte er dem sofort Hoffnung entgegen. Er fragte die Männer, die in seiner Nähe standen: »*Was bekommt der Mann, der diesen Philister tötet und der Schande für Israel ein Ende setzt?*« (1. Samuel 17,26). Er dachte nicht an Niederlage; er dachte nicht an Versagen; er dachte nicht an seine verschwindend geringe Chance – er war von der Hoffnung gepackt, dass der Kampf gewonnen werden konnte. Davids Hoffnung spornte ihn an. Überlegen Sie einmal, wie viele aktive Schritte David gehen musste, um vom ersten Hoffnungsfunken zum endgültigen Sieg zu gelangen. David musste die Kritik seines Bruders abwehren, der ihn klein machen und entmutigen wollte (V. 28-30); er musste König Saul davon überzeugen, ihn kämpfen zu lassen (V. 32-37); er musste Sauls Rüstung anprobieren und sich für eine alternative Möglichkeit entscheiden (V. 38-39); er musste sich fünf Steine als Munition für seine Steinschleuder suchen (V. 40); er musste Goliat herausfordern und den Sieg verkünden (V. 45-57); und er musste dem Kampf entgegenlaufen (V. 48). David hatte keine Mentalität nach dem Motto: *Na, hoffen wir mal, dass das was wird. Einfach mal abwarten und schauen, was passiert.* Nein, er hatte eine Haltung, die sagte: *Meine Hoffnung ist in Gott verankert. Nichts wie ran an den Kampf!* David lief nicht vor dem Kampf weg. Er versteckte sich nicht vor Goliat wie die anderen Soldaten; er lief ihm voller Hoffnung entgegen, vom Glauben getrieben, dass er mit Gottes Hilfe den Riesen besiegen konnte. David hatte eine positive Erwartungshaltung, dass etwas Gutes passieren würde!

Die Chance der Hoffnung

Sie können die gleiche Einstellung haben wie David. Lassen Sie sich von der Hoffnung, die Sie beim Lesen dieses Buches gewinnen, dazu motivieren, Gottes Führung zu suchen, Glaubensschritte zu wagen und mutig das zu tun, was Gott Ihnen ans Herz gelegt hat. Gott möchte wunderbare Dinge in Ihrem Leben tun, doch daraus wird nichts, wenn Sie hoffnungslos und negativ eingestellt sind. Gott möchte, dass Sie sich durch Ihre positive Erwartungshaltung an seinem Wunder beteiligen. Vielleicht denken Sie: *Ich wäre ja gerne voller Hoffnung, aber ich*

Die Kraft der Hoffnung

fühle mich einfach so hoffnungslos. Hoffnung ist kein Gefühl, auf das wir warten, sondern etwas, für das wir uns entscheiden.

Seien Sie voller Hoffnung, und zwar ganz bewusst! Hoffnung ist eine unglaubliche Chance des Himmels, die Sie sich auf keinen Fall entgehen lassen sollten. Wie viel Energie wir haben, hängt größtenteils von unserer Denkweise ab. Hoffnungsvolle Gedanken geben uns neue Energie, genauso wie hoffnungslose Gedanken uns Kraft rauben.

Manche Menschen *hoffen* zwar, dass Gott etwas an ihrer Situation ändern wird, unternehmen aber selbst nie etwas. Wer sich nirgendwo bewirbt, der findet auch keinen Job. Andererseits gibt es Menschen, die zwar aktiv werden, von vornherein jedoch keine großen Hoffnungen hegen. Keine dieser beiden Gruppen kann viel erwarten. Doch dann gibt es auch die seltenen Individuen, die einen von Gott gegebenen Traum haben. Sie beten und handeln Gottes Führung entsprechend und sie bleiben hoffnungsvoll – unabhängig davon, wie lange es dauert, bis ihr Traum sich erfüllt.

In der Bibel sehen wir immer wieder, wie Menschen, die sich zu Gott halten, die Chancen ergreifen, die er ihnen bietet und dadurch zu ihrem Wunder beitragen. Als Gott versprach, die Stadtmauern Jerichos niederzureißen, marschierten die Israeliten um die Stadt herum, brachen in Triumphgeschrei aus und kämpften in der Schlacht. Aktive Beteiligung! Als Jesus die Fünftausend speiste, ordneten die Jünger die Menschenmenge und verteilten das Essen. Aktive Beteiligung! Bevor Jesus die Frau mit den Blutungen heilte, drängte sie sich durch die Menschenmassen und berührte den Saum seines Gewandes. Aktive Beteiligung! Als der Heilige Geist zu Pfingsten über die versammelte Gemeinde kam, trat Petrus vors Volk und verkündete die gute Nachricht von Jesus Christus. Aktive Beteiligung! Wenn die Männer und Frauen in der Bibel ihre Chancen ergreifen und sich aktiv beteiligen konnten, dann können Sie und ich das auch.

Praktisch könnte das so aussehen …

VOLLER HOFFNUNG

Falls Sie darauf hoffen, einen anderen Berufsweg einzuschlagen, der neue, aufregende Herausforderungen zu bieten hätte, dann lassen Sie sich von dieser Hoffnung anspornen. Vielleicht können Sie Kurse belegen, die Ihr Wissen erweitern und Sie auf die neue Berufsrichtung vorbereiten. Vielleicht können Sie mit Leuten reden, die bereits diesen Weg eingeschlagen haben und sie fragen, was Sie in dieser Hinsicht unternehmen können. Dann, nachdem Sie sich angemessen vorbereitet haben, machen Sie sich aktiv an die Jobsuche, bewaffnet mit Hoffnung im Herzen und positiven Worten auf der Zunge.

Falls Sie sich kraftlos fühlen und oft krank sind und darauf hoffen, dass sich Ihre Gesundheit verbessert, dann lassen Sie sich von dieser Hoffnung anspornen. Vielleicht können Sie einem Sportverein vor Ort beitreten und mit einem neuen Sportprogramm starten. Vielleicht gibt es Ess- oder Schlafgewohnheiten, die Sie ändern können und die Ihnen mehr Kraft geben werden. Vielleicht ist es so etwas Einfaches wie Ihren Kaffeekonsum zu beschränken. Sich zurückzulehnen und darauf zu warten, dass Gott irgendetwas tut, bringt nicht viel. Fragen Sie Gott lieber, was Sie tun können.

Falls Sie hoffen, dass sich eine Beziehung verbessert, mit der Sie Ihre liebe Mühe haben, dann lassen Sie sich von dieser Hoffnung anspornen. Statt darauf zu warten, dass der andere etwas unternimmt, unternehmen Sie doch selbst etwas. Vielleicht können Sie dem anderen eine ermutigende Notiz oder E-Mail schreiben. Vielleicht können Sie ihn zum Kaffee einladen und sich bei ihm für etwas entschuldigen, was ihn verletzt hat.

Falls Sie die Hoffnung hegen, dass sich Ihre finanzielle Situation verbessert – dass Sie nicht immer nur von der Hand in den Mund leben müssen –, dann lassen Sie sich von dieser Hoffnung anspornen. Vielleicht können Sie ein Budget erstellen – oder Ihr derzeitiges Budget überdenken –, um zu sehen, wo genau das Geld hingeht. Vielleicht können

Sie mit Ihrem Chef reden und Möglichkeiten besprechen, wie Ihr Gehalt zusammen mit dem Profit der Firma wachsen kann.

Als Erstes müssen Sie sich darüber im Klaren sein, was genau Sie eigentlich wollen oder brauchen. Beten Sie diesbezüglich und seien Sie voller Hoffnung, während Sie auf Gott warten. Reagieren Sie ohne Umschweife auf die Impulse, die der Heilige Geist Ihnen gibt. Einige Leute beten, bezweifeln dann aber, ob das, worum sie gebeten haben, je eintreffen wird. In diesem Fall kann man nicht erwarten, etwas von Gott zu erhalten. Gott sagt, dass wir »auch wirklich mit seiner Antwort rechnen« sollen, wenn wir beten (siehe Jakobus 1,6). Zweifel hält man am besten aus Herz und Kopf fern, indem man voller Hoffnung und positiver Erwartungen bleibt. Hoffnung sollte nicht nur eine einmalige Sache sein, genauso wenig eine gelegentliche Sache. Hoffnung sollte *beständig* unser Leben füllen!

Überlegen Sie im Gebet, welche Schritte Sie unternehmen müssen, damit sich Ihr Traum erfüllen kann. Wenn es sich um etwas handelt, hinter dem Gott tatsächlich steht, wird er Sie schon führen und Ihrem Bemühen Gelingen schenken. Gott legte den Traum in mein Herz, anderen Menschen die Bibel nahezubringen und ihnen zu helfen und ich kann ehrlich sagen, dass ich seit dem Zeitpunkt nie untätig gewesen bin. Ich habe zwar viele entmutigende Tage und schwierige Situationen durchgemacht, doch mit den Jahren habe ich gelernt, voller Hoffnung zu bleiben, und diese Hoffnung hat mein Leben verbessert und einen besseren Menschen aus mir gemacht. Während Sie Maßnahmen ergreifen, um zur Erfüllung Ihrer Träume und Ziele zu gelangen, können Sie dasselbe beten, was Mose betete: *Der Herr, unser Gott, schaue freundlich auf uns und lasse unsere Arbeit gelingen. Ja, lass unsere Arbeit gelingen!* (Psalm 90,17). Mose bat Gott nicht, seine untätige Passivität gelingen zu lassen, sondern seine Arbeit.

VOLLER HOFFNUNG

Gott benutzt zerbrochene Gefäße

Vielleicht lesen Sie dieses Kapitel und sind sich schmerzlich bewusst, welche Schritte in der Vergangenheit ganz und gar nicht so gelaufen sind wie geplant. Vielleicht gab es Chancen, die Sie nutzen wollten. Sie hatten etwas Großartiges vor und wagten voller Begeisterung mutige Schritte, um das Vorhaben zu verwirklichen, doch dann klappte es nicht. Falls Sie derartige Erfahrungen hinter sich haben, kann ich sehr gut verstehen, wie Ihnen jetzt zumute ist. Es hat viele Tage gegeben, an denen ich mein Bestes gab, doch statt die Situation dadurch zu verbessern, hatte ich das Gefühl, dass ich sie nur noch schlimmer machte. Ich glaube, wir alle kennen solche Momente. Doch wir sollten uns von unserem vergangenen Versagen nicht davon abhalten lassen, es in Zukunft noch einmal zu probieren.

Gott kennt unsere Beschränkungen und Fehler. Unser Versagen überrascht ihn nicht und es hält ihn nicht davon ab, weiter an uns zu arbeiten. Mehr noch, Gott benutzt unsere Beschränkungen häufig sogar, um seine Kraft zu demonstrieren. Ich bin auf eine Geschichte gestoßen, die das gut veranschaulicht:

> Ein Wasserträger in Indien hatte zwei große Gefäße, die jeweils an den Enden einer Stange hingen, die er auf seinen Schultern trug. Eines der Gefäße war makellos und brachte immer eine volle Ladung Wasser vom Fluss bis zum Haus des Meisters. Das andere Gefäß hatte einen Sprung und war nur noch halb voll, wenn es am Ziel ankam. Zwei Jahre lang brachte der Wasserträger jeden Tag immer nur eineinhalb Gefäße Wasser zum Haus des Meisters. Natürlich war das makellose Gefäß sehr stolz auf seine Leistung, erfüllte es doch perfekt seine Bestimmung. Das arme rissige Gefäß schämte sich hingegen seiner Unvollkommenheit und war sehr unglücklich darüber, dass es nur die Hälfte dessen erfüllen konnte, wozu es eigentlich geschaffen worden war.

Die Kraft der Hoffnung

Nach zwei Jahren dieses, wie das rissige Gefäß fand, bitteren Versagens, sprach es zum Wasserträger und sagte: »Ich schäme mich so und möchte dich um Verzeihung bitten.« »Wofür denn?«, fragte der Wasserträger. »Weshalb schämst du dich?«

»In den letzten beiden Jahren haben ich jeden Tag immer nur die Hälfte des Wassers zum Haus gebracht, weil der Sprung in meiner Seite das Wasser den ganzen Weg zum Haus des Meisters entlang heraussickern lässt. Wegen meiner Mängel bekommst du nicht den ganzen Lohn für deine Mühen«, sagte das Gefäß.

Dem Wasserträger tat das alte rissige Gefäß leid und aus Mitgefühl sagte er: »Wenn wir heute zurück zum Haus des Meisters gehen, dann achte doch mal auf die hübschen Blumen am Wegesrand.« Und tatsächlich, als sie den Hügel hinaufgingen, fiel dem alten rissigen Gefäß eine Reihe schöner Wildblumen am Wegesrand auf. Doch am Ende des Weges hatte es wieder Gewissensbisse, weil erneut die Hälfte der Wasserladung ausgelaufen war.

Da sagte der Wasserträger zum Gefäß: »Ist dir aufgefallen, dass die Blumen nur auf deiner Seite des Pfads sind, nicht auf der Seite des anderen Gefäßes? Das liegt daran, dass ich schon lange von deinem Sprung weiß und ihn mir zunutze gemacht habe, indem ich auf deiner Seite des Weges Blumen gesät habe. Jeden Tag, wenn wir vom Fluss zurückgingen, hast du diese Samen begossen und seit zwei Jahren pflücke ich diese Blumen nun schon, um den Tisch des Meisters zu schmücken. Wärst du nicht genau so, wie du bist, hätte dem Meister die Schönheit gefehlt, die sein Haus schmückt.[5]

Genau wie das rissige Gefäß können auch Sie wunderbare Dinge bewirken. Ihre Makel und Begrenzungen müssen kein Hindernis sein. Lassen Sie sich nicht von dem, was Sie als Schwäche empfinden, abhalten, von Hoffnung motivierte, mutige Schritte zu wagen. In 2. Korinther 12,10 heißt es: *Denn*

VOLLER HOFFNUNG

wenn ich [menschlich gesehen] schwach bin, bin ich stark [in Gottes Stärke] (ergänzt durch Amplified Bible). Ist das nicht beruhigend? Sind Sie schwach, so sind Sie trotzdem stark, weil Gott bei Ihnen ist. Er kann jeden Aspekt Ihres Lebens gebrauchen, selbst Ihre Risse, um daraus etwas Schönes zu machen.

Sei voller Hoffnung!

Hoffnung ist so spannend, weil Sie Ihren Teil beizutragen haben. Sie müssen nicht untätig darauf warten, dass eine Lösung vom Himmel fällt. Sie können Gott Ihre Hoffnungen bringen und ihn um Weisheit, Führung und Wegweisung bitten und dann können Sie ganz reale und praktische Schritte auf Ihr Ziel hin unternehmen. Mag die Aufgabe Ihnen noch so schwierig erscheinen oder mögen die Erfolgschancen noch so gering aussehen, lassen Sie sich von der Hoffnung zum Handeln anspornen, jeden Tag neu. Wenn Sie den Eindruck haben, dass Gott Sie in eine bestimmte Richtung führt, dann folgen Sie ihm und danken Sie ihm immer wieder, dass er in Ihrem Leben handelt.

Sie können sich eine zuversichtliche Einstellung bewahren und positive Worte aussprechen. Sie können sich vergangene Erfolgserlebnisse in Erinnerung rufen und sich dadurch ermutigen lassen. Anhaltender Erfolg erfordert Disziplin und Entschlossenheit, doch es lohnt sich. Also seien Sie voller Hoffnung. Gott half David, den Riesen zu besiegen, und genauso kann er Ihnen helfen.

KAPITEL 5

Eine neue Identität entdecken

Von uns allen wurde der Schleier weggenommen, sodass wir die Herrlichkeit des Herrn wie in einem Spiegel sehen können. Und der Geist des Herrn wirkt in uns, sodass wir ihm immer ähnlicher werden und immer stärker seine Herrlichkeit widerspiegeln.
2. Korinther 3,18

Es gibt drei Dinge, die ungeheuer hart sind: Stahl, ein Diamant und sich selbst zu kennen.
Benjamin Franklin

Veränderung ist nicht leicht. Selbst an eine positive Veränderung muss man sich erst gewöhnen. Wenn Gott uns verändert, braucht es etwas Zeit, bis wir davon überzeugt sind, dass wir uns tatsächlich verändert haben. Der Apostel Paulus war sich dieser Tatsache sehr bewusst.

Paulus – das ist für uns ein geistlicher Riese, der Autor eines Großteils des Neuen Testaments. Wenn jemand in der Gemeinde sagt: »Lesen wir einmal, was Paulus im Römerbrief geschrieben hat« oder: »Wie Paulus im Brief an die Galater gesagt hat ...«, dann stellt das niemand infrage. Doch das war nicht immer so. In der Anfangszeit war Paulus jemand, den so ziemlich jeder infrage stellte. Er war noch nicht der große Apostel; er war nur ein Mann mit einem neuen Namen und einem schlechten Ruf: *Oberpharisäer. Christenverfolger. Jemand, dem man nicht trauen kann.* Ich frage mich, ob er eine Übergangsphase durchlebte, in der er sich mehr wie Saulus als wie Paulus fühlte. Ich frage mich, ob es eine Weile dauerte, ehe Paulus den Saulus ganz loslassen konnte. Ich frage mich, ob er je jemandem die Hand geschüttelt und gesagt hat: »Hallo, ich bin Saulus ... ähm, nein, ich meine Paulus. Ich bin Paulus.«

Die meisten Frauen, die eine Eheschließung hinter sich haben, wissen, dass man sich an eine Namensänderung erst einmal gewöhnen muss. Man war Maria Schmidt und jetzt ist man plötzlich Maria Styborski. Man war Sara Meier und jetzt ist man mit einem Mal Sara Riggelstein. Es dauert eine Weile, ehe man sich mit dem neuen Namen wohlfühlt. Und denken Sie daran, bei Paulus ging es nicht nur um eine Namensänderung, sondern eine Herzensänderung, eine Veränderung seines ganzen Wesens. Stellen Sie sich vor, wie er sagt: »Hallo. Ich bin Paulus. Ich folge jetzt Jesus nach. Ich würde euch gerne von ihm erzählen.« Bestimmt schauten die Leute diesen Pharisäer – der bis vor Kurzem noch die Christen verfolgt hatte, sich jetzt aber plötzlich als Fürsprecher Jesu ausgab – an und dachten: *Moment mal. Das ist doch dieser Saulus. Ich habe schon von ihm gehört. Der verfolgt und verhaftet Christen. Dem traue ich nicht über den Weg. Der hat sich doch bestimmt nicht verändert. Nie im Leben.*«

Auch wenn wir nur spekulieren können, wie gewöhnliche Menschen auf der Straße auf Paulus' neue Identität reagierten, so sagt uns die Bibel doch genau, wie die Jünger darauf reagierten. Sie kauften es ihm nicht ab. Sie waren nicht überzeugt davon, dass Paulus wirklich ein neuer Mensch war. In Apostelgeschichte 9,26 steht: *Als Saulus wieder in Jerusalem eintraf, versuchte er, sich mit den Gläubigen dort in Verbindung zu setzen, aber alle hatten Angst vor ihm, denn sie glaubten nicht, dass er wirklich zu Jesus gehörte.* Nur weil Barnabas für Paulus eintrat und für seinen Charakter bürgte, zogen die Jünger überhaupt in Betracht, ihn vielleicht zu akzeptieren. Heute wissen wir natürlich, dass er sie schließlich überzeugte, und der Rest ist Geschichte, aber es gibt eine Formulierung in dem Vers, auf die ich Sie gerne aufmerksam machen möchte: *[S]ie glaubten nicht, dass er wirklich zu Jesus gehörte.* Noch tragischer wäre nur, wenn da stehen würde: *Paulus glaubte nicht, dass er wirklich zu Jesus gehörte.*

Sehen Sie, Paulus hatte keinen Einfluss darauf, was die Jünger von ihm hielten. Barnabas musste die Überzeugungsarbeit leisten und Gott musste ihre Herzen verändern. Das alles hatte Paulus nicht in der Hand. Das Einzige, worauf Paulus Einfluss hatte, war seine eigene Einstellung. Ehrlich gesagt war es auch nicht so wichtig, was die anderen von ihm hielten. Worauf es wirklich ankam, war, was Paulus von sich selbst hielt. Hätte er nie ein Ja zu dem neuen Menschen gefunden, der er in Christus war, dann hätte er auch nie seiner Bestimmung gemäß leben können. Was, wenn Paulus gedacht hätte: *Könnte ich doch nur reisen und die gute Nachricht von Jesus Christus verkünden. Das liegt mir mehr als alles andere am Herzen. Aber ich habe ja die Christen verfolgt. Ich werde immer der Saulus bleiben.* Oder: *Ich habe das neue Leben viel zu spät entdeckt. Ich kann unmöglich alles für Gott tun, was ich gerne tun würde. Ich bin zu lange Saulus gewesen.* Hätte er diese Einstellung vertreten, dann wäre Paulus nicht nur sehr unglücklich geworden, sondern hätte auch nicht das ausführen können, was Gott mit ihm vorhatte.

Doch als Gott erst einmal begonnen hatte, an ihm zu arbeiten, da verstand Paulus, dass er nicht länger Saulus war. Also hörte er auch auf, wie Saulus zu leben. Er dachte nicht mehr wie ein Pharisäer, redete nicht mehr wie ein Pharisäer und verhielt sich nicht mehr wie ein Pharisäer. Alles war jetzt anders. Er hatte sich geändert. Nun war er voller Hoffnung. Und er beschloss, sich auch dementsprechend zu verhalten.

Es war Paulus, der unter der Inspiration des Heiligen Geistes schrieb:

Das bedeutet aber, wer mit Christus lebt, wird ein neuer Mensch. Er ist nicht mehr derselbe, denn sein altes Leben ist vorbei. **Ein neues Leben hat begonnen!**

2. Korinther 5,17

> *Es spielt keine Rolle mehr, ob wir beschnitten wurden oder nicht. Es zählt nur, ob wir wirklich zu neuen, veränderten Menschen geworden sind.*
>
> Galater 6,15 (Hervorhebungen durch die Autorin)

Paulus war voller Hoffnung. Sein Leben weckte Begeisterung in ihm, weil etwas ganz Neues begonnen hatte – weil er nun »ein neuer Mensch« war. Paulus dachte, sprach, fühlte, arbeitete und verhielt sich nicht mehr wie Saulus. Er war von Grund auf verändert. Paulus bejahte das Neue, das Gott in seinem Leben tat, die neuen Chancen, die sich ihm auftaten, und den neuen Menschen, den Gott aus ihm machen wollte.

Das alte Ich loslassen

Was für Paulus galt, das gilt auch für Sie. Auch Sie sind aufgrund dessen, was Jesus Christus für Sie getan hat, ein neuer Mensch. Auch Sie können das Neue erleben, das Gott für Sie bereithält. Sie sind nicht mehr der gleiche Mensch wie zuvor. Gott hat so viel in Ihrem Leben getan. Er hat Sie verändert. Sicherlich sind Sie – genau wie ich – noch lange nicht perfekt, aber bestimmt haben Sie Fortschritte gemacht und sind schon weit gekommen. Wenn Sie einmal innehalten und überlegen, wer Sie früher waren – womit Sie früher zu kämpfen hatten –, dann freuen Sie sich bestimmt, wie weit Gott Sie bereits gebracht hat.

Mein Mann Dave sprach gerade heute Morgen mit mir über einen seiner Golfkollegen. Dieser Mann erzählte Dave von seiner Frau. Sie ist zwar Christin, hat jedoch nie den in ihrer Kindheit erlittenen Missbrauch überwunden. Über die Jahre hatte sie viele seelische und emotionale Probleme, die nun auch körperliche Beschwerden verursachten. Als Dave und ich darüber sprachen, warum einige Menschen mit einer ähnlichen Vergangenheit sich vollkommen davon erholen, während andere sich

Eine neue Identität entdecken

ein Leben lang damit herumschlagen, kamen wir beide zum selben Schluss. Um von dem Schmerz der Vergangenheit loszukommen, müssen wir glauben, dass Jesus uns tatsächlich zu neuen Menschen gemacht hat. Wir müssen unser altes Ich ganz loslassen und lernen, das Auferstehungsleben zu führen, das Jesus uns ermöglicht hat. Wir müssen aufhören, uns mit dem sündhaften, verletzten oder missbrauchten Menschen zu identifizieren, der wir einmal waren, und uns stattdessen mit dem neuen Menschen identifizieren, der wir ins Jesus sind.

Im Leben eines Menschen, der Jesus Christus nachfolgt, ist Hoffnung in dem Verständnis verwurzelt, dass Gott Dinge verändert. Veränderung, Umgestaltung, Wiedergeburt – das ist die gute Nachricht, die Jesus Christus uns gebracht hat. Auf uns selbst gestellt sind wir verloren, zerbrochen, weit weg von Gott, ohne Hoffnung. Doch in seiner großen Liebe hat Gott Jesus gesandt, damit wir gefunden, geheilt und mit ihm versöhnt werden – und wieder Hoffnung schöpfen können. Errettung dreht sich um Veränderung, eine Veränderung, die nur durch Gottes Liebe zu uns ermöglicht wurde.

Doch nicht nur bei unserer Errettung geht es um Veränderung, sondern auch in unserem Alltag mit Gott. In der Bibel sehen wir immer wieder, dass Menschen eine Begegnung mit Gott hatten und daraufhin Veränderung erlebten. Aus Abram wurde Abraham (siehe 1. Mose 17,5). Aus Sarai wurde Sara (siehe 1. Mose 17,15). Aus Jakob wurde Israel (siehe 1. Mose 32,28-29). Aus Simon wurde Petrus (siehe Johannes 1,42). Aus Saulus wurde Paulus (siehe Apostelgeschichte 13,9). Und das war mehr als nur eine Namensänderung; die ganze Lebensrichtung dieser Menschen änderte sich. Aus einem Hirten wurde ein König. Aus einem Flüchtling wurde der Leiter einer ganzen Nation. Aus Fischern wurden Jünger. Aus einem Pharisäer wurde ein Apostel.

Dabei sollte man nicht übersehen, dass alle diese Menschen genau wie Paulus ihre neue Identität bejahten, als Gott ihr Leben veränderte. David legte die Mentalität des Hirtenjungen ab und nahm seine Rolle als König an. Mose versteckte sich nicht länger aus Angst vor dem Pharao, sondern forderte unerschrocken: »Lass mein Volk ziehen!« Petrus lief nicht mehr davon, sondern trat am Pfingsttag vor die Menschenmenge und sprach zu Tausenden. Jeder dieser Personen fand eine neue Identität in dem, was Gott getan hatte – und weiterhin tat. So können auch Sie eine neue Identität finden. Wer seine neue Identität nicht annimmt, der hat immer mit seiner alten Identität zu kämpfen, die ihn herunterzieht, und wird das aufregende, dynamische Leben nicht erleben, das ihm durch Jesus Christus zur Verfügung steht.

Gestatten Sie mir eine Frage: Glauben Sie, dass Gott Sie bedingungslos liebt? Glauben Sie, dass *alle* Ihre Sünden vergeben sind? Glauben Sie, dass Sie ein neuer Mensch sind, mit einem neuen Herzen und einem neuen Geist? Haben Sie ein Ja zu sich gefunden? Mögen Sie sich? Glauben Sie, dass die Zukunft Gutes für Sie bereithält?

Falls Sie das alles bereits glauben, gratuliere ich Ihnen. In dem Fall sind Sie auf dem besten Weg, unvorstellbar gute Dinge zu erleben. Falls Sie das alles noch nicht glauben, sollten Sie sich so lange mit der Bibel beschäftigen, bis Sie es tun. Schenken Sie den Zusagen Gottes mehr Glauben als Ihren Gefühlen und geben Sie nicht auf. Stellen Sie Ihre Denkweise auf den neuen Menschen ein, der Sie sind: Durch Jesus Christus hat Gott Sie gerecht gesprochen! Durch das Blut, das Jesus am Kreuz vergossen hat, sind Sie rein gewaschen! Sie haben Talente und Fähigkeiten, die Gott Ihnen gegeben hat! Gott lebt in Ihnen und wird Sie nie verlassen oder im Stich lassen! Wenn Sie begreifen, dass Sie ein neuer Mensch sind, können Sie auch neue Hoffnung schöpfen.

Der Mensch, der Sie früher waren, die Fehler, die Sie früher gemacht haben, die Ungerechtigkeiten, die Ihnen widerfahren sind, die Kämpfe, die Sie durchgemacht haben – all das muss Sie nicht länger ausbremsen. Reden Sie sich nicht immer wieder ein: *Ich bin viel zu aufbrausend. Ich kann mich einfach nicht be-*

herrschen. Nein, das war Ihr altes Ich. Gott hat Sie von innen her verändert und nach und nach wird das durch die Kraft Gottes, die in Ihnen wohnt, auch nach außen hin sichtbar. Sie sind jemand, der mit dem Frieden und der Freude Gottes erfüllt ist. Bejahen Sie diesen neuen Menschen. Der erste Schritt ist, der guten Nachricht zu glauben, dass Jesus für uns gestorben ist. Dann erneuern wir unser Denken, indem wir uns eingehend mit der Bibel beschäftigen und die Realität dieses neuen Menschen, der wir in Christus sind, auch im Alltag ausleben.

Statt mit einer Opfermentalität durchs Leben zu gehen und sich immer wieder zu sagen: *Ich kann niemandem vertrauen. Ich kann keine gesunden Beziehungen führen, weil ich aus derart kaputten Beziehungen komme* oder *Ich tauge nichts*, dürfen Sie sich auf die heilende Kraft Gottes in Ihrem Leben einlassen. Sie sind ein neuer Mensch. Er heilt jede Wunde und stellt wieder her, was Sie verloren haben. Mehr noch, er gibt Ihnen das Doppelte von dem, was Ihnen genommen wurde (siehe Jesaja 61,7). Nur weil Sie in der Vergangenheit Verletzungen erlitten haben, heißt das nicht, dass Sie den Rest Ihres Lebens ein Opfer sein müssen. Sie können den Schmerz überwinden und ein erfolgreiches Leben führen. Durch Ihren Glauben an Jesus sind Sie eine neue Schöpfung, voller Kraft und Hoffnung. Vergessen Sie nicht, Ihre Vergangenheit ist nicht Ihre Zukunft!

Sie dürfen jeden Tag mit der Zuversicht leben, dass Sie heute stärker sind als gestern, weil Gott jeden Tag an Ihnen arbeitet. Das heißt nicht, dass Sie bereits alles erreicht haben, was es zu erreichen gibt, und es heißt auch nicht, dass Sie heute alles perfekt hinbekommen. Aber es heißt, dass Sie neue Hoffnung schöpfen dürfen, eine Hoffnung, die Sie zusammen mit Paulus sagen lässt: *Ich will nicht behaupten, ich hätte dies alles schon erreicht oder wäre schon vollkommen! Aber ich arbeite auf den Tag hin, an dem ich endlich alles sein werde, wozu Christus Jesus mich errettet und wofür er mich bestimmt hat* (Philipper 3,12).

Vergeuden Sie keinen weiteren Tag mit Klagen wie: »Ich kann das nicht«, »Ich schaffe das nicht« oder »Ich bin nicht gut genug«. Das sind Worte der Hoffnungslosigkeit. Vielleicht beschreiben sie den alten, aber sicher nicht den neuen Menschen, der Sie in Christus sind. Sie sind ein Kind Gottes. Sie sind mehr als ein Überwinder. Sie stehen auf der Siegerseite, nicht auf der Verliererseite. Gott hat Sie durch Jesus Christus gerecht gemacht. Der Geist, der in Ihnen lebt, ist größer als der Geist, der die Welt regiert.

Der neue Mensch hat ein Erbe

Wenn Sie sich bewusst entschieden haben, Jesus Christus nachzufolgen, dann sind Sie in diesem Moment Teil einer neuen Familie geworden, der Familie Gottes. Jetzt haben Sie Brüder und Schwestern, die verstehen, was Sie durchmachen, und die Sie auf Ihrem Glaubensweg ermutigen können. Sie haben einen himmlischen Vater, der Sie nie im Stich lässt. Eines der vielen guten Dinge, die Sie von Ihrem himmlischen Vater bekommen, ist ein Erbe. In Epheser 1,18 steht:

> *Ich bete, dass eure Herzen hell erleuchtet werden, damit ihr die wunderbare Zukunft, zu der er euch berufen hat, begreift und erkennt,* **welch reiches und herrliches Erbe** *er den Gläubigen geschenkt hat* (Hervorhebung durch die Autorin).

Durch Jesus wartet auf jeden von uns ein Erbe. Das heißt, dass wir keine angeheuerten Arbeiter sind, die sich etwas von Gott verdienen müssen, sondern seine Kinder, denen ein Erbe zusteht. Als Miterben mit Jesus bekommen wir das, was er durch sein Opfer erworben hat. In der Bibel steht, dass alles, was ihm gehört, jetzt auch uns gehört (siehe Johannes 16,15). Und wird uns erst richtig bewusst, dass uns ein Erbe von Gott zukommt, ändert sich dadurch unsere Sichtweise. Probleme erscheinen dann nicht mehr so groß, Frust erscheint nicht mehr so wichtig, die Zukunft erscheint nicht mehr so beängstigend. Wir dürfen

Eine neue Identität entdecken

voller Freude und Hoffnung sein, weil Gott schon für alles gesorgt hat, was wir brauchen. Wir gehören mit unserem ganzen Leben einem guten Gott und er möchte uns mit Gutem überhäufen. Wenn Sie sich jeden Tag Sorgen machen, wie Sie finanziell über die Runden kommen sollen, wenn Sie Angst haben, dass Sie die gewünschte Beförderung bei der Arbeit nicht bekommen, wenn Sie verbittert über etwas sind, das jemand hinter Ihrem Rücken über Sie gesagt hat, dann leben Sie nicht wie ein Kind Gottes, das versteht, dass es ein Erbe hat. Sorgen, Ängste und Verbitterung sind Charakterzüge des alten Ichs. Ihr neues Ich kann von Vertrauen und Zuversicht geprägt sein, Ihr neues Ich kann vergeben, weil Sie glauben, dass Gott alles, was Ihnen zustößt, zu Ihrem Guten wenden kann. Er hat Gutes für Sie vorbereitet. Wenn jemand bei der Arbeit die Beförderung bekommt, die Sie sich gewünscht haben, dann hat Gott offensichtlich etwas Besseres für Sie. Machen Sie sich keine Sorgen, seien Sie nicht deprimiert. Lassen Sie sich stattdessen auf Ihr neues Ich ein – begreifen Sie, dass Sie in Gott ein großes Erbe haben. Gott möchte Ihnen durch Ihre Situation etwas *beibringen* und er möchte Sie *hindurchbringen*. Das ist doch Grund zur Hoffnung. Wenn jemand etwas Schlechtes über Sie sagt, dann reagieren Sie nicht verbittert, sondern suchen Sie Rat bei Gott, wie Sie mit der Situation umgehen sollen. Früher hätten Sie vielleicht die Fassung verloren und dem anderen ordentlich die Meinung gesagt, doch das war Ihr altes Ich. Gott hat Sie weitergebracht. Sie haben ein Erbe in ihm und er kann aus dieser Situation etwas Gutes machen.

Neuere, größere Erwartungen

Am Anfang dieses Buches haben wir über Erwartungen gesprochen. Jetzt, wo wir dieses Kapitel und den ersten Teil des Buches beenden, möchte ich Sie ermutigen, wirklich mehr zu erwarten. Seien Sie voller Hoffnung, dass Sie höher hinaufkommen können! Je mehr Hoffnung Sie haben, umso leichter wird es Ihnen fallen, Ihr Leben vom Glauben an Gott prägen zu lassen. Ich bete, dass Gott durch diese letzten fünf Kapitel Ihren Glauben aufgebaut hat. Nutzen Sie diesen neu geschöpften Glauben, um mehr von Gott zu erwarten. Er liebt Sie sehr und möchte unendlich viel für Sie tun (siehe Epheser 3,20).

Wir sagen, dass eine schwangere Frau »guter Hoffnung« ist. Deswegen plant sie. Sie handelt ihrer guten Hoffnung entsprechend. Sie kauft Babykleidung, Babyflaschen, stellt das Kinderbett auf und bereitet das Kinderzimmer vor. Wir sollten uns wie Menschen verhalten, die guter Hoffnung sind. Wir sollten morgens aufstehen und einplanen, dass Gott etwas Gutes tut. Mit Gottes Hilfe können wir uns sagen: *Vielleicht ist es heute so weit. Dies ist der Tag, den der Herr gemacht hat, und mir wird bestimmt etwas Gutes passieren.* Versuchen Sie, Ihren Blickwinkel zu erweitern, selbst wenn Gott nicht haargenau das tut, wofür Sie gebetet haben. Es kann ja sein, dass Gott etwas Besseres im Sinn hat als das, was Sie sich erbeten haben. Bitten Sie nicht nur um Gutes; glauben Sie und hoffen Sie auf wirklich Großes.

Stehen Sie jeden Morgen mit der Haltung auf: »Ich bin guter Hoffnung, dass heute etwas Großartiges passieren wird. Mein Ehepartner wird mir irgendetwas Gutes tun. Meine Kinder werden sich gut benehmen. Es wird gute Neuigkeiten bei der Arbeit geben. Gott wird mir die Gelegenheit geben, einem anderen Menschen etwas Gutes zu tun. Ich werde erfreuliche Post erhalten. Ich werde irgendein Erfolgserlebnis haben.« Scheuen Sie sich nicht zu vertrauen, zu glauben und vom ersten wachen Moment an Gottes Segen für Ihren Tag zu erwarten. Ich habe beschlossen, dieses Buch inoffiziell das »Frohe Buch« zu nennen, weil ich überzeugt bin: Wer es liest, wird glücklicher werden als je zuvor. Hoffnung ist die freudige, zuversichtliche Erwartung, dass man etwas Gutes erleben wird!

Hoffnung beseitigt die Grenzen, die wir um unsere Erwartungen stecken. Erwarten Sie wenig oder viel von Gott? Vielleicht hoffen Sie nur so halb, dass Gott etwas tut. Vielleicht glauben Sie nur so halb, dass etwas Gutes passieren wird. Aber ich möchte Sie herausfordern, voll und ganz zu glauben, dass Sie Besseres erleben können als in der Vergangenheit. Ich möchte Sie ermutigen zu glauben, dass Gott Sie für noch viel Größeres einsetzen kann. Falls Sie Lieder komponieren, warum sollte Gott Ihnen nicht das schönste Lied aller Zeiten schenken können? Falls Sie Gottes Wort verkündigen, warum sollte Gott Ihnen nicht eine Botschaft schenken können, die es derart in sich hat, dass jedes Mal, wenn Sie sie weitergeben, seelisch gebundene Menschen befreit werden? Falls Sie Kinder großziehen, warum sollten Ihre Kinder später nicht die Welt positiv verändern? Warum sollten Sie bei Ihrer Arbeit nicht befördert werden? Warum sollten Sie nicht Ihren zukünftigen Ehepartner kennenlernen und ein außergewöhnlich gutes Leben haben? Warum sollten Sie nicht Ihre Verletzungen überwinden können? Warum sollten Sie nicht etwas bei Ihren Mitmenschen bewirken können? Es ist Zeit, sich große Hoffnungen zu machen. Glauben Sie: Wenn andere Gutes erleben können, dann können Sie das auch!

Sei voller Hoffnung!

Wenn Sie heute in den Spiegel schauen, dann hoffe ich, dass Sie sich so sehen, wie Gott Sie sieht. Sie sind kein verlorener, zerbrochener, geschlagener, hilfloser Mensch. Sie sind nicht jemand, der seine Gedanken und Gefühle nicht beherrschen kann, und Sie sind nicht jemand, der seine Vergangenheit nicht hinter sich lassen kann. Sie sind etwas viel Besseres! Sie sind mehr als ein Überwinder (siehe Römer 8,37). In Jesus sind Sie ein ganz neuer Mensch und Gott ist in Ihrem Leben am Werk. Er verändert Sie, Stück für Stück, einen Tag nach dem anderen. Sie können anders leben als früher, weil Sie über Ihre Probleme hinauswachsen werden. Glauben Sie diese Wahrheiten. Seien Sie voller Hoffnung!

Teil II

Hoffnung, wenn es wehtut

… denn wir wollen ja das vor uns liegende Ziel, die Erfüllung der Hoffnung, erreichen. Diese Zuversicht ist wie ein starker und vertrauenswürdiger Anker für unsere Seele.

Hebräer 6,18-19

Hoffnung haben wir immer nötig, aber besonders in schmerzlichen Situationen. Wer mitten in Schwierigkeiten steckt oder in irgendeiner Form leidet, für den ist Hoffnung schwerer greifbar. Doch es ist ganz wichtig, diese Zeiten nicht als Ausrede zu benutzen, um entmutigt, deprimiert und hoffnungslos zu sein.

In solchen Lebensphasen ist es zwar schwieriger, voller Hoffnung zu sein, aber auch wichtiger. Gott möchte nicht, dass wir uns in unserem Schmerz festfahren; er möchte uns durch ihn hindurchbringen.

Wenn wir einen Verlust erleiden, dann sollten wir den Verlust verarbeiten, statt uns darin zu verlieren. Wenn uns etwas Tragisches zustößt, sollten wir angemessen trauern, ohne uns so sehr von Trauer vereinnahmen zu lassen, dass unser gesamtes Leben zu einer Tragödie wird. Wenn wir Enttäuschung erleben, ist es wichtig, dass wir uns trotzdem wieder auf Menschen und Situationen einlassen. Wenn wir deprimiert sind, müssen wir nach oben blicken, denn mit erhobenem Haupt fühlt man sich gleich besser! Nach oben – das ist die Richtung, die Jesus vorgibt. Er kam vom Himmel und kehrte dorthin zurück, als sein Werk auf Erden getan war; und er hat versprochen, dass er in den Wolken wiederkommen und jedes Auge ihn sehen wird. Er hebt unser Haupt, unseren Geist, unser Leben empor. Auf der anderen Seite haben wir einen Feind namens Luzifer, Satan, der große Betrüger, auch Teufel genannt, und bei ihm geht immer alles nach unten. Er hat nur Depression, Entmutigung, Niedergeschlagenheit, Krankheit, Verzweiflung, Mutlosigkeit, Scheidung, Tod und dergleichen zu bieten.

Ich sage der Hoffnungslosigkeit den Kampf an und ich lade Sie ein mitzukämpfen. Jeder von uns, der sich bewusst entscheidet, Hoffnung zu verbreiten, trägt zu der Lösung bei, die die Welt braucht.

KAPITEL 6

Schauen Sie hinauf!

Ich schaue hinauf zu den Bergen – woher wird meine Hilfe kommen? Meine Hilfe kommt vom Herrn, der Himmel und Erde gemacht hat.

Psalm 121,1-2

*Hoffnung ist wie ein Vogel
Der sich in unserer Seele niederlässt
Und die Melodie ohne Worte singt
Und nie verstummt.*

Emily Dickinson

Zur Entspannung gönne ich mir gerne hin und wieder einen Film. Dave und ich sind so viel unterwegs und wenn wir nach Hause kommen, freue ich mich darauf, mich einfach im Sessel zurückzulehnen, den Hund auf dem Schoß und mich ein paar Stunden lang mit einem unterhaltsamen Film entspannen zu können. Vermutlich geht es Ihnen ähnlich. Es bereitet Vergnügen, sich einen richtig guten Film anzusehen.

Ganz gleich was für Filme Sie mögen (ich selbst bevorzuge Klassiker oder einen guten Krimi), wir alle haben schon einmal eine bestimmte Szene gesehen. Sie gehört zu den Lieblingsszenen Hollywoods, die in Action- und Abenteuerfilmen genauso zu finden ist wie in Krimis, Kriegsfilmen und sogar Liebeskomödien. Und zwar meine ich die »Höhenangst«-Szene. Die kennen Sie sicherlich, oder? Der Rahmen der Szene ist unterschiedlich, aber das Dilemma ist immer das gleiche – *die Höhe!* Die Hauptfigur balanciert auf einem schmalen Felsvorsprung oder überquert zögernd eine wackelige Brücke oder erklimmt schweißgebadet einen Turm. Die Katastrophe scheint unvermeidlich. In jeder dieser Szenen befindet sich unser Held in schwindelerregender Höhe, der Wind weht, sein Fuß rutscht ein oder zweimal ab, die Musik schwillt an ... und ich fiebere so sehr mit, dass ich kaum noch zuschauen kann!

Falls Sie solche Szenen schon so oft gesehen haben wie ich, dann wissen Sie, dass es einen klassischen Satz gibt, den irgendjemand in dieser Situation gewöhnlich sagt. Gerade in dem Moment, wo der oder die Betreffende über den schmalsten Teil des Felsvorsprungs geht, den wackeligsten Teil der Brücke überquert oder die gefährlichste Wand erklimmt, sagt irgendjemand folgende Worte: »Was immer du tust, schau ja nicht runter!« Klingt nach einem guten Ratschlag, oder? Konzentriere dich, achte auf deinen nächsten Schritt, geh weiter und *schau nicht runter*. Doch aus irgendeinem Grund befolgen unsere Filmhelden diesen Rat nur höchst selten. Es ist ziemlich vorhersagbar. Das Erste, was der Held tut, ist nach unten zu schauen, und die Folge ist immer die gleiche: Panik.

Vielleicht können Sie das nachvollziehen. Natürlich befinden Sie sich momentan nicht gerade Hunderte von Metern über dem Boden (hoffe ich zumindest), aber vielleicht stehen Sie auf dem Felsvorsprung finanzieller Sorgen und Sie haben das Gefühl, jeden Moment in die Tiefe stürzen zu können. Vielleicht befinden Sie sich in einer Beziehung, die schwankt und klappert wie eine wackelige Brücke, und Sie haben das Gefühl, dass sie jeden Moment zusammenbrechen könnte. Vielleicht versuchen Sie gerade ein Hindernis zu überwinden und es ist so groß, dass Ihnen dabei ganz schwindelig wird. Falls das auf Sie zutrifft – falls irgendetwas Ihnen gerade Schmerzen bereitet –, dann möchte ich Ihnen den altbekannten Rat geben: Was immer Sie tun, schauen Sie bloß nicht runter.

Das ist deshalb so wichtig, weil viele Menschen auf das Falsche schauen, wenn sie in eine schwierige Situation geraten. Sie schauen auf die Größe des Problems, auf die Gefahren, denen sie ausgesetzt sind, auf das Verletzende, das andere sagen, auf den Schmerz ihrer Vergangenheit, auf ihre eigenen ungesunden Emotionen oder ihre Versagensangst. In keinem dieser negativen Dinge liegt Hoffnung. Sie alle ziehen den Blick nach unten, und das hilft nicht, die Situation zu bewältigen.

Die Bibel zeigt uns eine bessere Möglichkeit, wenn wir Hilfe brauchen. Statt unser Augenmerk auf Dinge zu richten, die uns nicht helfen können, fordert sie uns auf, nach oben zu schauen – uns auf den zu konzentrieren, der uns immer helfen kann. In Hebräer 12,2 heißt es: *Dies tun wir, indem wir unsere Augen auf Jesus gerichtet halten, von dem unser Glaube vom Anfang bis zum Ende abhängt.* Und in Jesaja 45,22 steht: *Wendet euch auf der ganzen Welt von überall her mir zu und lasst euch retten. Denn ich bin Gott; es gibt keinen anderen.* Wenn David in Not geriet, richtete er seinen Blick gen Himmel, weil er wusste, dass seine Hilfe aus der Höhe kam (siehe Psalm 121,1-2). Ich möchte Sie ermutigen, es ihm gleichzutun. Sollten Sie eine schwere Situation durchleben und nicht wissen, was Sie tun oder wo Sie sich hinwenden können, schauen Sie nach oben. Schauen Sie auf Jesus. Er ist derjenige, der Ihnen helfen kann. Er ist derjenige, der Sie retten wird. Er ist derjenige, der Sie vor dem Sturz bewahrt. Jesus hat gesagt, dass wir uns aufrichten und den Blick heben sollen, weil unsere Erlösung ganz nahe ist (siehe Lukas 21,28). Unsere Erlösung erleben wir nicht, indem wir nach unten schauen. Wir schauen nach oben, hin zu Gott, und erwarten unsere Erlösung von ihm.

»Aufschauen« – das heißt mehr, als nur in den Himmel zu starren. Es bedeutet, eine hoffnungsvolle Haltung zu haben, eine positive Einstellung, eine Erwartung, dass etwas Gutes passiert. Gott ist gut und er plant immer etwas Gutes für uns.

Nichts kann Gottes Platz einnehmen

In unsicheren Zeiten suchen wir oft Zuflucht bei anderen Menschen oder Dingen und das ist verständlich, wenn auch meist nicht sehr wirkungsvoll. Obwohl wir eigentlich wissen, dass wir Gott vertrauen sollten, und obwohl wir glauben, dass er uns liebt und einen Plan für unser Leben hat, haben wir den natürlichen Drang, nach etwas Sichtbarem zu greifen, was Halt verspricht. Wir können Gott nur mit den Augen des Glaubens sehen. Wir müssen ihn mit unserem Herzen erkennen und wir sollten unser Vertrauen immer auf ihn setzen.

Ich bin im Rahmen meiner weltweiten Reisetätigkeit vielen Menschen begegnet, für die ich beten und die ich in ihren Kämpfen begleiten durfte. Dabei habe ich festgestellt, dass es ganz unterschiedliche Dinge gibt, bei denen Menschen zuerst um Hilfe suchen, ehe sie daran denken, sich an Gott zu wenden. Hier sind einige Beispiele, auf was Menschen am häufigsten bauen:

Auf Freunde bauen

Es ist wunderbar, Freunde zu haben, mit denen wir über unseren Schmerz reden und denen wir uns anvertrauen können, besonders Freunde, die ihren Glauben genauso ernst nehmen wie wir. Sie können mit uns beten und uns ermutigen. Doch unsere Freunde haben auch ihre Grenzen. Sie mögen gute Absichten haben, aber sie können uns trotzdem in die falsche Richtung führen, wenn ihr Rat nicht im Einklang mit der Bibel ist. Unsere Freunde mögen sehr mitfühlend sein, sind aber nicht unbedingt bereit, ehrlich genug zu sein, um uns das zu sagen, was wir eigentlich hören müssten. Ich weiß noch, wie es war, als Dave mir sagte, dass ich mit meinem Selbstmitleid aufhören solle. Das gefiel mir ganz und gar nicht und ich wurde wütend auf ihn, doch das, was er sagte, war die Wahrheit und ich musste sie hören. Dave liebte mich genug, um mir zu geben, was ich brauchte, nicht was ich wollte. Ich habe Situationen miterlebt, in denen jemand von seinen Freunden in einer misslichen Lage festgehalten wurde, weil diese ihm Bestätigung gaben, obwohl Korrektur angebracht gewesen wäre.

Es ist überhaupt nichts daran auszusetzen, sich in schwierigen Zeiten auf seine Freunde zu stützen, doch lassen Sie Ihre Freunde nicht den Platz Gottes in Ihrem Leben einnehmen. Wenn der Schuh irgendwo drückt, wenden Sie sich immer zuerst an Gott und suchen Sie Orientierung bei ihm. Nachdem Sie Zeit mit der Bibel und im Gebet verbracht haben, können Sie vielleicht mit Ihren Freunden über das reden, was Gott Ihnen ans Herz gelegt hat. Denken Sie daran, Ihre Freunde sind auch nur Menschen. Sie können Ihnen nur beschränkt helfen. Wenn Sie in erster Linie auf Ihre Freunde bauen, werden Sie unweigerlich enttäuscht werden.

Auf den Ehepartner bauen

Schon früh in meiner Ehe lernte ich, dass ich mein Glück nicht von Dave erwarten durfte, sondern nur von Gott. Er, nicht unser Partner, ist die Quelle unserer Freude (siehe Psalm 43,4).

Ich kann mich noch gut daran erinnern, wie wütend ich früher auf Dave war, weil er Golfspielen ging oder sich eine Sportveranstaltung ansah, statt den Morgen mit mir zu verbringen. Es war nicht so, dass Dave mich vernachlässigte – er ist ein wunderbarer Ehemann und verbringt gern Zeit mit mir –, aber ich wollte, dass er ständig für mich da war. Ich flippte aus, weil ich versuchte ihn zur Quelle meiner Freude und Zufriedenheit zu machen. Ich wollte, dass er mir Sicherheit und Zuversicht gab. Doch dann machte Gott mir klar: Immer wenn wir von einem Menschen (selbst unserem Ehepartner) etwas erwarten, das nur Gott tun kann, kommt unweigerlich Frust auf.

Als ich aufhörte, mir Dinge von Dave zu erzwingen, die nur Gott mir geben kann, breitete sich ein Frieden und eine Freude aus, wie ich sie bis dahin nicht gekannt hatte – in meinem Leben und in meiner Ehe. Allerdings muss ich auch sagen: Wenn mir irgendetwas unter den Nägeln brennt, kann ich immer mit Dave reden. Er ist da, um mich zu ermutigen und mir zu helfen, aber wir wissen beide, dass letztendlich nur Gott uns genau das geben kann, was wir in einer bestimmten Situation brauchen.

Auf sich selbst bauen

Wenn das Leben einen härteren Gang einlegt, steckt in uns allen die Tendenz zu sagen: »Das bekomme ich schon hin.« Bei einigen ist diese Haltung sehr ausgeprägt, weil in ihrer Kindheit niemand da war, der ihnen unter die Arme gegriffen hat und sie deswegen immer unabhängig sein mussten. Bei anderen ist sie deshalb besonders ausgeprägt, weil sie eine starke Persönlichkeit haben und vielleicht auch sehr begabt sind. Es fällt ihnen leicht, sich mit ihrem eigenen Können aus der Patsche zu helfen.

Doch es war nie Gottes Absicht, dass wir uns allein durchs Leben schlagen, und es wird Zeiten geben, in denen unsere eigene Stärke uns nicht durchbringen wird. Wir alle werden mit Situationen konfrontiert, in denen nur Gott stark genug ist, uns hindurchzutragen. Es ist besser, wenn wir uns gleich angewöhnen, auf ihn zu bauen. Warten Sie nicht, bis Sie auf eine Hürde stoßen, die so groß ist, oder einen Schmerz, der so tief ist, dass Sie aus reiner Verzweiflung zu Gott getrieben werden. Gewöhnen Sie sich jetzt schon an, jeden Tag mit dem Gebet auf den Lippen aufzustehen: »Herr, ich vertraue dir. Danke für die Gaben und Fähigkeiten, die du mir gegeben hast, aber ich möchte mich nicht auf meinen eigenen Verstand verlassen. Ich verlasse mich auf dich. Schenk mir die Weisheit, Wegweisung und Befähigung, die ich heute brauche, um ein Leben zu führen, das gelingt und das dich ehrt.«

So großartig Freunde sein können, so wunderbar ein guter Ehepartner ist, so wichtig es ist, die Gaben und Fähigkeiten zu erkennen, die Gott uns gegeben hat: Nichts von alledem kann Gottes Platz in unserem Leben einnehmen. In Psalm 37,39 steht: *Der Herr hilft denen, die ihm vertrauen, er ist ihre Zuflucht in Zeiten der Not.* Der Herr ist unsere Zuflucht, niemand sonst. Deswegen werden wir mit Hoffnung erfüllt, wenn wir in schwierigen Zeiten nicht auf Menschen, sondern auf Gott bauen.

Wurden Sie schon einmal enttäuscht oder im Stich gelassen? Hat Sie das geärgert oder gekränkt? Wenn ja, haben Sie je die Möglichkeit in Betracht gezogen, dass es vielleicht Ihr eigener Fehler war, weil Sie die Erfüllung Ihrer Bedürfnisse von dem anderen Menschen erwartet haben, statt auf Gott zu bauen? Ich möchte nicht zu hart klingen, so als hätte ich kein Mitgefühl für Sie und Ihren Schmerz, doch die Wahrheit, die wir hören müssen, ist anfangs oft schwer zu schlucken. Wenn wir unsere Hoffnung und Zuversicht eher auf Menschen setzen als auf Gott, dann wird Gott zulassen, dass deren Schwächen zutage treten und sie uns enttäuschen, damit wir uns schließlich ihm zuwenden. Das fühlt sich im ersten Moment vielleicht nicht sonderlich gut an, doch am Ende macht die Wahrheit uns frei!

Den Sturm ignorieren und auf Jesus schauen

Matthäus 14,24-33 zeichnet ein ziemlich dramatisches Bild. Die Jünger versuchen, mitten in der Nacht den See Genezareth zu überqueren, als mit einem Mal ein heftiger Sturm aufkommt. Wenn es Männer gab, die in einem Sturm auf See die Fassung bewahren konnten, dann Petrus und die anderen Jünger. Immerhin waren diese Männer ja erfahrene Fischer. Dies war nicht ihr erster Sturm. Doch der Sturm war so heftig, dass er selbst über ihren Erfahrungshorizont hinausging.

Haben Sie schon einmal etwas Ähnliches erlebt? Dachten Sie, dass Sie mit einer bestimmten Situation umgehen können, nur um dann festzustellen, dass dieser Sturm anders ist als die vorherigen? Genau das passierte den Jüngern; dies war ein Sturm, aus dem sie sich selbst nicht retten konnten.

Als er sah, dass die Jünger Hilfe brauchten, »kam Jesus über das Wasser zu ihnen« (V. 25). Mir gefällt, wie beiläufig dieser Satz in der Bibel steht. Er ist nicht fett gedruckt oder großgeschrieben; er wird noch nicht einmal mit einem Ausrufezeichen betont. Jesus kam über das Wasser spaziert, und das sollte uns nicht überraschen. Es ist fast so, als würde Gott uns damit sagen wollen, dass er alles tun kann und wird, was nötig ist, um in unserer Not zu uns zu kommen. Kein Sturm ist so groß, dass er Gott davon abhalten könnte, uns zu retten.

Als Jesus auf das Boot zuging, bekamen die Jünger noch mehr Angst. Sie hielten Jesus für einen Geist. Doch Petrus nahm seinen Mut zusammen und sagte: »*Herr, wenn du es wirklich bist, befiehl mir, auf dem Wasser zu dir zu kommen*« (V. 28). Sobald Jesus sagte: »Komm«, stieg Petrus aus dem Boot und – ging auf dem Wasser. Petrus tat das nicht aus eigener Kraft (er hatte definitiv nicht die Fähigkeit, auf Wasser zu gehen) oder mit der Hilfe der anderen Jünger (sie hatten keine Ratschläge, wie man am besten auf dem Wasser spazieren geht). Allein Jesus konnte ihm helfen. Er war Petrus' einzige Hoffnung.

Doch als Petrus auf Jesus zuging, tat er, was Sie und ich auch oft tun: Er wendete die Augen von Jesus ab und schaute nach unten. Er schaute auf die Wellen und ließ sich vom Sturm vereinnahmen. Statt sich zu sagen: *Ich gehe mit Jesus auf dem Wasser! Das ist ja fantastisch! Was Gott in meinem Leben tun kann, kennt keine Grenzen!* – fing Petrus an zu denken: *Was ist, wenn ich ertrinke? Wie ist das überhaupt möglich? Kann Jesus mich wirklich retten?* Das passiert, wenn man nach unten auf seine eigenen Probleme schaut, statt nach oben auf das, was Gott versprochen hat. Ausrufezeichen verwandeln sich in Fragezeichen. Glaube verwandelt sich in Angst. Man beginnt zu sinken. Gott sei Dank haben wir einen Retter, der uns hilft, wenn unser Glaube schwach ist. Jesus streckte die Hand aus und rettete Petrus. Es waren nicht die Jünger, die ihn retteten; es war Jesus.

Diese Geschichte ist ein perfektes Bild dafür, was in unseren Lebensstürmen passiert. Mag der Sturm noch so groß sein, er ist nicht zu groß für Gott. Er sieht genau, wo Sie sich gerade befinden, und er kommt zu Ihrer Rettung. Falls die Wellen heute hoch um Sie schlagen, halten Sie Ausschau nach Gott. Seien Sie nicht wie die Jünger, die überrascht waren, als Jesus sich blicken ließ. Haben Sie lieber die freudige Erwartung, dass Gott rechtzeitig auftaucht, um den Sturm zu stillen. Solange Sie Ihren Blick auf ihn gerichtet halten, können Sie über die Wellen gehen, die Ihr Leben bedrohen. Sie können voller Frieden, Freude und Zufriedenheit leben, weil Sie Jesus vor Augen haben. Sobald Sie auf die Wellen schauen – die schlechten Nachrichten, die sorgenvollen Gedanken, was andere von Ihnen halten, die Lügen des Feindes –, beginnen Sie jedes Mal zu sinken. Schauen Sie immer auf Jesus, selbst inmitten eines chaotischen Sturms, der sich anfühlt, als würde er alles in Ihrem Leben zum Kentern bringen. Jesus ist der Einzige, der nie das Ruder aus der Hand verliert.

Das Einzige, worauf man sich verlassen kann

Gott möchte, dass Sie voller Hoffnung sind, nicht voller Entmutigung, Verzweiflung und Niedergeschlagenheit. Die Bibel sagt uns in Römer 5,5, dass wir in unserer Hoffnung nicht enttäuscht werden, solange wir sie auf Gott setzen. Wow! Lassen Sie sich das einmal auf der Zunge zergehen. Sie können Ihre Hoffnung auf Ihre Freunde setzen und enttäuscht werden. Sie können Ihre Hoffnung auf Ihr Bankkonto setzen und enttäuscht werden. Sie können Ihre Hoffnung auf einen Politiker setzen und enttäuscht werden. Sie können Ihre Hoffnung auf den Arbeitsplatz setzen und enttäuscht werden. Doch wenn Sie Ihre Hoffnung auf Gott setzen, werden Sie niemals enttäuscht werden. Auch wenn es manchmal Dinge gibt, die Sie nicht verstehen, wendet er sie am Ende doch immer zum Guten.

Solange Sie Hoffnung haben, stehen Ihnen Möglichkeiten offen, weil sich alles außer Gott verändert. Ganz gleich wie schlecht die Nachricht ist, Ihre erste Reaktion sollte immer lauten: *Das kann sich alles noch verändern.* Ihre Finanzen ändern sich, Ihre Kinder verändern sich, Ihr Chef verändert sich, Ihre Situation ändert sich, nur Gott nicht. Gott ist ein Fels, unverrückbar. In Maleachi 3,6 steht: *Denn ich bin der Herr und ich habe mich nicht geändert.* Menschen ändern sich, das Wetter ändert sich, Umstände ändern sich, Meinungen ändern sich, Stimmungen ändern sich, Verpflichtungen ändern sich, Arbeitsplätze ändern sich, Schulen ändern sich. Veränderung ist etwas, woran wir uns besser gewöhnen sollten. Das Einzige, worauf wir in dieser Welt zählen können, ist, dass sich immer irgendetwas verändert. Deshalb ist es so wichtig, unsere Hoffnung in Gott verankert zu haben und unser Leben auf diesen Felsen zu bauen. Solange wir Gott als Hauptquelle von allem betrachten, was wir brauchen – in dem Wissen, dass er der Einzige ist, der sich nie ändert –, können wir auch mit all den Veränderungen umgehen, die uns betreffen, weil Gott das Fundament unseres Lebens ist.

Wir nehmen seelisch viel Leid auf uns, das wir gar nicht ertragen müssten, wenn wir unsere Hoffnung auf Gott setzen und nicht von anderer Stelle etwas erwarten würden, was nur Gott tun kann.

Sei voller Hoffnung!

Nicht jeder Tag ist ein perfekter Tag und nicht jeder Sturm wird vorhergesagt. Es wird Dinge geben, über die wir uns den Kopf zerbrechen, und andere Dinge, die uns das Herz brechen. Vielleicht halten sie nur einen Tag lang an, vielleicht aber auch länger. Doch in welche Stürme Sie auch geraten, ich möchte Sie ermutigen: *Schauen Sie nach oben!* Konzentrieren Sie sich nicht

Schauen Sie hinauf!

auf die schwierigen Umstände, die geringen Chancen oder die ängstlichen Gedanken.

Wenn Sie aufschauen, werden Sie neue Hoffnung schöpfen. Mag der Sturm noch so heftig sein, er ist nicht größer als Gott. Sie müssen Ihren Blick nur auf Gott gerichtet halten und darauf vertrauen, dass er alles Nötige tun wird, um Ihnen zu Hilfe zu eilen – selbst wenn er dazu auf dem Wasser gehen muss. Also seien Sie voller Hoffnung. Wenn sich der Sturm gelegt hat, werden Sie stärker sein als davor. Richten Sie Ihren Blick einfach auf Jesus, bewahren Sie sich eine positive Haltung, gehen Sie einen Schritt nach dem anderen – und was immer Sie tun … schauen Sie nicht nach unten.

KAPITEL 7

Lieber dankbar sein

Mit meiner Seele will ich den Herrn loben und das Gute nicht vergessen, das er für mich tut.

Psalm 103,2

Nur im Dunkeln kann man die Sterne sehen.

Martin Luther King Jr.

Ich hörte einmal eine Geschichte von einem Mann, der eines Abends seine Schlüssel verlor. Da er sie unbedingt brauchte, suchte er verzweifelt draußen an der Straßenecke, direkt unter der Straßenlampe. Ein Passant bemerkte sein hektisches Suchen und hielt an, um ihm zu helfen, die verlorenen Schlüssel zu finden. Nach einigen Minuten sorgfältiger Suche fragte der hilfsbereite Fremde: »Wissen Sie vielleicht, wo Ihnen die Schlüssel heruntergefallen sind? Dann können wir gezielter suchen.« Ohne zu zögern, sagte der Schlüsselbesitzer: »Mir sind sie heruntergefallen, als ich im Haus war.« Verblüfft über diese Antwort, rief der hilfsbereite Fremde aus: »Aber wenn Sie sie im Haus verloren haben, warum suchen Sie denn hier danach?« Der Schlüsselbesitzer antwortete: »Weil hier draußen das Licht besser ist.«

Ihr erster Gedanke ist vermutlich: *Das ist doch lächerlich. So dumm ist doch niemand.* Es stimmt, es ist lächerlich, nach einem Schlüsselbund, den man im Haus verloren hat, unter der Straßenlaterne zu suchen, aber ich erzähle Ihnen diese Geschichte nicht ohne Grund. Es kommt im Leben häufig vor, dass wir an einer völlig falschen Stelle nach etwas suchen, was wir brauchen. Es gibt einen alten Countrysong darüber, dass wir an

Lieber dankbar sein

»all den falschen Orten nach Liebe suchen«. Das ist wohl wahr. Aber ich glaube, dass wir auch oft an den falschen Orten nach Hoffnung suchen.

Wenn wir unser Leben wirklich genießen wollen, müssen wir grundlegend ändern, wo wir nach Hoffnung suchen. Jesus muss die Quelle unserer Hoffnung sein, und zwar immer. Es kommt nicht darauf an, wie unsere Umstände gerade aussehen. Wir sollten unsere Freude nicht von unseren Umständen abhängig machen. Selbst wenn wir den schlimmsten Tag unseres Lebens durchmachen, können wir lernen, auf das zu schauen, was uns noch geblieben ist, statt auf das, was wir verloren haben. Diese Vorgehensweise erfüllt uns mit Zuversicht, Freude und Kraft. Schauen Sie immer auf das, was Gott tut, nicht auf das, was er angeblich nicht tut.

Ich wünschte, jemand hätte mir diese Wahrheit schon zu einem früheren Zeitpunkt in meinem Leben vermittelt. Trotz meines christlichen Glaubens war ich nämlich viele Jahre sehr unglücklich und frustriert und einer der Gründe war, dass ich immerfort an das dachte, was mir noch fehlte. Und ich dachte nicht nur daran; ich beklagte mich auch ständig darüber. Meine Gebetszeit verbrachte ich größtenteils damit, Gott von all dem zu erzählen, was mir fehlte. *Herr, ich habe nicht genug Geld. Ich bin nicht so talentiert wie andere. Ich hatte eine miserable Kindheit.* Die Liste war endlos. Jeden Tag schaute ich mich um und machte Inventur von allem, was mir fehlte.

Doch dann fing Gott an mich darauf hinzuweisen, dass ich eigentlich sehr viel hatte und nur an der falschen Stelle suchte. Es bringt uns nicht weiter, wenn wir uns auf das konzentrieren, was wir verloren haben oder was uns fehlt. Statt mich mit Beschwerden darüber zu verausgaben, was ich verloren hatte, lernte ich mit der Zeit, mich auf das zu konzentrieren, was mir geblieben war. Auch wenn ich nicht genug Geld hatte, um einen luxuriösen Urlaub zu machen, hatte ich doch genug Geld, um in dem Monat die Rechnungen zu bezahlen. Auch wenn ich nicht so talentiert war wie andere, hatte ich doch eine Kommunikationsgabe, und schließlich benutzte Gott diese Gabe, um anderen durch mich zu helfen. Auch wenn ich als Kind missbraucht worden war, konnte Gott mich doch seelisch heilen. Mein Mann und meine Kinder waren zwar nicht perfekt, aber immerhin hatte ich eine Familie. Meine Mutter und mein Vater hatten mich zwar im Stich gelassen, aber dafür hatte Gott mich adoptiert (siehe Psalm 27,10).

Je mehr ich mich auf das ausrichtete, was mir noch geblieben war, statt auf das, was ich verloren hatte, umso mehr fing sich meine Haltung an zu ändern. Nun sah ich zunehmend das Gute, das Gott in meinem Leben tat, und meine Hoffnung bekam Flügel.

Sie können dasselbe erleben. Ganz gleich was Sie heute durchmachen, Sie können neue Lebensfreude entdecken. Sicher haben Sie einiges verloren. Andere Menschen haben Vorteile, die Sie nicht haben. Doch statt sich auf das zu konzentrieren, was Sie verloren haben, machen Sie sich doch lieber das zunutze, was Ihnen geblieben ist. Das Ergebnis könnte Sie überraschen.

Drei Pfennig und Gott

Ich las einmal, dass Mutter Teresa zu Beginn Ihrer Missionsarbeit in Indien kein Geld hatte. Sie träumte davon, ein Waisenhaus zu gründen und armen Menschen in Kalkutta zu helfen, doch ihr fehlten die nötigen Finanzen dazu. Als sie gefragt wurde, wie viel Geld sie denn genau hatte, sagte sie: »Drei Pfennige.« Leute zweifelten ihre Mission an und fragten: »Was kannst du denn schon mit drei Pfennige tun?« Doch Mutter Teresa antwortete: »Ich habe drei Pfennige und Gott. Reicht das nicht?«

Mir gefällt diese Einstellung. Mutter Teresa machte sich keine großen Sorgen darüber, dass sie nur drei Pfennige hatte, weil sie ja Gott hatte! Ich frage mich, wie sich unser Leben ändern würde, wenn wir aufzählen würden, was Gott uns gegeben hat. Verglichen mit dem, was andere haben, mag es uns nicht viel erscheinen und auch verglichen mit dem, was wir uns von Gott erbeten haben, mag es nicht viel erscheinen. Doch Gott braucht nicht unbedingt viel, um viel zu erreichen. In Gottes Händen sind drei Pfennige mehr als genug. Wenn Gott 5000 Männer plus Frauen und Kinder mit nur ein paar Broten und Fischen satt machen kann, dann stellen Sie sich nur vor, was er mit dem tun kann, was Sie haben. Vielleicht denken Sie: *Aber ich habe nichts, noch nicht einmal drei Pfennige.* Selbst das muss Sie nicht entmutigen. Gott hat das gesamte Universum aus dem Nichts geschaffen. Alles fing damit an, dass er in die Leere hineinsprach. Wenn wir an diesen Gott glauben, spielt es keine Rolle, wie wenig wir haben.

Haben Sie schon einmal in einem Supermarkt eine Inventur miterlebt? Es ist sehenswert, wenn ein ganzes Team von Angestellten sich daranmacht, alles genau zu zählen. Sie kommen mit ihren Geräten in der Hand, etikettieren jeden Verkaufsgegenstand, zählen alles sorgfältig durch und zählen es dann noch einmal, um sicherzugehen, dass die Zahlen auch stimmen. Besonders bemerkenswert finde ich, dass dabei nichts übergangen wird. Sie zählen selbst das Geringfügigste, jede Packung Kaugummi, jede zerbeulte Dose, jede zerquetschte Banane – bei einer kompletten Bestandsaufnahme wird *alles* gezählt.

Ich glaube, es wäre eine gute Idee, auch in unserem Leben eine Bestandsaufnahme zu machen und all das Gute zu zählen, das Gott uns gegeben hat. Das würde unsere Hoffnung und unseren Glauben aufbauen. Statt Trübsal zu blasen und uns darüber auszulassen, was wir nicht haben, können wir ein zuversichtliches Leben führen, dankbar für alles, was Gott uns gegeben hat. Wir sollten wirklich *alles* zählen. Es mag Ihnen unbedeutend erscheinen, aber zählen Sie es trotzdem und danken Sie Gott dafür. Machen Sie es sich zur Gewohnheit, alles wahrzunehmen, was Gott für Sie tut. Je mehr Sie das verinnerlichen, umso mehr wird auch Ihre Hoffnung wachsen. Gott hat uns Jesus gegeben und wenn er uns ihn gab, wird er uns mit ihm dann nicht auch alles andere schenken (siehe Römer 8,32)?

Zeit für eine Bestandsaufnahme

Die Bestandsaufnahme wird bei jedem anders aussehen. Wir haben nicht alle dieselben Gaben, Talente, Stärken oder Ressourcen – und wir haben sie definitiv nicht alle gleichzeitig. Gott hat aber auch nie versprochen, dass Sie das bekommen, was ein anderer hat oder dass der andere das bekommt, was Sie haben. Ich kann mich noch gut daran erinnern, wie ich während eines Besuchs in Indien in einer Leprakolonie war und mich ein leprakranker Mann zu sich nach Hause einlud. Er wollte mir unbedingt sein Zuhause zeigen und da er so vor Begeisterung sprühte, nahm ich die Einladung gerne an. Dann musste ich jedoch feststellen, dass das, was er sein Zuhause nannte, nur ein circa drei Meter langes und zwei Meter hohes Loch war, in die Seite eines Erdhügels gegraben. Es war mit einer selbst gemachten Hängematte, ein paar zerbeulten Töpfen und etwas Geschirr ausgestattet. Ich muss zugeben, dass es mich sehr betroffen gemacht hat, als ich sah, wie glücklich dieser Mann mit so wenig war und wie unglücklich ich häufig mit so viel bin.

In diesem Sinne möchte ich Ihnen hier eine Liste von Dingen vorschlagen, für die Sie Gott danken können. Es ist gut möglich, dass Sie (momentan) nicht alles auf dieser Liste haben, aber einiges davon wird sicher auf Sie zutreffen. Der leprakranke Mann wäre überglücklich gewesen, auch nur weniges davon zu haben:

- ein Dach über dem Kopf
- einen Freund oder eine Freundin, der oder die sich mal blicken lässt
- Familienmitglieder, die Sie lieb haben

- ein Auto, das fährt (ja, auch wenn es nur noch gerade so fährt)
- einen vollen Bauch
- warmes und kaltes fließendes Wasser
- einen Sinn für Humor
- ein regelmäßiges Einkommen
- ein kuscheliges Bett
- einen Herzenstraum
- Bildungsmöglichkeiten für Ihre Kinder
- eine Gemeinde vor Ort, die Sie ermutigt
- einen gesunden Körper
- einen vollen Kleiderschrank
- eine Bibel, die Sie lesen können
- Hoffnung für die Zukunft

Und das ist nur das, was mir auf die Schnelle einfiel. Wenn Sie sich ein bisschen Zeit nehmen und darüber beten, können Sie bestimmt eine Liste erstellen, die zehnmal so lang ist wie diese.

Der eine oder andere findet vielleicht, dass manches von dem, was ich erwähnt habe, doch eigentlich nicht der Rede wert ist, aber es gibt viele Menschen auf der Welt, denen diese einfachen Dinge fehlen. Wasser, Essen, eine Unterkunft – das sollten wir nicht als selbstverständlich hinnehmen, sondern als Anlass sehen, Gott von Herzen zu danken.

Es gibt immer Hoffnung

Eine Bestandsaufnahme der Güte Gottes ist wichtig, weil es ziemlich leicht ist, sich von den Lebenskämpfen entmutigen zu lassen. Sieht man nur die Hindernisse, die vor einem liegen, kann man schnell die Hoffnung verlieren. Vielleicht werfen Sie einen Blick auf Ihr Bankkonto und fühlen sich hoffnungslos. Vielleicht schauen Sie sich Ihre Kinder an und sind manchmal drauf und dran, die Hände über dem Kopf zusammenzuschlagen und zu sagen: »Hoffnungslos.« Vielleicht denken Sie dasselbe auch über Ihr eigenes Leben! Vielleicht fahren Sie zur Arbeit und denken: *Hoffnungslos.* Genau das wünscht sich der Teufel. Er weiß: Wenn er uns die Hoffnung nehmen kann, dann wagen wir auch keine mutigen Schritte und leben an Gottes gutem Plan für uns vorbei.

Widerstehen Sie der Versuchung, auf das zu schauen, was Sie verloren haben oder Ihnen fehlt, und entschließen Sie sich, lieber auf all das zu schauen, was Gott getan hat, tut und tun wird. Dann erwacht Hoffnung zum Leben, dann kommt Freude auf, dann wächst der Glaube, dann werden Sie aktiv. Denken Sie daran: Wer im Garten der Hoffnung lebt, bei dem ist immer etwas am Blühen.

Statt zu sagen: »Es besteht keine Hoffnung«, sagen Sie doch lieber: »Es besteht immer Hoffnung!« Machen Sie eine Bestandsaufnahme von dem, was Gott Ihnen gegeben hat, und entscheiden Sie sich, auf mehr zu hoffen. Erstellen Sie eine Liste von all dem Guten, das Gott Ihnen gegeben hat. Es schadet auch nicht, diese Liste jeden Tag laut durchzulesen. Je mehr Sie sich auf das konzentrieren, was Sie haben, desto mehr werden Sie über Gottes Güte in Ihrem Leben staunen.

In Epheser 1,3 steht:

Wir loben Gott, den Vater von Jesus Christus, unserem Herrn, der uns durch Christus mit dem geistlichen Segen in der himmlischen Welt reich beschenkt hat.

Das sollte uns Hoffnung geben. Ganz gleich was Ihnen heute bevorsteht, Sie sind reich beschenkt. Wenn Sie Kraft brauchen, wenn Sie Glauben brauchen, wenn Sie Hoffnung brauchen, wenn Sie einen Freund brauchen, wenn Sie Durchblick brauchen, wenn Sie Freude oder Frieden, Geld oder Gesundheit und Erfolg brauchen, Gott macht es möglich. In Philipper 4,19 heißt es: *Und mein Gott wird euch aus seinem großen Reichtum, den wir in Christus Jesus haben, alles geben, was ihr braucht.*

Sollten Zweifel aufkommen, ob Gott Sie auch wirklich in der Gegenwart oder Zukunft versorgen wird, schauen Sie einfach zurück auf das, was er bereits getan hat. Werfen Sie einen Blick auf Ihre Bestandsaufnahme des Guten, das Sie erfahren haben, und lassen Sie sich davon Auftrieb für die Zukunft geben. So handhabe es David. Als König Saul und Davids Brüder es bezweifelten, dass David Goliath wirklich besiegen konnte, machte David einfach eine Bestandsaufnahme des Guten, das Gott in seinem Leben getan hatte. Er sagte: »*Das habe ich schon mit Löwen und Bären gemacht, und so wird es auch diesem unbeschnittenen Philister ergehen, denn er hat das Heer des lebendigen Gottes verhöhnt!*« (1. Samuel 17,36). Da Gott schon früher in seinem Leben gehandelt hatte, schöpfte David die Zuversicht, dass er in der gegenwärtigen Situation zu noch Größerem imstande war. Davids Bestandsaufnahme gab ihm die Hoffnung, die er brauchte, um seine Bestimmung zu erfüllen.

Gott tut uns liebend gerne Gutes

Wenn Sie anfangen, eine Bestandsaufnahme von dem Guten in Ihrem Leben zu machen, hat das vor allem zur Folge, dass Sie innerlich mit Freude erfüllt werden. Ich habe festgestellt, dass man unmöglich gleichzeitig dankbar und entmutigt sein kann. Das geht einfach nicht. Wer sich jeden Tag etwas Zeit nimmt, um sich ins Gedächtnis zu rufen, was er alles an Gutem erlebt hat, der kann gar nicht anders, als vor Freude überzusprudeln!

In der Bibel steht, dass die Freude am Herrn unsere Kraft ist (siehe Nehemia 8,10). Viele Menschen fühlen sich träge und müde, sie schleppen sich vom Arbeitstisch im Büro zur Couch zu Hause, weil es ihnen an freudigem Schwung mangelt. Manche Menschen sind total erschöpft, wenn sie von der Arbeit nach Hause kommen, aber nicht wegen der Arbeit an sich, sondern weil sie eine negative Haltung gegenüber ihrem Arbeitsplatz und ihren Kollegen haben. Eine negative Haltung wirkt sich auf jeden Lebensbereich aus, selbst auf unsere Gesundheit. Entscheiden wir uns hingegen, uns über das zu freuen, was Gott uns gegeben hat und uns auf das Gute im Leben zu konzentrieren, werden wir nicht nur glücklicher, sondern auch gesünder. Ich führe in der Zeit, die ich allein mit Gott verbringe, ein Gebetstagebuch. Ich schreibe Bibelverse auf, die mich ermutigen, ich notiere aktuelle Gebetsanliegen und das, was Gott mir meiner Meinung nach sagt – wie auch das viele Gute, das ich erlebe. Mit den Jahren habe ich viele solcher Gebetstagebücher angesammelt und ab und zu blättere ich darin herum. Dabei ist mir aufgefallen, dass Gott mir mehrmals im Jahr sagt, dass ich Gutes erwarten soll. Das muss ihm wichtig sein. Wenn ich voller Hoffnung bin – wenn ich Gutes von Gott erwarte –, dann baut mich das innerlich auf und erfüllt mich mit Freude. Ich nehme regelmäßig Vitamine ein und ich sehe Hoffnung als so etwas wie das »Glücksvitamin«. Wir sollten Hoffnung täglich in großen Dosen einnehmen! Ich glaube, aus diesem Grund ist eine meiner Lieblingsbibelstellen Jesaja 30,18:

Deshalb wartet der Herr sehnlich darauf, euch zu begnadigen. Er wird sich erheben, um euch sein Erbarmen zu zeigen. Denn der Herr ist ein gerechter Gott. Glücklich ist, wer auf ihn vertraut.

Gott sehnt sich förmlich danach, uns Gutes zu tun. Deshalb können wir die freudige Erwartung haben, dass in unserem Leben etwas Gutes passiert. Man muss Gott nicht erst dazu überreden. Er macht es nicht widerwillig, sondern gerne. Jesus ist für uns gestorben, damit wir das Leben genießen können und es im Überfluss haben (siehe Johannes 10,10), also gehen Sie nicht mit einer negativen Einstellung durchs Leben. Entschließen Sie sich zu einer positiven, erwartungsvollen Haltung. Denken Sie daran: Wir dürfen Gutes von Gott erwarten – nicht weil wir es verdient hätten, sondern weil Gott gut ist! Entscheiden Sie sich, Gott von Herzen für alles zu danken, was er Ihnen gegeben hat.

Sei voller Hoffnung!

Fragen Sie sich am Ende dieses Kapitels: *Wie hoffnungsvoll bin ich?* Leben Sie jeden Tag mit Begeisterung – in der Erwartung, dass Gott Ihre Gebete erhören, Ihre Träume erfüllen, Ihre Bedürfnisse stillen und etwas Wunderbares in Ihrem Leben tun wird? Falls Sie nicht so hoffnungsvoll sind, wie Sie gerne wären, dann können Sie das ändern. Das ist kein komplizierter Prozess; es beginnt damit, nicht mehr auf das zu schauen, was Sie verloren haben, sondern auf das, was Ihnen geblieben ist.

Machen Sie eine Bestandsaufnahme von all dem Guten in Ihrem Leben. Vieles auf Ihrer Liste werden ganz offensichtliche Punkte sein, die Ihnen sofort einfallen, aber es gibt sicher auch viele kleinere Dinge, bei denen Sie erst einmal etwas überlegen müssen. Nehmen Sie sich die Zeit, wirklich jeden Lebensbereich durchzugehen und auch die kleinen Dinge wahrzunehmen, durch die Gott Sie gesegnet hat und die Sie vielleicht bis jetzt übersehen haben. Dabei werden Sie merken, wie sich Ihre Lebensperspektive verschiebt. Ihre Ehe, Ihre Familie, Ihr Beruf, Ihre Träume – Ihr Blick auf all das verändert sich, wenn Sie ein dankbares Herz haben.

Also seien Sie voller Hoffnung. Gott hat Ihnen in der Vergangenheit schon Gutes getan – jetzt haben Sie eine ganze Liste, die das beweist –, und das ist erst der Anfang. Er hat noch viel mehr für Sie auf Lager. Suchen Sie am richtigen Ort danach.

KAPITEL 8

Worte der Hoffnung

Warum bin ich so mutlos? Warum so traurig? Auf Gott will ich hoffen, denn eines Tages werde ich ihn wieder loben, meinen Retter und meinen Gott!

Psalm 43,5

An der Schwelle des neuen Jahres lacht die Hoffnung und flüstert, es werde uns mehr Glück bringen.

Alfred, Lord Tennyson

Genauso wie das Essen, das wir zu uns nehmen, sich auf unseren Körper auswirkt, so wirken sich auch die Worte, die wir sprechen, auf uns aus – in geistlicher und geistiger sowie in emotionaler Hinsicht. Ich glaube, dass sie sich sogar körperlich auf uns auswirken, denn je mehr unsere Gespräche von Hoffnung und Freude geprägt sind, umso mehr Schwung geben sie uns. Eine positive, hoffnungsvolle Haltung befreit von Stress, was die Ursache vieler körperlicher Beschwerden ist.

Es ist schon einige Jahre her, da beschloss ich, meine Gesundheit ernster zu nehmen. Ich fühlte mich häufig schlapp, erkältete mich leicht und hatte mit mehreren Gesundheitsproblemen zu kämpfen. In der Vergangenheit hatte ich verschiedene Diäten und Sportprogramme ausprobiert, doch meine Arbeit siegte immer über die Zeit, die ich eigentlich brauchte, um mich angemessen um meinen Körper zu kümmern. Obwohl ich wusste, dass es nicht gut für mich war, rutschte ich immer wieder in meinen randvollen Arbeitsalltag ab. Irgendwann war das Maß jedoch voll. Ich war es leid, ständig müde zu sein.

Als ich mich daraufhin eingehender mit gesunder Ernährung und ausreichender Bewegung befasste, wurde mir klar, dass alles, was wir essen, die Leistungsfähigkeit unseres Körpers beeinflusst. Wir alle wissen, dass gesunde Ernährung wichtig ist, aber ich glaube, wir sind uns nicht immer bewusst, welche Auswirkung unsere Ernährungswahl auf unseren Körper hat. Was man isst, kann der ausschlaggebende Faktor sein, wie man sich an dem Tag fühlt, wie viel man schafft und wie man drauf ist. Im Guten wie im Schlechten (ob Salat oder Kuchen) wirkt sich das, was in Ihren Mund kommt, auf Ihren Körper, Ihr Gefühlsleben und Ihre Gedankengänge aus.

Ähnlich wirken sich auch die Worte, die Sie sprechen – hoffnungsvolle Äußerungen oder negative Aussagen –, in vielerlei Hinsicht auf Ihr Leben aus. Worte haben Kraft. Das was Sie sagen hat Einfluss. Sobald Sie etwas aussprechen, dringen die Worte in Ihre Ohren und von dort aus in Ihre Seele. Sind Ihre Worte mit Leben gefüllt, fühlen Sie sich selbst fröhlicher und tatkräftiger. Beschweren Sie sich hingegen über alles, was in Ihrem Leben falsch läuft, werden Sie durch diese Worte beeinträchtigt. Sie zehren an Ihren Kraftreserven, lassen Entmutigung aufkommen und können Sie sogar depressiv machen. Warten Sie nicht, ehe Sie Hoffnung schöpfen, denn »langes Warten macht das Herz krank« (siehe Sprüche 13,12).

Worte, die Hoffnung in sich tragen, machen viel aus, besonders dann, wenn man einer schwierigen Situation gegenübersteht. Wenn es hart auf hart kommt, können positive, glaubensvolle Worte Wunder wirken. Ich meine damit nicht, dass Ihre Worte allein die Macht haben, die Situation zu verändern – das kann nur Gott –, sondern dass sie geistlich gesehen etwas bewirken, wodurch sich Gottes Plan entfalten kann. Ihre Worte können Ihre Haltung gegenüber der negativen Situation ändern und dadurch mitbestimmen, wie schnell Sie die Situation meistern. Die Israeliten murrten in der Wüste und sie blieben in der Wüste. Eine Reise, für die sie eigentlich nur elf Tage gebraucht hätten, dauerte 40 Jahre und die meisten kamen nie am Reiseziel an.

VOLLER HOFFNUNG

Sich ständig zu beklagen und im Kopf immer wieder durchzuspielen, was in unserem Leben alles nicht stimmt, ist ein größeres Problem, als viele Menschen denken. In Gottes Ohren ist das ganz und gar keine Musik! Ich frage mich, wie viele Menschen sich ihr Leben lang beschweren und deshalb nie in den Genuss des Lebens kommen, das sie gerne hätten. Um Gutes zu erleben, reicht es nicht aus, sich Gutes zu wünschen. Vielmehr brauchen wir eine lebendige Hoffnung und einen starken Glauben an Gott. Wir brauchen Gedanken, die uns Kraft geben, und Worte, die voller Hoffnung sind. Wir müssen zur richtigen Zeit aktiv werden und mit einem dankbaren Herzen warten.

Während meiner ersten 45 Lebensjahre vermieste ich mir meinen Alltag und behinderte meine Zukunft, weil ich die Auswirkungen meiner eigenen Worte nicht richtig verstand. Damals gab es vieles, was ich nicht verstand, aber dieser Bereich bildete eine ganz besonders große Lücke bei mir. Falls Sie bereits wissen, was Worte bewirken können, dient dieses Kapitel lediglich als ein kleiner Auffrischungskurs, um Sie auf der richtigen Bahn zu halten. Doch falls das alles neu für Sie ist, kann es Ihr Leben total auf den Kopf stellen.

Vielleicht ist Ihnen nicht bewusst, dass Sie das Sagen über Ihre eigenen Worte haben. Sie können entscheiden, was Sie sagen, und glauben Sie mir: Das was Sie sagen spielt eine große Rolle. Gehen Sie verantwortungsvoll mit Ihren Worten um. Wählen Sie sie mit Bedacht aus und glauben Sie der Bibel, dass Ihre Worte die Kraft in sich tragen, zu töten oder Leben zu spenden.

Wer gern redet, muss die Folgen tragen, denn die Zunge kann töten oder Leben spenden.

Sprüche 18,21

Worte der Hoffnung

Jammern hilft nicht weiter

Ist Ihnen schon einmal aufgefallen, dass Jesus nicht über seine Probleme sprach? Er hätte das tun können; er musste sich mit vielem herumschlagen, das auch uns Schwierigkeiten bereitet. Jesus hatte einen vollen Terminkalender. Er traf auf unhöfliche und anstrengende Leute. Jesus war mit schwierigen Situationen konfrontiert. Ganz zu schweigen davon, dass er wusste, was ihm bevorstand: schreckliches Leiden und der Tod am Kreuz, durch den er die Sünden der Welt auf sich nehmen würde.

Doch wenn man die Evangelien liest, hört man Jesus nie klagen. Kein Murren, keine Beschwerde. Offensichtlich wusste er, was Worte bewirken können. Als die Zeit seines Leidens und Todes nahte, sagte er seinen Jüngern, dass er von nun an nicht mehr viel mit ihnen reden würde (siehe Johannes 14,30). Warum nicht? Weil er wusste, was Worte bewirken und wie schnell man etwas Falsches sagen kann, wenn man gerade eine schwierige, schmerzvolle Zeit durchmacht. Er wusste, dass sein Vater einen Plan für die Errettung der Menschheit hatte und dass dieser Plan von ihm abhing. Er war fest entschlossen, sich an diesen Plan zu halten, koste es, was es wolle. Und dazu gehörte auch, nur Worte auszusprechen, die Gott benutzen konnte, nicht Worte, die dem Teufel dienlich gewesen wären.

Ich werde nicht mehr viel mit euch reden, denn es kommt der Fürst dieser Welt. Er hat keine Macht über mich; aber die Welt soll erkennen, dass ich den Vater liebe und tue, wie mir der Vater geboten hat. Steht auf und lasst uns von hier weggehen.
Johannes 14,30-31 (Luther)

Natürlich sprach Jesus über viele Dinge, auch über Sünde. Es gab Zeiten, da wetterte er gegen die Pharisäer und korrigierte die Jünger. Wer die Evangelien liest, kann sehen, worüber Jesus sprach, doch seine eigenen Probleme gehörten nicht dazu. In Lukas 4,22 heißt es, dass sich seine Zuhörer anerkennend über ihn äußerten und sich zugleich wunderten, welch gnadenvolle Worte er sprach. Jesus hatte eine Mission und er ließ sich nicht durch seine Alltagssorgen davon ablenken. Seine Worte, so sagte er, waren und sind Geist und Leben (siehe Johannes 6,63). Stecken auch Ihre Worte voller Geist und Leben oder sind sie von Ihrer alten Natur und lebensverneinenden Haltungen geprägt? Das Gute ist, dass Sie das jetzt ändern können, falls nötig. Sicher, ohne Gottes Hilfe lässt sich unsere Zunge unmöglich zügeln, das räume ich gerne ein. Doch wenn wir uns richtig entscheiden und uns in diesem Bereich von Gottes Willen leiten lassen, wird er uns helfen, positive Veränderungen zu treffen.

Den schmalen Weg einschlagen

Jesus rät uns, den schmalen Weg einzuschlagen, der zum Leben führt, und den bequemen Weg zu vermeiden, der Verderben bedeutet (siehe Matthäus 7,13-14). Der schmale Weg ist natürlich schwieriger zu meistern. Wie ich zu sagen pflege: Auf dem schmalen Weg gibt es keinen Platz für das ganze Gepäck unserer schlechten Neigungen. Wir können durchs Leben gehen und mit Worten um uns werfen, ohne uns darum zu scheren, welche Kraft in ihnen steckt, doch damit folgen wir dem bequemen Weg, der, wie Jesus sagt, ins Verderben führt, und ich bezweifle, dass wir das wirklich wollen.

Es ist leicht, sich von dem vereinnahmen zu lassen, was nicht richtig läuft. Dementsprechend drehen sich viele unserer Gespräche nicht darum, was gut ist, sondern darum, was schlecht ist. Sie sind nicht hoffnungsvoll, sondern buchstäblich »hoffnungs-los«. *Die Kinder sind krank. Der Verkehr ist schrecklich. Meine Füße tun mir weh. Die Wirtschaft. Was für Lügen die über mich verbreitet hat! Ich kann mir das nicht leisten.* Je mehr wir uns darüber auslassen, was alles schlecht läuft, umso mehr Macht geben wir diesen Dingen über uns.

Ist Ihnen schon einmal der Gedanke gekommen, dass Sie

vielleicht Ihre Probleme durch Ihr ständiges Reden darüber nur noch verschlimmern? Kann es sein, dass Sie im Leben deshalb nicht vorankommen, weil Sie sich so viel beschweren? Ich jedenfalls kam nicht auf diesen Gedanken, bis der Heilige Geist mich darauf aufmerksam machte, wofür ich äußerst dankbar bin; denn wo uns Einsicht fehlt, da können wir auch nichts ändern.

Wenn Sie eine anstrengende Zeit durchmachen, dann sollten Sie am besten nicht mehr fortwährend darüber reden, wie groß Ihr Problem ist, sondern lieber darüber sprechen, wie groß Gott ist. Nehmen Sie sich jeden Tag etwas Zeit, passende Bibelstellen zu verinnerlichen und Gottes Verheißungen auszusprechen. Es ist wie eine Energiespritze, wenn man sein Augenmerk auf das richtet, was mit Gott in Zukunft möglich ist, statt auf das, was im Moment gerade nicht gut läuft.

Ganz bewusst das Richtige tun

Vermutlich haben Sie nicht immer positive Gefühle und auch nicht immer Lust, etwas Positives zu sagen. Es gibt Tage, da hat man noch nicht einmal Lust, morgens aus dem Bett zu steigen. Es gibt Tage, da ist es leicht, verbittert zu sein, zu meckern und pessimistisch aufs Leben zu schauen. Doch Sie müssen nicht der Spielball Ihrer Gefühle sein. Gefühle sind unbeständig; sie ändern sich ganz schnell, und das ist abhängig von vielen unterschiedlichen Faktoren.

Einer der Punkte, die ich in diesem Buch besonders betonen möchte, ist, dass wir ganz bewusst Hoffnung schöpfen sollten. Wir dürfen nicht Däumchen drehen und uns wünschen, dass wir mehr Hoffnung hätten. Selbst beten reicht nicht. Nein, wir müssen uns jeden Tag bewusst entscheiden, voller Hoffnung zu sein. Wir sind mit einem freien Willen ausgestattet, wozu erstaunlicherweise auch gehört, dass wir unsere Haltungen, Gedanken, Worte und Verhaltensweisen frei wählen können.

Wenn Sie so ähnlich gestrickt sind wie ich, dann ist Ihr erster Gedanke vielleicht, sobald Sie etwas falsch machen: *Ich kann einfach nicht anders;* und Sie haben auch irgendeine Begründung, warum Sie das Richtige nicht auf die Reihe bekommen. Das kann sich zum Beispiel so anhören: *Ich wäre ja gerne hoffnungsvoller, aber in meinem Leben gibt es einfach nicht viel, was Hoffnung weckt. Man kann von mir doch nicht erwarten, positiv drauf zu sein, wenn sich überall die Probleme häufen. Hätte ich die Vorteile, die andere haben, dann hätte ich sicher auch eine positivere Haltung.* Genauso ist aber auch folgender Gedankengang möglich: *Meine Umstände sind im Moment nicht besonders rosig, aber ich entscheide mich, trotzdem voller Hoffnung zu sein. Ich erwarte, dass ich heute etwas Gutes erlebe! Ja, ich werde heute nicht nur etwas Gutes erleben, sondern auch etwas Gutes tun!*

Wer solche Gedanken immer wieder bewusst fasst, jeden Tag neu, selbst wenn ihm nicht danach zumute ist, der entwickelt mit der Zeit auch andere Gefühle. Irgendwann beugen sich die Gefühle den Entscheidungen, die wir treffen. Ganz gleich wie es gerade um uns bestellt ist: Jeder Tag mit Jesus ist besser als ein Tag ohne ihn. Wir können immer voller Hoffnung sein, weil er uns liebt, weil er für uns ist und alles verändern kann! Er ist der Gott, der das Krumme wieder geradebiegen kann!

Entscheiden Sie sich an Tagen, an denen Sie sich entmutigt fühlen, nicht Ihr ganzes Leben von derartigen Gefühlen beherrschen zu lassen. Statt sich in einer negativen Einstellung zu verfangen und negative Worte auszusprechen, sagen Sie lieber etwas, was im Einklang mit der Bibel steht:

- Ich weiß, dass Gott mich liebt (siehe Epheser 3,19).
- Ich vertraue fest darauf, dass ich noch sehen werde, wie gut Gott ist (siehe Psalm 27,13).
- Durch Christus, der mich liebt, trage ich einen überwältigenden Sieg davon (siehe Römer 8,37).

Seit ungefähr vierzig Jahren bin ich Bibellehrerin, und ich nehme mir immer noch fast jeden Tag Zeit dafür, über die Wahrheiten des Wortes Gottes nachzudenken und sie auszusprechen. Ganz gleich wie ich mich fühle, ich erinnere mich daran, wer ich in Jesus Christus bin. Und das können Sie auch. Warten Sie nicht darauf, dass jemand anderes Sie aufheitert; geben Sie sich mithilfe der Bibel selbst Schwung.

Ich sehe das so ein bisschen wie eine persönliche Mobilisierungsparty. In den USA gibt es häufig Motivationsveranstaltungen, zum Beispiel in der Schule vor Spielen der Sportmannschaften. Die Cheerleader jubeln, die Band spielt und die Schüler machen sich auf das große Spiel gefasst. Eine Mobilisierungsparty feiert den erwarteten Sieg. Der Jubel hat bereits begonnen, obwohl das Team noch nicht gewonnen hat.

Auch Sie haben etwas zu feiern. Ganz gleich was sich Ihnen entgegenstellen will, Gott ist auf Ihrer Seite und er ist ungeschlagen. Also hauen Sie auf die Pauke! Freuen Sie sich über den Sieg, zu dem Gott Sie führt.

Die Hoffnung, die im Lob Gottes liegt

2. Chronik, Kapitel 20 berichtet von einer großen Armee, die gegen König Joschafat und die Armee Judas aufmarschierte. Das Volk hatte Angst, weil es zahlenmäßig deutlich unterlegen war (siehe 2. Chronik 20,15). Haben Sie sich selbst auch schon so gefühlt oder fühlen Sie sich vielleicht in diesem Augenblick so? Empfinden Sie, dass Ihre Probleme einfach zu groß für Sie sind und Sie unmöglich als Gewinner daraus hervorgehen können?

Joschafat wurde gesagt, dass es nicht sein Kampf war, sondern Gottes. Mit dieser Zusicherung von Gott ausgestattet, bereitete sich Joschafat auf den Kampf vor. Aber er traf recht ungewöhnliche Vorkehrungen. Statt seine leidenschaftlichsten Kämpfer in die vorderste Schlachtreihe zu stellen, wie es jeder von ihm erwartete, gab Joschafat diese Position den Sängern. Wie 2. Chronik 20,21 schildert:

> Nachdem er sich mit dem Volk beraten hatte, ernannte der König Sänger, die in heiligem Schmuck dem Heer vorangehen und dem Herrn singen und seine Herrlichkeit preisen sollten. Sie sangen: »Dankt dem Herrn; denn seine Gnade bleibt ewig bestehen!«

Joschafat eröffnete die Schlacht mit dem Lob Gottes. Was für ein Bild das abgegeben haben muss – eine ganze Armee, die unter dem Banner der Danksagung in den Kampf marschiert.

In Vers 22 steht dann, als sie anfingen zu singen und Gott zu loben, verwirrte Gott die Armeen des Feindes. Statt gegen Juda zu kämpfen, wandten sie sich nun gegeneinander. Als Joschafat dann mit seiner Armee eintraf, war der Feind bereits geschlagen. Gott hatte den Kampf gewonnen, genau wie er es versprochen hatte.

Ich bin überzeugt: Der Teufel ist verwirrt, wenn wir inmitten von Zeiten, die eigentlich Angst und Unzufriedenheit in uns erzeugen sollten, Gott danken. Lob und Dank besiegen ihn.

Gott zu loben ist eine mächtige Waffe. Wir verkünden damit, dass wir Gott vertrauen und uns ganz auf ihn verlassen. Warten Sie nicht darauf, dass sich Ihre Umstände ändern, ehe Sie Worte der Hoffnung aussprechen. Ich möchte das noch einmal ganz deutlich sagen: Egal was zurzeit in Ihrem Leben los ist, lassen Sie sich von keiner Krankheit, keinem Problem, keinem Verlust, keiner bevorstehenden Schwierigkeit davon abhalten, Gott zu loben und zu danken. Machen Sie den Mund auf und geben Sie mutig bekannt, dass Gott treu ist und Sie etwas Gutes in Ihrem Leben erwarten.

In Römer 4,20 schreibt Paulus, dass Abrahams Glaube wuchs, als er Gott ehrte und lobte. Dasselbe wird mit Ihnen geschehen, wenn Sie Worte des Lobes und der Dankbarkeit aussprechen. Ihr Glaube wird wachsen, was Ihnen die Kraft gibt, jedes Hindernis zu überwinden. Stellen Sie das Lob Gottes an die vorderste Front Ihres Lebens!

Hoffnung ist ansteckend

Menschen, die voller Hoffnung sind, erwarten etwas Gutes, und diese Erwartungshaltung zeigt sich in dem, was sie sagen. Sie sind zuversichtlich, dass aus einer gegebenen Situation etwas Gutes kommen wird; sie sind gespannt auf die Veränderung, die in der Luft liegt; sie erwarten, dass es bergauf geht, also reden sie auch gerne darüber. Hoffnungsvolle Menschen sind optimistisch und fröhlich. Es macht Spaß, mit solchen Menschen zusammen zu sein. Hoffnung ist ansteckend! Und sie wird in unserer Gesellschaft dringend benötigt. Besonders leid tun mir die heutigen Teenager und jungen Erwachsenen. Sie haben Ermutigung dringend nötig.

Unsere Gesellschaft, Schulen und Universitäten vermitteln häufig ein Bild von Gott, das ihn als Mythos oder bestenfalls als jemanden darstellt, den man nicht ernsthaft berücksichtigen und über den man nicht reden muss. Man will Gott an den Rand drängen, fast so, als wäre er eine Peinlichkeit. Als ich ein Teenager war, wurde in allen Gesellschaftsbereichen offen über Gott gesprochen. Er tauchte in den alltäglichen Unterhaltungen auf. Die Zehn Gebote hingen an den Schulwänden und Gebet war nichts Ungewöhnliches. Obwohl meine Eltern mit Gott nichts am Hut hatten, hörte ich in der Schule und von Nachbarn von ihm. Die jungen Menschen heute haben diesen Vorzug nicht; da kann es schnell passieren, dass sich Hoffnungslosigkeit einstellt.

Viele Eltern haben Mühe, überhaupt über die Runden zu kommen und deshalb bleibt ihnen wenig oder gar keine Zeit für ihre Kinder. Stress in der Familie bringt Eltern oft dazu, an ihren Teenagern herumzunörgeln, wegen ihrer Kleidung, ihrer Frisur (oder deren Fehlen), ihren Freunden, ihren Noten, ihren unerledigten Aufgaben und zahlloser anderer Dinge. Eltern müssen ihre Kinder zurechtweisen, keine Frage, doch wenn Kinder mehr Hoffnung hätten, dann würden sie vielleicht auch nicht ganz so viel Zurechtweisung benötigen! Ohne Hoffnung gehen sie jeden Tag mit einem Gefühl der Hoffnungslosigkeit aus dem Haus, schon bevor sie sich überhaupt dem Rest der Welt stellen müssen, wo dieses Gefühl wahrscheinlich nur noch verstärkt wird. Geben Sie aufbauende, ermutigende und hoffnungsvolle Worte weiter, besonders an die heutige Jugend.

Entscheiden Sie sich ein für alle Mal, dass Sie eine Quasselstrippe der Hoffnung sein wollen. Entschließen Sie sich, die Welt positiv zu beeinflussen. Seien Sie jemand, mit dem andere gerne zusammen sind. Lassen Sie Ihr Leben von Glauben und Hoffnung prägen – von der Hoffnung, dass heute etwas Gutes geschehen wird.

Sei voller Hoffnung!

Was Sie heute sagen, hat großen Einfluss darauf, was für ein Leben Sie morgen führen werden. Lassen Sie sich vom Druck der Gesellschaft und von den Lügen des Feindes nicht entmutigen, sodass Sie nur noch das Negative sehen. Orientieren Sie sich lieber an der Bibel, stellen Sie sich auf Gottes Zusagen und hauchen Sie Ihren Umständen durch Ihre Worte Leben ein.

Jedes Wort, das Sie aussprechen, wirkt sich auf Sie selbst aus, also nehmen Sie lebensspendende Worte in den Mund. Bahnen Sie sich mithilfe Ihrer Worte einen Weg durch jede schwierige Situation. Statt sich über Ihre Probleme zu beklagen, reden Sie lieber über das, was Gott zugesagt hat, und lassen Sie Ihren Glauben von diesen Worten der Hoffnung ordentlich entfachen.

Nur zu, seien Sie heute voller Hoffnung. Selbst wenn Sie sich schwach fühlen, selbst wenn es Ihnen unmöglich erscheint, selbst wenn der Kampf Unsicherheit und Angst in Ihnen erzeugt, stellen Sie Dankbarkeit an die vorderste Front. Sobald Sie das tun, werden Sie merken, wie Gott für Sie kämpft. Da können Sie unmöglich verlieren!

KAPITEL 9

In Bewegung bleiben

Wir freuen uns auch dann, wenn uns Sorgen und Probleme bedrängen, denn wir wissen, dass wir dadurch lernen, geduldig zu werden. Geduld aber macht uns innerlich stark, und das wiederum macht uns zuversichtlich in der Hoffnung auf die Erlösung.

Römer 5,3-4

Der größte Ruhm im Leben besteht nicht darin, nie zu fallen, sondern darin, jedes Mal, wenn wir fallen, wieder aufzustehen.

Nelson Mandela

Tiere reagieren unterschiedlich auf Bedrohung und Angst. Bären greifen an, Eichhörnchen klettern in die Höhe, Antilopen laufen weg und Maulwürfe buddeln sich ein. All diese instinktiven Reaktionen erfordern irgendeine Form von Aktivität. Doch es gibt auch ein Tier, das ganz anders reagiert, und zwar das Opossum. Das Opossum greift nicht an, es klettert, flieht oder buddelt nicht. Es erstarrt einfach. Statt aktiv zu werden, wird es passiv. Es stellt sich tot in der Hoffnung, nicht bemerkt zu werden.

Mir ist aufgefallen, dass Menschen, die verletzt oder verängstigt sind, geistlich gesehen oft zu Opossums werden. Statt aktiv etwas zu unternehmen, werden sie passiv. Kommen schwierige Zeiten, kommen Schmerz oder Enttäuschung, erstarren sie. Sie bewegen sich einfach nicht mehr. Kennen Sie das? Waren Sie auch schon einmal aufgrund einer unerwarteten Notlage oder

In Bewegung bleiben

einer niederschmetternden Enttäuschung wie gelähmt? Können Sie sich an eine Situation erinnern, in der Sie nicht wussten, was Sie machen sollten – also haben Sie gar nichts gemacht? Falls Sie in der Vergangenheit etwas erlebt haben, das Sie in eine solche Schockstarre verfallen ließ, möchte ich Ihren Schmerz auf keinen Fall herunterspielen. Sie können mir glauben, ich habe selbst viele schwere Zeiten durchlebt, die mir so zu schaffen machten, dass ich nicht mehr weiterwusste. Ich kenne dieses Gefühl, wie gelähmt zu sein. Aber ich möchte Ihnen auch Mut machen: Manchmal besteht die beste Strategie einfach darin, in Bewegung zu bleiben.

Vielleicht haben Sie noch keine Lösung parat. Vielleicht sind Sie immer noch von den Umständen erschüttert. Vielleicht haben Sie sogar das Gefühl, als würde die ganze Welt um Sie herum einstürzen. Doch wenn Sie inmitten dieser Schwierigkeiten in Bewegung bleiben, hilft Ihnen das, die Hoffnung nicht zu verlieren. Möglicherweise können Sie momentan noch kein Licht am Ende des Tunnels sehen, doch wenn Sie Ihre Sorgen auf Gott werfen und vertrauen, dass er auch in diesen dunklen Stunden bei Ihnen ist, werden Sie mit der Zeit merken, wie es heller wird. Schließlich werden Sie nicht nur das Licht am Ende des Tunnels erreichen, sondern dieses Licht wird auch alles Dunkel aus Ihrem Inneren vertreiben.

Je nachdem wie ernst Ihre Lage ist, kann es natürlich Tage geben, an denen Ihnen überhaupt nicht danach zumute ist, irgendetwas zu tun. Schwerer Verlust zieht Trauer nach sich, die aus verschiedenen Phasen besteht. Doch während Sie den Heilungsprozess durchlaufen, sollten Sie sich bewusst machen, dass es keine endgültige Lösung ist, sich zu isolieren und den Rest des Lebens im Stillstand zu verbringen. Gott möchte, dass Sie weiterhin Glaubensschritte unternehmen, in dem Vertrauen darauf, dass er Sie durch Ihren Schmerz hindurchbringt, hin zu etwas Besserem.

VOLLER HOFFNUNG

Der Herr freut sich an einem aufrichtigen Menschen und führt ihn sicher. Auch wenn er stolpert, wird er nicht fallen, denn der Herr hält ihn fest an der Hand.

Psalm 37,23-24

Es ist ein großes Vorrecht, Gott vertrauen zu dürfen, weil es uns ermöglicht, auch dann noch zu hoffen, wenn es scheinbar keinen Grund zur Hoffnung gibt. Wenn alles verloren scheint, können Sie darauf vertrauen, dass Gott Ihre Schritte lenkt.

Gerade eben sprach ich mit einer Freundin, die an Krebs erkrankt ist und eine schreckliche Leidenszeit durchmachen musste. Sie ist jetzt mit ihrer Behandlung fertig und kann wieder in ihren Alltag zurückkehren. Sie sagte zu mir: »Ich weiß nicht so recht, wie ich jetzt weitermachen soll, weil mein Leben nie wieder so sein wird wie früher.« Möglicherweise ergeht es Ihnen ähnlich. Vielleicht ist jemand gestorben, der Ihnen nahestand, und Sie können sich das Leben ohne diesen Menschen gar nicht vorstellen. Vielleicht haben Sie eine Arbeit verloren, die Sie viele Jahre lang hatten und die Sie eigentlich bis zu Ihrer Rente machen wollten. Was nun? Sie dürfen getrost sein: Selbst wenn Sie die Antwort nicht wissen, Gott weiß sie und er wird Sie Schritt für Schritt führen.

Weitermachen, durchhalten

Einmal erhielt ich am Abend vor einer dreitägigen Konferenz eine niederschmetternde Nachricht. Es war schwierig, einfach weiterzumachen, aber ich wusste, dass es das Beste war. Ich hatte den Eindruck, als würde der Heilige Geist mir sagen: »Setze einfach einen Fuß vor den anderen. Mach weiter!«

Das Weitermachen hat nicht den Schmerz vollständig getilgt oder die Enttäuschung wettgemacht, die ich fühlte, aber es hat mich davor bewahrt, in ein Loch der Verzweiflung zu fallen, und innerhalb weniger Wochen klärte sich die Situation. Ein

In Bewegung bleiben

Merkmal geistlicher Reife ist, dass man die Disziplin hat, seinen Verpflichtungen nachzukommen, auch wenn man persönlich gerade eine sehr schwere Zeit durchmacht. Ich litt unter der Situation, aber ich musste weiterhin meine Arbeit tun und anderen leidenden Menschen helfen; und während ich das tat, heilte Gott mich und löste mein Problem.

Es fällt uns zwar schwer, uns inmitten unseres Schmerzes daran zu erinnern, aber es ist dennoch wahr: Sogar die schlimmsten Dinge gehen vorbei. Nach dem Winter kommt immer der Frühling. Nach dem Sturm scheint wieder die Sonne. Gestern war es den ganzen Tag lang bewölkt, bis es am Ende gewitterte und heftig regnete, doch heute ist der Himmel blau und die Sonne scheint. Selbst am Wetter und an den Jahreszeiten können wir sehen, dass sich Unangenehmes auch immer wieder mit Angenehmerem abwechselt. Falls es heute gerade bewölkt und stürmisch in Ihrem Leben ist, dann freuen Sie sich auf die Sonne, die vermutlich morgen scheinen wird – oder übermorgen oder überübermorgen. Es wird nicht ewig stürmen!

Die Bibel gibt uns ein Beispiel von einer kranken Frau (die Frau mit den Blutungen), die sich buchstäblich durch die Menge *drängen* musste, um zu Jesus zu gelangen (siehe Markus 5,25-34; Lukas 8,43-48). Obwohl diese Frau schon seit zwölf Jahren krank war und die Ärzte ihr nicht helfen konnten, weigerte sie sich, einfach untätig darauf zu warten, dass sich ihr Leiden vielleicht bessern würde. Sie traf vielmehr die Entscheidung, sich von Hoffnung antreiben zu lassen und sich durchzukämpfen. Nichts konnte sie von Jesus fernhalten – nicht die Menschenmenge, nicht die Krankheit, nicht ihre lange Wartezeit, nicht ihre Zweifel, nicht ihr Schmerz. Sie sagte sich immer wieder: *Wenn ich nur seinen Mantel berühre, werde ich wieder gesund* (siehe Matthäus 9,21). Sie blieb in Bewegung, angetrieben von Hoffnung.

Vielleicht gibt es in Ihrem Leben auch eine »Menge«, durch die Sie sich drängen müssen. Eine Menge negativer Gedanken.

Eine Menge Schmerzen und Verletzungen aus der Vergangenheit. Eine Menge wenig ermutigender Mitmenschen. Eine Menge Finanzsorgen. Eine Menge körperlicher Schmerz. Doch wenn Sie sich durch all das hindurchkämpfen und sich weigern, sich von den Enttäuschungen des Lebens in Kummer und Entmutigung festhalten zu lassen, dann werden Sie auf der anderen Seite der Menge Jesus finden.

In Philipper 3,13-14 steht:

> *Nein, liebe Freunde, ich bin noch nicht alles, was ich sein sollte, aber ich setze meine ganze Kraft für dieses Ziel ein. Indem ich die Vergangenheit vergesse und auf das schaue, was vor mir liegt, versuche ich,* **das Rennen bis zum Ende durchzuhalten** *und den Preis zu gewinnen, für den Gott uns durch Christus Jesus bestimmt hat* (Hervorhebung durch die Autorin).

Mir ist diese Bibelstelle sehr wichtig. Paulus sagte, dass er das, was hinter ihm lag, vergessen wollte – die Fehler und Schmerzen der Vergangenheit –, um stattdessen mit aller Kraft auf sein Ziel hinzusteuern. Sie können das auch. Sie können sich durch das hindurchkämpfen, was Sie ausbremsen will. Sie können sich heute gegen eine Opfermentalität entscheiden. Sie können sich weigern, »Opossum zu spielen« und sich tot zu stellen. Sie können in Bewegung bleiben.

Gott ist in Bewegung

Vielleicht haben Sie das gerade gelesen und gedacht: *Joyce, ich weiß nicht, ob ich weiter in Bewegung bleiben kann. Ich mache gerade etwas wahnsinnig Schweres durch und ich bin mir nicht sicher, ob ich überhaupt noch einen einzigen Schritt tun kann.* Falls es Ihnen heute so geht, möchte ich Sie bitten, diesen Gefühlen nicht nachzugeben. Wenn wir unser Leben an Gott ausrichten wollen, dann kommt Stillstand nicht infrage. In der Bibel ist mir aufgefallen, dass Gott immer in Bewegung ist. Nicht nur das; er fordert auch sein Volk auf, sich in Bewegung zu setzen ... selbst in den schwierigsten Lebenslagen.

> Als die Israeliten aus Ägypten auszogen und die ägyptische Armee ihnen auf den Fersen war und sie vor dem Roten Meer in die Enge trieb ... *da forderte Gott sie auf, in Bewegung zu bleiben!*
>
> Nach vierzig Jahren in der Wüste, als die Israeliten an den Jordan kamen, unsicher, ob sie den Fluss nach Kanaan überqueren sollten ... *da forderte Gott sie auf, in Bewegung zu bleiben!*
>
> Als die Armee Israels auf die fest ummauerte Stadt Jericho stieß und keine Ahnung hatte, wie sie den Kampf gewinnen sollte, wies Gott sie an, um die Stadt herumzumarschieren. Mit anderen Worten ... *Gott forderte sie auf, in Bewegung zu bleiben!*
>
> Als Gottes Volk nach Kanaan kam und ein Land vorfand, das von Riesen bewohnt war, da wies Gott es an, das Land zu erobern und ... *in Bewegung zu bleiben!*

In all diesen Situationen waren die Israeliten versucht sich »tot zu stellen«. Angesichts der Schwierigkeiten, denen sie ausgesetzt waren, hätten sie sich lieber verkrochen und das Ende der Probleme abgewartet, statt aufzustehen und sich in Bewegung zu setzen. Doch in jeder Situation wies Gott sie an weiterzumachen und darauf zu vertrauen, dass er sie durch die Schwierigkeiten hindurchbringen würde. Hätten sie aufgrund ihrer Angst und Unsicherheit wie gelähmt dagesessen, dann wären sie nie in den Genuss des riesigen Segens gekommen, den Gott für sie vorgesehen hatte. Obwohl es in dem Moment Überwindung kostete, machten sie sich auf. Und am Ende war es die Sache mehr als wert.

Die biblischen Beispiele sind aber nicht nur im Alten Testament zu finden. Wenn man die Berichte über Jesus in den Evangelien liest, sieht man, dass er immer in Bewegung war. Er ließ sich von Schwierigkeiten nicht lähmen, sondern ging einfach weiter, von einem Ort zum nächsten, von einem Menschen zum nächsten, fest entschlossen das zu tun, wozu er auf die Erde gekommen war. Selbst als er auf Ablehnung stieß, selbst als die Pharisäer ihm eine Falle stellen wollten, selbst als sich die Menschenmenge gegen ihn wandte, blieb Jesus in Bewegung.

Ich glaube, Gott hielt seine Kinder unter anderem deswegen in Bewegung – gegen feindliche Armeen, über Flüsse hinweg, hinein ins Gelobte Land –, weil Bewegung ein Zeichen von Hoffnung ist. Wer sich nicht bewegt, der hat auch keine Hoffnung, irgendwohin zu kommen.

Ohne Bewegung nach vorne gibt es keine Hoffnung auf Veränderung!

Gehorsamsschritte

In Bewegung bleibt man, indem man Gott gehorcht und einfach das tut, was er einem aufträgt. Die Schritte, zu denen er uns auffordert, können groß oder klein oder auch ganz unerwartet sein, aber sich an Gott zu orientieren, ist der einzige Weg, um ans richtige Ziel zu kommen.

Ich muss immer wieder daran denken, wie die Israeliten von einer Wolkensäule durch die Wüste geführt wurden. Die gleiche Wolke bedeckte die Stiftshütte und in der Bibel steht: Wenn sich die Wolke in Bewegung setzte, machten sich die Israeliten auf, und wenn die Wolke stehen blieb, dann blieben auch die Israeliten an diesem Ort. Sie wussten vorher nie, wann sich die Wolke wieder in Bewegung setzen würde, also mussten sie jederzeit bereit sein aufzubrechen (siehe 4. Mose 9,16-23). Haben auch Sie diese Bereitschaft? Bestimmt hatten die Israeliten nicht immer Lust, wieder ihre Sachen zu packen, wenn Gott sie dazu aufforderte, doch sie konnten die Wüstenwanderung nur überstehen, indem sie Gottes Führung vertrauten.

In Bewegung bleiben

Wir müssen in ständiger Bereitschaft leben, wie Soldaten, die in Gefechtsbereitschaft versetzt worden sind und wissen, dass sie jeden Moment in den Kampf gerufen werden können. Wenn Ärzte Notdienst haben, müssen sie jederzeit bereit sein. Ganz gleich was für Pläne sie haben oder was sie gerade tun, wenn sie gerufen werden, müssen sie kommen.

Bei einer meiner Konferenzen blätterte ich während der Lobpreiszeit gerade durch meine Bibel, als mir plötzlich der Gedanke kam, dass ich diese Bibel einer bestimmten Frau schenken sollte, die einige Minuten zuvor aus ihrem Leben berichtet hatte. Ich hatte das starke Gefühl, dass ich ihr nach dem Abendvortrag meine Bibel schenken sollte. Ich kann Ihnen sagen, das kam völlig unerwartet. Mir gefiel meine Bibel; ich hatte mir darin viele Notizen gemacht. Genauer gesagt befanden sich darin Notizen zu den sieben größten Lektionen, die ich im Leben gelernt habe. Aber mich ließ der Eindruck nicht los, dass ich dieser Frau meine Bibel schenken sollte. Ich wusste nicht, warum Gott mich in diese Richtung lenkte. Vielleicht wollte er die Frau ermutigen oder vielleicht wollte er nur sehen, ob ich ihm gehorchen würde. Was immer der Grund war, ich musste mich entscheiden: Wollte ich gehorsam sein oder nicht? Dieses Mal traf ich die richtige Entscheidung, aber es ist auch schon vorgekommen, dass ich Gott nicht gehorcht habe. Ich habe es dann hinterher stets bereut.

Ohne Reue kann man nur leben, wenn man die Dinge von vorneherein richtig macht![1]

Was hat Gott Ihnen aufgetragen? Hat er Sie aufgefordert, jemandem zu vergeben, der Sie verletzt hat? Jemandem zu helfen, der sich gerade abmüht? Eine destruktive Gewohnheit abzulegen? Eine gestörte Beziehung aufzugeben? Einen Freund zu ermutigen? Ein Problem anzupacken? Wozu Gott Sie im Einzelnen auch auffordert, zögern Sie nicht länger. Seien Sie gehorsam und setzen Sie sich in Bewegung, dann werden Sie erleben, wie Gott Sie bei jedem Schritt segnen wird. Ich bin überzeugt, dass Untätigkeit Hoffnungslosigkeit mit sich bringt, unsere

Hoffnung hingegen aufblüht, wenn wir unseren Lebensrhythmus von Gott bestimmen lassen.

Ich habe kürzlich gehört: Je mehr man sich körperlich bewegt, umso mehr kann man sich auch bewegen, und je weniger man sich bewegt, umso mehr verliert man seine Beweglichkeit. Wenn Menschen nur herumsitzen und nichts tun, geht es mit ihrer Gesundheit bergab und sie sind zu immer weniger in der Lage. Wer hingegen aktiv und am Leben beteiligt bleibt, dem kann das Alter viel weniger anhaben. Genauso gilt: Wer mit Gott aktiv bleibt, der rostet nicht so schnell ein. Falls Sie schon lange von Angst gelähmt leben, kann es etwas mehr Anstrengung erfordern, die steifen Glieder wieder in Bewegung zu bringen, aber es ist die Mühe wert.

Wenn Sie jetzt den Eindruck haben, Sie sollten sich in Bewegung setzen, aber nicht genau wissen, was Gott von Ihnen will und irgendwie festhängen, habe ich zwei Fragen für Sie: 1.) Was war das Letzte, wozu Gott Sie aufgefordert hat? 2.) Haben Sie es getan? Manchmal wartet Gott darauf, dass wir seiner letzten Anweisung folgen, bevor er uns eine neue gibt. Bei Gott kann man keine Schritte überspringen; man muss immer einen Schritt nach dem anderen gehen.

Vielleicht hat Gott Ihnen ans Herz gelegt:

- noch einmal etwas für Ihre Ausbildung zu tun
- Ihren Umgang mit Ihrem Ehepartner zu ändern
- eine positivere Haltung einzunehmen
- besser auf sich zu achten
- mehr in der Bibel zu lesen
- einen Bibelkreis anzufangen
- jemandem, der Hilfe braucht, unter die Arme zu greifen
- Ihre Kinder mehr zu ermutigen
- sich ehrenamtlich zu engagieren
- in Ihrer Gemeinde aktiv zu werden
- einem Bekannten von Ihrem Glauben zu erzählen

In Bewegung bleiben

Wir können keine Schritte überspringen, nur weil uns der derzeitige Schritt, zu dem Gott uns auffordert, nicht gefällt. Was würde mit einem Kuchen passieren, wenn wir alle Zutaten hineintäten – außer Milch? Wir haben nur eine einzige Zutat ausgelassen, aber der gesamte Kuchen wäre hinüber. All unsere Mühe und all die anderen Zutaten wären verschwendet, einfach weil wir einen Schritt beim Backen auslassen wollten.

Jahrelang forderte Gott mich immer wieder auf, mich meinem Mann mehr unterzuordnen. Aber ich war für diesen Schritt noch nicht bereit. Ich sagte mir, dass ich mich ihm unmöglich fügen konnte, weil ich in der Vergangenheit von kontrollsüchtigen Männern missbraucht und misshandelt worden war. Doch ehrlich gesagt war das nur eine Ausrede für meinen mangelnden Gehorsam. Ich steckte fest und nichts ging in meinem Leben oder meiner Arbeit voran, weil ich diesen einen Schritt überspringen wollte. Als ich mich schließlich doch darauf einließ und dieser »Wolke Gottes« folgte, ging es auch in anderen Bereichen wieder voran.

Rechts! Links!

1987 berichtete die *Los Angeles Times* von einem 53-jährigen Abfahrtslauf-Skifahrer namens Ed Kenan. Kenan war ein Geschäftsmann, der in seiner Freizeit gerne Ski fuhr und darauf hintrainierte, bei der nächsten Winterolympiade am Riesenslalom teilzunehmen. In einer Hinsicht war Ed Kenan jedoch ungewöhnlich: Er war blind.

Sieben Jahre zuvor hatte Kenan sein Sehvermögen verloren, erst auf dem einen Auge, dann auf dem anderen. Zwei Operationen konnten nicht verhindern, dass eine durch Diabetes bedingte Netzhautablösung ihm das Augenlicht nahm. Hart getroffen stand Kenan vor einer Entscheidung: Er konnte entweder im Dunkeln sitzen und sich bemitleiden, wütend darauf, dass das Leben ihm so übel mitgespielt hatte, oder er konnte weiter in Bewegung bleiben. Kenan traf seine Entscheidung. Sechs Monate nach seiner Erblindung fuhr er auf seinen Skiern eine Piste in Colorado hinunter. »Ich zwang mich, mein Leben zurückzugewinnen«, erklärte er. »Ich sagte mir: Wenn ich immer noch Ski fahren kann, dann schaffe ich das andere auch.« 1983 gewann Kenan eine Goldmedaille bei einem Riesenslalom für blinde Sportler im US-Bundesstaat Utah. In den darauffolgenden Jahren kamen noch mehrere Gold- und Silbermedaillen aus anderen Wettkämpfen hinzu. Selbst Blindheit konnte Ed Kenan nicht davon abhalten, sein Leben voll und ganz auszuschöpfen.

Als er gefragt wurde, wie es möglich ist, blind den Berg hinunterzufahren und an den verschiedenen Pfosten des Riesenslaloms vorbeizumanövrieren, erklärte Ed, dass vor ihm ein sehender Sportler herfuhr und ihm Kommandos gab. Wenn er schneller fahren musste, rief sein Lotse ihm zu: »Fahr, fahr, fahr!« Und wenn sie an die Pfosten kamen, rief er ganz laut und deutlich: »Liiiinks!« »Reeeechts!« Kenan musste nur in Bewegung bleiben und den Anweisungen vertrauen. Solange er das tat, konnte er die Piste fehlerlos meistern und sicher durch die Ziellinie kommen.[6]

Auch wenn Sie mit einer anderen Situation zu kämpfen haben als Ed Kenan, können Sie sich vielleicht dennoch damit identifizieren. Vielleicht wissen Sie, wie es ist, einen unerwarteten Verlust zu erleiden. Vielleicht verstehen Sie, wie es sich anfühlt, eine niederschmetternde Enttäuschung zu erleben. Vielleicht sind Sie ebenfalls mit einer furchterregenden Diagnose konfrontiert. Vielleicht ist irgendein Mensch, von dem sie dachten, dass er immer da sein würde, plötzlich weg. Und vielleicht stellen auch Sie sich die Frage: *Gebe ich jetzt auf oder finde ich irgendwie einen Weg?*

Wie die Dunkelheit, die Sie umgibt, im Einzelnen auch beschaffen ist, Sie sollen wissen, dass Sie nicht allein sind. Gott weiß, was Sie durchmachen, und er ist bei Ihnen, ganz nah. In Jesaja 30,21 heißt es: *Ob dein Weg nach rechts oder links führt, wird eine Stimme hinter dir herrufen und dir ansagen: »Das ist der richtige Weg, den geh!«* Das heißt Gott hat versprochen, Ihr Lotse zu sein. Wenn Sie nicht sehen können, wo es hingeht, nur keine Angst. Stellen Sie sich nicht tot!

In Bewegung bleiben – manchmal heißt das einfach, morgens aus dem Bett zu kommen und das Haus zu putzen oder zur Arbeit zu fahren. An anderen Tagen kann es bedeuten, ganz konkrete Anweisungen Gottes zu befolgen. Ob es nun simple Dinge sind oder etwas Herausfornderndes, in jedem Fall möchte Gott, dass wir aktiv bleiben, damit wir geistlich nicht verkümmern! Gott wird Sie führen und Sie werden ihn sagen hören: »Reeechts! Liiiinks!« Je mehr Gebrauch Sie von Ihrem Glauben machen, umso mehr Glauben werden Sie haben. Jesus hat gesagt: *Wer das, was ihm anvertraut ist, gut verwendet, dem wird noch mehr gegeben, und er wird im Überfluss haben. Wer aber untreu ist, dem wird noch das wenige, das er besitzt, genommen* (Matthäus 25,29). Jesus ging es in dieser Situation um den Glauben, der nötig ist, um aktiv zu werden, statt sich aus Furcht zu verstecken. Bleiben Sie in Bewegung. Das allein bringt schon viel!

Sei voller Hoffnung!

Falls Sie sich aufgrund von Nöten, Unsicherheiten oder Enttäuschungen festgefahren haben, möchte ich Ihnen Mut machen, sich wieder in Bewegung zu setzen. Das ist nicht unbedingt leicht, aber Sie können es schaffen. Kämpfen Sie sich durch das hindurch, was Sie zurückhalten will. Entscheiden Sie sich, lieber *etwas* zu tun als gar nichts. Befolgen Sie, wozu Gott Sie auffordert.

Gott möchte Sie von dem Treibsand der Entmutigung und Hoffnungslosigkeit befreien! Also seien Sie voller Hoffnung. Gott hat einen wunderbaren Plan für Ihr Leben, selbst wenn Sie ihn momentan nicht erkennen können. Ihre Not wird nicht ewig andauern; auf Sie wartet eine strahlende Zukunft. Stellen Sie sich nicht länger tot.

Deshalb heißt es: »Wach auf, du Schläfer, steh von den Toten auf, dann wird Christus dir aufleuchten.«

Epheser 5,14

Teil III
Hoffnung und Lebensglück

Doch glücklich ist der, dem der Gott Israels hilft, der seine Hoffnung auf den Herrn, seinen Gott, setzt.
Psalm 146,5

Ich bete, dass Sie anfangen zu sehen, welche Kraft die Hoffnung hat, und zu erkennen, dass Hoffnung in einem engen Zusammenhang mit Lebensglück steht. Ohne Hoffnung kann man keinen Glauben haben, denn Hoffnung ist die positive Erwartung, dass etwas Gutes geschieht. Viele Jahre lang versuchte ich, meine Vorstellung von Glauben zu leben, doch ich hatte eine negative Einstellung zum Leben – und das ist alles andere als Hoffnung.

Auch war ich die meiste Zeit unglücklich, obwohl ich meinen Glauben sehr ernst nahm, eine liebevolle Familie hatte und mich sogar schon im vollzeitlichen geistlichen Dienst befand. Ich begriff einfach nicht, was los war, und ich machte den Fehler, der wahrscheinlich vielen von uns unterläuft: Ich glaubte, ich wäre endlich glücklich, wenn sich bestimmte »Dinge« verändern würden. Ich versuchte Gott mithilfe meines Glaubens dazu zu bewegen, bestimmte *Dinge* zu verändern, ohne mir bewusst zu sein, dass er nicht so sehr meine Umstände, sondern vielmehr *mich* verändern wollte.

VOLLER HOFFNUNG

Er wollte, dass ich lernte, in jeder Situation glücklich zu sein. Das ist aber nur möglich, wenn wir uns dazu entscheiden, immer die Hoffnung zu bewahren, sprich: in der freudigen Erwartung zu leben, dass Gutes auf uns wartet und dass Gutes durch uns sowie in unserem Umfeld geschieht.

Wie schon erwähnt nenne ich dieses Buch auch das »Frohe Buch«. Ich glaube wirklich, wenn Sie die Prinzipien in diesem Buch auf Ihr Leben anwenden, werden Sie Zugang zu der Freude erhalten, die Ihnen bis jetzt vielleicht verschlossen geblieben ist.

Sagen Sie immer wieder: »Ich werde heute etwas Gutes erleben« und »Heute wird etwas Gutes durch mich geschehen«.

KAPITEL 10

In allem das Gute suchen

»*Denn ich weiß genau, welche Pläne ich für euch gefasst habe*«, *spricht der Herr.* »*Mein Plan ist, euch Heil zu geben und kein Leid. Ich gebe euch Zukunft und Hoffnung.*«

Jeremia 29,11

Ich denke nicht an das Elend, sondern an das Schöne, das noch immer übrig bleibt.

Anne Frank

Es gibt eine Geschichte von drei Männern, die an einer ungewöhnlichen Baustelle arbeiteten. Es waren einfache Arbeiter, die angeheuert wurden, um an der prachtvollen Kathedrale in London zu arbeiten, die sich bereits im Bau befand. Sie war von dem berühmten Architekten Sir Christopher Wren entworfen worden und galt schon als architektonisches Meisterwerk, bevor sie überhaupt fertig war. Ein Londoner Berichterstatter, der über die im Bau befindliche Kathedrale schrieb, stellte diesen drei Männern eine einfache Frage: »Was machen Sie hier?« Der erste Mann antwortete: »Ich behaue Steine für zehn Schillinge am Tag.« Der zweite Mann antwortete: »Ich arbeite jeden Tag zehn Stunden lang.« Doch der dritte Mann gab eine ganz andere Antwort: »Ich helfe Sir Christopher Wren, die größte Kathedrale Londons zu errichten.«[7]

Ist es nicht erstaunlich, wie unsere Einstellung unsere Sichtweise beeinflussen kann? Die von uns gewählte Perspektive macht viel aus. Für den ersten Arbeiter war Geld die Hauptsache. Als er zu seiner Arbeit befragt wurde, war das Erste, was ihm in den Sinn kam, wie viel (oder wenig) Geld er verdiente. Der zweite Arbeiter sah seine Zeit als das Wichtigste an. Als er gebeten wurde, seine Tätigkeit zu beschreiben, sprach er über die vielen Stunden, die er mit der Arbeit verbrachte. Doch der dritte Arbeiter entschied sich, über Fragen des Geldes und der Zeit hinauszusehen. Für ihn war dieses Projekt nicht einfach eine Arbeit unter vielen. Er betrachtete es als eine wunderbare Gelegenheit – als die Chance, eine große Kathedrale zu bauen. Er sah das Beste in seiner Situation und das weckte in ihm Begeisterung und Freude an seiner Arbeit.

Möchten Sie ein Leben voller Hoffnung und Freude führen, ein Leben, in dem Sie Hindernisse überwinden können? Dann entscheiden Sie sich, das Beste in jeder Situation zu sehen. Das ist zwar nicht immer leicht; es ist menschlich, kritisch zu sein und Vorwürfe zu machen. Das Beste zu sehen und zu glauben, ist hingegen eine Entscheidung. Es ist eine Entscheidung, die Standardeinstellung Ihres Lebens von negativ auf positiv zu ändern. Statt immer vom Schlimmsten auszugehen, glauben Sie lieber das Beste. Glauben Sie das Beste von Ihren Kollegen. Glauben Sie das Beste von Ihrer Gemeinde. Glauben Sie das Beste, wenn es um Ihre Gesundheit geht, um Ihre Kinder, um Ihre Zukunft. Sie werden überrascht sein, wie sich Ihre ganze Sichtweise ändert, einfach indem Sie das Beste von den Menschen und Situationen in Ihrem Leben annehmen.

Jesus hat uns ein neues Gebot gegeben, nämlich uns gegenseitig so zu lieben, wie er uns geliebt hat. In der Bibel steht, dass Liebe stets das Beste glaubt (siehe 1. Korinther 13,7). In einer englischen Übersetzung heißt es dort sogar, dass Liebe *immer* bereit ist, *von jedem* das Beste zu glauben. Entscheiden Sie sich jeden Morgen, den ganzen Tag lang das Beste zu glauben. So etwas geht nicht automatisch, sondern erfordert eine bewusste Entscheidung.

Sie können wie die ersten beiden Arbeiter sein, die sich jeden Morgen zur Arbeit schleppten und nur ihr niedriges Gehalt und die lange Arbeitszeit sahen. Sie hatten eine wenig inspirierende

Haltung und eine stumpfsinnige Lebensperspektive. Oder Sie können wie der dritte Arbeiter sein, der ein Vorrecht sah, wo die anderen nur Pflichten sahen. Er glaubte, dass das, was er tat, wichtig war und deswegen konnte er sich für seine täglichen Aufgaben begeistern. Es ist eine Frage der Perspektive. Alle drei hatten dieselbe Arbeit, aber nur einer von ihnen fand auch Freude daran.

Immer wenn in mir Unmut über die Arbeit aufkommt, hilft es mir sehr, mich daran zu erinnern, dass ich meine Arbeit doch eigentlich für Jesus tue.

Tut eure Arbeit mit Eifer und Freude, als würdet ihr Gott dienen und nicht Menschen. Vergesst nicht, dass der Herr euch mit dem himmlischen Erbe belohnen wird. Dient dem Herrn Jesus Christus!

Kolosser 3,23-24

Eine hoffnungsvolle Einstellung

Hoffnung und Zynismus sind unvereinbar. Deshalb ist es so wichtig, dass Sie das Beste von Ihren Mitmenschen glauben und Ihre täglichen Aufgaben positiv sehen. Dann blüht Hoffnung auf und Zynismus stirbt. Sobald Sie sich von Ihrer kritischen Haltung verabschieden, die immer etwas auszusetzen hat, werden Sie eine ganz neue Freude erleben. Sie werden anfangen, Menschen wertzuschätzen, deren Platz in Ihrem Leben Sie bis dahin als selbstverständlich hingenommen hatten, und Sie werden Ihre täglichen Aufgaben nicht mehr als Pflicht, sondern als Chance sehen. Es ist erstaunlich, wie ein einfacher Perspektivwechsel – sich für Gottes Perspektive zu entscheiden – das Leben verändern kann.

Die meisten unglücklichen Menschen sind unglücklich, weil sie zu sehr auf negative Dinge schauen. Sie sehen das Schlimmste in anderen, sie lassen sich über alles aus, was in ihrem Leben nicht stimmt, und sie haben eine allgemein negative Haltung. Hoffnung tut genau das Gegenteil: Hoffnung sieht das Beste, nicht das Schlimmste. Deshalb macht Hoffnung glücklich. Wer erwartet, dass Gott etwas Gutes tut, kann gar nicht anders als glücklich zu sein. Viele Menschen, die im Leben frustriert und entmutigt sind, fühlen sich deshalb so, weil sie nichts Gutes erwarten.

In meinen jungen Jahren ist mir viel Schmerzhaftes widerfahren und aufgrund dessen wusste ich überhaupt nicht, was es bedeutet, glücklich zu sein. Mit 23 heiratete ich Dave und ich weiß noch, wie er mich nach einigen Ehewochen fragte: »Was ist bloß los mit dir? Warum bist du immer so negativ eingestellt?« Ich erklärte: »Wenn man nichts Gutes erwartet, ist man auch nicht enttäuscht, wenn nichts Gutes passiert.« Können Sie sich das vorstellen? Aber ich sagte es nicht nur einfach, ich meinte es damals durchaus ernst.

Diese Worte waren meine Lebensphilosophie. Ich dachte, indem ich nichts Gutes erwartete, würde ich mich vor Verletzung und Enttäuschung schützen. In fast jeder Situation fiel mir sofort das Negative ins Auge, weil ich daran gewöhnt war. Ich bin Gott sehr dankbar, dass er mir mit den Jahren viel über Hoffnung beigebracht hat. Er hat meine Haltung verändert und mir gezeigt, wie wichtig es ist, mich auf ihn zu konzentrieren und mir immer wieder vor Augen zu führen, was er in seinem Wort sagt. Ich bin nicht mehr ein Mensch, der ständig Schlechtes erwartet. Das habe ich erreicht, indem ich praktiziere, was ich auch Ihnen empfehle: Ich erwarte ganz bewusst Gutes und nehme mir die Zeit, mich daran zu erinnern, was Gott bereits alles an Gutem für mich und durch mich getan hat. Je mehr Sie erkennen, was Gott Gutes getan hat, umso mehr Begeisterung kommt in Ihnen auf, sodass jeder Tag von einer positiven Erwartungshaltung geprägt sein kann.

Hoffnung hat viel mit der inneren Einstellung zu tun. Und ich glaube, dass Sie und ich mit Gottes Hilfe alles im Leben mit einer positiven Haltung angehen können, ganz gleich worum es sich handelt. Wenn Sie ein Mensch sein wollen, der voller Hoffnung und Glück ist, unabhängig davon, was heute im Laufe des Tages geschieht, dann entscheiden Sie sich, Gott zu vertrauen und in jeder Situation das Beste zu glauben.

- Wenn Ihr Kind morgens mit einer Erkältung aufwacht und nicht zur Schule gehen kann, sehen Sie es positiv. Danken Sie Gott, dass es nur eine Erkältung ist und nichts Schlimmeres.
- Wenn die Spüle eine undichte Stelle hat und Wasser auf den Fußboden läuft, dann danken Sie Gott, dass Sie zu Hause waren, als es passiert ist, und dass Sie ein größeres Problem verhindern konnten.
- Wenn der Wäschetrockner ein Kleidungsstück ruiniert, sehen Sie es positiv. Jetzt haben Sie eine Ausrede, shoppen zu gehen.
- Wenn Sie Ihren Job verlieren, sehen Sie es positiv. Jetzt haben Sie die Gelegenheit, sich einen besseren zu suchen.

Ganz gleich welchen unerwarteten Herausforderungen oder Frustrationen Sie gegenüberstehen, treffen Sie im Voraus die Entscheidung, sich dadurch nicht Ihre Freude rauben zu lassen. Verschwenden Sie Ihre Zeit nicht damit, unglücklich zu sein, und erlauben Sie alltäglichen Situationen nicht, Ihre Lebensqualität zu beeinträchtigen. Lächeln Sie auch inmitten irritierender Umstände und lassen Sie sich nicht von so etwas Albernem wie einem Stau oder einem misslungenen Haarschnitt davon abhalten, Ihr Leben zu genießen.

Schönheit statt Asche

In jeder Situation das Beste zu sehen und zuversichtlich zu sein, ist nur möglich, weil Gott uns in der Bibel so viel Positives versprochen hat. In Römer 8,28 sagt der Apostel Paulus: *Und wir wissen, dass für die, die Gott lieben und nach seinem Willen zu ihm gehören, alles zum Guten führt.* Man beachte: In dem Vers steht nicht, dass Gott *einiges* zum Guten führt; dort steht, dass er *alles* zum Guten führt. Jede Situation, jede Begegnung, jede Schwierigkeit, jede Frustration – Gott führt es *alles* zum Guten.

Selbst aus Ihren schwersten Erfahrungen kann Gott noch etwas Gutes machen. In Jesaja 61,3 steht, dass Gott uns Schönheit anstelle von Asche gibt und Freudenöl anstelle von Trauerkleidern. Gott hat Ihren Schmerz nicht verursacht, aber er kann Ihre Wunden heilen und aus dem, was Sie durchgemacht haben, etwas Schönes gestalten – für Sie wie auch für andere.

Die Überzeugung, dass Gott aus den Schwierigkeiten, die wir gerade erleben, etwas Gutes machen kann, hilft uns ungemein, die Hoffnung nicht zu verlieren. Das kann ich persönlich bezeugen. Es ist eine wunderbare Zusage Gottes, die sich auch in meinem Leben immer wieder als wahr erwiesen hat. Sie hat mir Halt gegeben, als ich an Brustkrebs erkrankte. Sie hat mir geholfen, den sexuellen Missbrauch in meiner Kindheit zu überwinden. Sie hat mich durchgetragen, als Freunde sich plötzlich gegen mich stellten, und in unzähligen anderen Situationen. Was Sie im Einzelnen auch gerade durchmachen, glauben Sie und sagen Sie: »Gott wird daraus etwas Gutes machen«, dann werden Sie spüren, wie sich Ihre Stimmung gleich ein wenig aufhellt.

Das Warten genießen

Stellen Sie sich vor, ich frage Sie: »Wann fällt es Ihnen am schwersten, fröhlich und hoffnungsvoll zu bleiben?« Aller Wahrscheinlichkeit nach würden Sie sagen: »Wenn ich darauf warte, dass Gott mein Gebet erhört oder ein Bedürfnis stillt.« Es mag so etwas Einfaches sein wie im Stau zu stehen oder auf den Ehepartner warten zu müssen, wenn man irgendeinen Termin hat und bereits spät dran ist. Vielleicht betrifft es das Warten in

In allem das Gute suchen

der Schlange im Supermarkt, wenn der Mitarbeiter an der Kasse neu ist und ewig braucht. Vielleicht beten Sie seit längerer Zeit für eine Veränderung bei einem Menschen oder wünschen sich sehr, dass Sie selbst endlich eine schlechte Angewohnheit ablegen können. Warten ist nie leicht, aber unumgänglich. Ich habe über die Jahre viele Menschen kennengelernt, die ihren Frieden und ihre Freude verlieren, wenn sie warten müssen. Einen von diesen Menschen kenne ich sogar sehr gut, weil dieser Jemand ich selbst bin! Gott sei Dank habe ich inzwischen einige Fortschritte gemacht, sodass ich heute erheblich geduldiger warten kann als früher.

Heute weiß ich, dass man die Freude Gottes auch beim Warten erleben kann. Es hängt alles davon ab, *wie* man wartet. In Jesaja 40,31 steht, dass die, die auf den Herrn warten, neue Kraft gewinnen. Sie können beim Warten neue Kraft gewinnen, jedoch nur, wenn Sie voller Hoffnung warten. Es bringt nichts, frustriert, ungeduldig und unglücklich zu sein, während man auf Gott wartet. Haben Sie hingegen eine positive Erwartungshaltung, kann das Warten sogar Spaß machen. Selbst während Sie beim Supermarkt in der Schlange stehen, können Sie sich entscheiden zu glauben, dass Ihre Zeit, wie es in der Bibel heißt, in Gottes Händen liegt. Vielleicht bewahrt Gott Sie dadurch vor einem Unfall oder er benutzt das Warten, um an Ihrem Charakter zu arbeiten.

Möglicherweise warten Sie gerade auf finanzielle Hilfe, körperliche oder seelische Heilung, einen Ehepartner, eine berufliche Chance oder darauf, dass Ihr Kind nach Hause kommt. Was immer es ist, Sie können mit Freude warten, wenn Sie das Beste glauben … noch bevor Sie das Erhoffte erleben. So ähnlich wie dieser Junge:

> Eines Nachmittags, als in der Kinderbaseballliga gerade ein Spiel lief, kam ein Mann an den Platz und fragte einen Jungen auf der Spielerbank, wie es stand. Der Junge antwortete: »18 zu 0. Wir liegen hinten.«

VOLLER HOFFNUNG

»Da bist du aber bestimmt ziemlich entmutigt«, sagte der Mann.
»Warum sollte ich entmutigt sein?« antwortete der Junge. »Wir waren noch nicht mal mit Schlagen dran!«[8]

Mir gefällt die Hoffnung des Jungen! Man sollte meinen, dass dieser kleine Baseballspieler enttäuscht wäre. Sein Team wird gerade vernichtend geschlagen und die erste Spielrunde ist noch nicht einmal vorbei. Es sieht nicht besonders gut aus für die Mannschaft, während er und seine Teamkollegen darauf warten, dass sie an den Abschlag kommen.

Doch statt negativ zu reagieren und deprimiert über den Spielstand zu sein, entschied sich der junge Baseballspieler für eine andere Einstellung. Er glaubte das Beste und war überzeugt davon, dass sein Team am Ende der Wartezeit mehr als 18 Punkte erzielen würde. Statt sich entmutigen zu lassen, freute er sich auf die Chance, die sein Team haben würde.

Wenn Sie heute auf etwas warten, dann lassen Sie nicht zu, dass die äußeren Umstände Ihnen die Hoffnung und Freude nehmen. Es mag nicht danach aussehen, als wäre die Beziehung noch zu retten. Es mag nicht danach aussehen, als würden die nötigen Finanzen hereinkommen. Es mag nicht danach aussehen, als würden sich die Umstände ändern und die Sache funktionieren. Aber lassen Sie sich in der Wartezeit nicht entmutigen – freuen Sie sich lieber auf das, was noch kommt! Sie sind noch nicht »am Abschlag« gewesen. Glauben Sie das Beste. Vertrauen Sie darauf, dass Gott Ihnen genau zum richtigen Zeitpunkt das Richtige geben wird. Solange Sie das Beste glauben, kann das Warten eine Zeit der freudigen Erwartung sein, noch bevor das Ergebnis zu sehen ist.

Wie man das Beste glaubt

In 1. Korinther 13,7 steht: *Die Liebe ... glaubt immer das Beste von jedem Menschen. Sie bewahrt in allen Umständen stets die Hoffnung und erträgt alles, ohne schwach zu werden* (Amplified Bible). Was für ein wunderbarer Vers. Liebe glaubt immer das Beste von Menschen und gibt die Hoffnung nie auf. Wäre es nicht herrlich, so zu leben? Immer das Beste von jedem Menschen zu glauben und unter allen Umständen die Hoffnung bewahren zu können? Genau so ein mit Freude erfülltes, hoffnungsvolles Leben hat Gott für Sie vorgesehen.

Wenn Sie nicht das Beste von einem oder mehreren Menschen in Ihrem Leben annehmen, schaden Sie sich selbst dadurch mehr als den betreffenden Personen. Sie können sich heute von Ihrer zynischen Haltung verabschieden und die Hoffnung willkommen heißen. Hier sind einige praktische Tipps, wie Sie das bewerkstelligen können.

Sehen Sie genauer hin

- Bitten Sie Gott, Ihnen etwas Gutes über den Betreffenden zu zeigen, und dann schauen Sie einmal genauer hin. Was Ihnen an der Person nicht gefällt, wissen Sie bereits; jetzt entdecken Sie etwas, was Sie an ihr mögen.
- Statt Fehler zu suchen, versuchen Sie Vorzüge zu finden. Suchen Sie nach etwas, das Ihnen an der Person besonders gut gefällt – etwas, das Sie in der Vergangenheit vielleicht übersehen haben. Statt auf die Probleme des anderen zu schauen, sehen Sie lieber sein Potenzial.

Gehen Sie vom Besten aus

- Häufig denken wir das Schlimmste vom anderen. *Er wird mich enttäuschen. Er hat mich mit Absicht verletzt. Irgendwann wird er mich bestimmt verlassen.* Statt mit dem Schlimmsten zu rechnen, geht Hoffnung immer vom Besten aus. Der Betreffende mag in der Vergangenheit etwas angestellt haben, aber es kann gut sein, dass er aus seinen Fehlern gelernt hat. Gehen Sie davon aus, dass er Sie beeindrucken wird, und dann geben Sie ihm die Möglichkeit, es unter Beweis zu stellen.

Sehen Sie Menschen so, wie Gott sie sieht

- Es besteht ein großer Unterschied dazwischen, wie Gott Menschen sieht und wie wir sie sehen. Als die Menschenmenge Jesus bedrängte, da sahen die Jünger sie als eine Last an, doch Jesus betrachtete sie mit Mitgefühl. Bitten Sie Gott, Ihnen die Augen zu öffnen, damit Sie Menschen so sehen können, wie er sie sieht – mit Liebe, Verständnis und Mitgefühl.

»Ich hoffe« statt »Ich hasse«

- Es erfordert etwas Übung, macht aber Spaß. Fangen Sie an darauf zu hoffen, dass sich das Gute in dem anderen zeigt, statt das zu hassen, was Ihnen auf die Nerven geht. Drücken Sie Ihre Hoffnung in Worten aus. Versuchen Sie Dinge zu sagen wie: »Ich wünsche dir, dass es gut läuft«, »Du hast bestimmt recht« oder »Mit dieser Beziehung wird es sicher wieder bergaufgehen«, statt zu sagen: »Ich hasse es, neue Menschen kennenzulernen«, »Ich hasse es, mich mit dieser

Person herumschlagen zu müssen« oder »Ich hasse es, wenn derjenige das sagt«.

Das alles sind gute Schritte für den Anfang, aber es ist keine vollständige Liste. Wenn Sie wirklich wissen wollen, wie man hoffnungsvoll ist und das Beste von Mitmenschen und Umständen glaubt, dann orientieren Sie sich an Jesus. Lesen Sie die Evangelien und schauen Sie, wie Jesus sich um Menschen gekümmert hat: wie er geheilt, ermutigt, gelehrt und geliebt hat. Jesus wollte nicht nur das Beste für Menschen; er sah auch das Beste in ihnen. Was für ein großartiges Vorbild! Sind Sie nicht auch froh, dass Jesus das Beste in Ihnen gesehen hat? Er sah etwas, das es wert war, gerettet zu werden! Sie und ich können eine Entscheidung treffen, andere so zu sehen, wie Jesus uns sieht. Fangen wir am besten gleich heute damit an!

Sei voller Hoffnung!

Es macht Freude, nach Gutem Ausschau zu halten und das Beste zu erwarten. Dann sind wir wie jemand, der nach Gold gräbt in dem festen Glauben, dass er fündig wird. Wenn Sie den Menschen in Ihrem Umfeld mit einer hoffnungsvollen Haltung begegnen, finden Sie ganz bestimmt etwas Gutes in ihnen.

Lassen Sie sich nicht von den Frustrationen des Alltags Ihre Freude rauben. Begegnen Sie den alltäglichen Unannehmlichkeiten lieber mit einem Lächeln. Und wenn es um etwas Schwerwiegenderes geht als bloße Unannehmlichkeiten, vergessen Sie nicht: Gott hat versprochen, alles zum Guten zu führen. Also seien Sie voller Hoffnung. Heute wird etwas Gutes geschehen. Und morgen. Und übermorgen. Sie müssen nur danach Ausschau halten.

KAPITEL 11

Gefangene der Hoffnung

Kommt zurück in die Festung der Sicherheit und des Wohlstands, ihr Gefangenen der Hoffnung! Heute verheiße ich, dass ich euch doppelten Ersatz geben werde.

Sacharja 9,12 (angepasst an Amplified Bible)

Hoffnung ist der Traum eines wachen Menschen.

Aristoteles

In einer großen Stadt gab es einmal ein besonderes Schulprojekt, bei dem man Schülern, die einen längeren Krankenhausaufenthalt hatten, half, den Unterrichtsstoff weiter verfolgen zu können. Eines Tages erhielt eine Lehrerin, die für dieses Projekt arbeitete, einen Routineanruf mit der Bitte, einem bestimmten Kind seine Hausaufgaben zu bringen. Sie sprach kurz mit der Lehrerin des Kindes und notierte sich seinen Namen und seine Zimmernummer. »Wir nehmen gerade Substantive und Adverbien durch«, erklärte die Lehrerin des Schülers. »Es wäre super, wenn Sie ihm diese Regeln erklären könnten, damit er nicht zu sehr hinterherhängt.«

An dem Abend ging die Lehrerin des Hilfsprojekts ins Krankenhaus, um den Jungen zu besuchen. Allerdings hatte ihr gegenüber niemand die schweren Verbrennungen erwähnt, die der Junge erlitten hatte, und wie stark seine Schmerzen waren. Als sie den Anblick des schwer verletzten Schülers sah, stammelte sie unbeholfen: »Ich bin von deiner Schule geschickt worden, um dir mit den Substantiven und Adverbien zu helfen.«

Gefangene der Hoffnung

Als sie einige Zeit später das Krankenhaus verließ, hatte sie das Gefühl, sehr wenig erreicht zu haben.

Doch am nächsten Tag, als sie zurück in die Klinik kam, sprach eine Krankenschwester sie an: »Was haben Sie nur mit dem Jungen gemacht?« Sie dachte sofort, dass sie etwas falsch gemacht haben musste und fing an sich zu entschuldigen.

»Nein, keine Sorge«, sagte die begeisterte Krankenschwester. »Sie haben überhaupt nichts falsch gemacht. Wir waren sehr besorgt um den Jungen, doch seit gestern hat sich seine Einstellung völlig geändert. Er kämpft jetzt richtig und spricht auf die Behandlung an. Es ist fast so, als hätte er plötzlich beschlossen zu leben.«

Zwei Wochen später erklärte der Junge, was passiert war. Bevor die Lehrerin ins Krankenhaus gekommen war, hatte er alle Hoffnung aufgegeben. Doch die Situation veränderte sich, als sie in sein Zimmer trat. Durch sie kam er zu einer einfachen Erkenntnis, die er folgendermaßen erklärte: »Die würden doch einem sterbenden Jungen keinen Lehrer schicken, um ihm Substantive und Adverbien beizubringen, oder?«[9]

Hoffnung hat erstaunliche Kraft. Bettlägerig in einem Krankenhauszimmer, umgeben von Krankheit, Entmutigung und schlechten Nachrichten, war der Junge drauf und dran aufzugeben. Doch eine einzige Lehrerin mit einer hilfsbereiten Ausstrahlung und einer Schulaufgabe brachte dem Jungen genug Hoffnung, um ihm eine neue Perspektive zu eröffnen und ihm einen Grund zu geben weiterzumachen. Wenn schon ein einziger Mensch in der Lage ist, so viel Hoffnung zu bringen, dann stellen Sie sich nur vor, was geschehen könnte, wenn Sie sich regelmäßig mit solchen Hoffnungsträgern umgeben würden. Was könnten fünf oder zehn oder zwanzig solcher Hoffnungsträger alles erreichen?

Überlegen Sie doch einmal, wie das in Ihrem Leben aussehen könnte. Die Wahrheit ist: Wir alle werden von unserem Umfeld beeinflusst. Füllen Sie Ihr Leben mit Menschen, Veranstaltungen und Aktivitäten, die zur Hoffnung beitragen, dann werden Sie von Hoffnung und Optimismus erfüllt sein. Umgeben Sie sich hingegen mit hoffnungslosen Menschen und beschäftigen Sie sich mit entmutigenden, negativen Dingen, dann werden Sie auch immer wieder frustriert und unglücklich sein. Vieles hängt davon ab, womit wir uns täglich umgeben.

Das heißt nicht, dass wir alles Negative im Leben vermeiden können. Wir haben nicht immer die Wahl, was um uns herum passiert, aber wir können gute Entscheidungen treffen.

Die Hoffnung, die uns umgibt

Sacharja 9,12 beschreibt unsere Beziehung zur Hoffnung mit einer interessanten Formulierung. In diesem Bibelvers bezeichnet Gott sein Volk nämlich als »Gefangene der Hoffnung«. Er sagt: *Kommt zurück in die Festung der Sicherheit und des Wohlstands, ihr Gefangenen der Hoffnung!*

Mir gefällt diese Beschreibung, »Gefangene der Hoffnung«. Denken Sie einmal darüber nach. Wer ein Gefangener der Hoffnung ist, der kann gar nicht anders: Er kann nicht negativ sein, er kann sich keine Sorgen machen, er kann nicht ohne Hoffnung sein. In schwierigen Phasen oder bei Enttäuschungen gibt die Hoffnung, von der wir umgeben sind, uns wieder Aufschwung. Die Hoffnung sagt uns, dass Gott schon einen Weg bahnen wird, und wenn wir auf diese Hoffnung hören, regt sich etwas in uns. Wir schöpfen wieder Kraft zu glauben und zu bejahen: »Ich werde Gutes erleben und Gutes wird durch mich geschehen!«

Eigentlich wollte ich diesem Buch den Titel *Gefangene der Hoffnung* geben, aber dann befürchteten wir im Team, dass dies ohne eine Erklärung nicht verständlich sein würde. Also entschieden wir uns für *Voller Hoffnung!* Mir gefällt der Gedanke, dass man so voller Hoffnung sein kann, dass man quasi in einem »Gefängnis der Hoffnung« sitzt. Sind Sie bereit, ein Leben im »Gefängnis der Hoffnung« zu führen?

Gott möchte, dass wir uns von Hoffnung gefangen nehmen lassen und darauf vertrauen, dass er eine Veränderung bewirken wird, wo sie nötig ist. Unsere Hoffnung ist in Gott verankert. Er kann alles! Ganz gleich wie wir uns fühlen oder wie die Dinge aussehen, wir dürfen glauben, dass Gott am Werk ist und wir genau zur richtigen Zeit eine positive Veränderung erleben werden. Deswegen ist Hoffnung entschlossen und beharrlich. Wenn man am Ende seiner Kräfte ist, gibt es dennoch einen Weg. Gottes Kraft hat nämlich kein Ende. Sie ist unerschöpflich. Solange Sie die Hoffnung nicht aufgeben, können Sie nicht verlieren, weil Gott nicht verlieren kann. Und Gott ist mit Ihnen, also ist Ihnen der Sieg sicher.

Es ist schon viele Jahre her, dass Gott mich beauftragt hat, meine christliche Arbeit zu beginnen. Aber ich muss ehrlich sagen, dass der Erfolg nicht von einem Tag auf den anderen kam. Es hat viel harte Arbeit gekostet und es gab zahllose Nächte, in denen ich mich fragte, ob ich Gott richtig verstanden hatte. Menschen waren mir gegenüber nicht immer sehr aufgeschlossen und wir planten viele Veranstaltungen, obwohl ich mir nicht sicher war, ob überhaupt jemand kommen würde. Dave und ich haben Jahre der Vorbereitung gebraucht, in denen wir im Vertrauen auf Gott Schritt für Schritt das aufgebaut haben, was heute eine weltweite Arbeit ist. In jenen Jahren war ich häufig versucht, das Handtuch zu werfen. Doch ich kann sagen: Ich bin immer noch hier! Selbst wenn ich Fragen und Zweifel hatte, selbst wenn ich am Ende meiner Kräfte war, wusste ich doch, dass Gott einen Weg bahnen kann, wo es keinen Weg gibt. Dave und ich setzten unser Vertrauen auf Gott und er hat unsere kühnsten Erwartungen übertroffen.

Wer sich entscheidet, ein Gefangener der Hoffnung zu sein – das heißt sich von der freudigen Erwartung umgeben zu lassen, dass Gott etwas Gutes tun wird –, kann Ähnliches erleben. Ganz gleich welchen Traum Gott in Ihr Herz gelegt hat, er kann Wirklichkeit werden. Vielleicht geschieht es nicht in der gewünschten Zeitspanne oder auf die Art und Weise, die Sie sich erhoffen, aber Gott wird Ihre kühnsten Erwartungen übertreffen. Sie müssen es nicht aus eigener Kraft schaffen. Doch bleiben Sie dran und geben Sie nicht auf. Umgeben Sie sich mit Hoffnung, dann werden Sie erleben, wie Gott Sie mehr segnet, als Sie es für möglich gehalten haben.

Kein Auge hat je gesehen, kein Ohr je gehört und kein Verstand je erdacht, was Gott für diejenigen bereithält, die ihn lieben.
1. Korinther 2,9

Ich glaube, dass Gott viele angenehme Überraschungen für Sie bereithält, Dinge, die er vorbereitet hat und die auf Sie warten. Seien Sie voller Hoffnung!

Was man nicht mitnehmen darf

Ein Gefangener darf keine verbotenen Gegenstände mit in die Zelle nehmen. Nichts darf ohne ausdrückliche Genehmigung von außen in sein Umfeld gelangen. Bestimmte Dinge werden nicht zugelassen, weil sie als gefährlich gelten.

Natürlich ist das Gefängnis, in dem Sie sich befinden, ganz anders beschaffen. Immerhin sind Sie ja ein Gefangener der Hoffnung. Sie sind nicht von Mauerwerk und Eisenstäben umgeben, sondern von Gottes Güte, Gnade und Hoffnung. Ganz gleich wo Sie hinsehen, überall ist ersichtlich, wie gut Gott zu Ihnen ist, und das gibt Ihnen Freude, Frieden und Zuversicht. Das ist das Leben, das Jesus Ihnen durch seinen Tod ermöglicht hat.

Doch es ist auch wichtig zu verstehen, dass es einiges gibt, was man in dieses Umfeld der Hoffnung nicht hineinbringen darf. Wenn Sie von Hoffnung umgeben sein wollen, beachten

Gefangene der Hoffnung

Sie die folgende Liste verbotener Dinge, die unbedingt draußen bleiben sollten:

- negative Worte
- eine Opfermentalität
- sich mit anderen vergleichen
- eine düstere Sicht aufs Leben
- Murren und Klagen
- Selbstmitleid
- Entmutigung und Verzweiflung

Ein Mensch, der Jesus Christus nachfolgt, sollte derartige Lasten nicht mit sich herumschleppen. Ihr Leben muss nicht von Niedergeschlagenheit und Hoffnungslosigkeit geprägt sein. Mit Gottes Hilfe können Sie jede entmutigende, egoistische, negative Lüge des Feindes ablegen und in einem Umfeld der Hoffnung leben. Sie können Ihr Leben auf die Wahrheit der Bibel bauen statt auf die Lügen des Feindes.

Ein Bibelvers, den ich häufig zitiere, ist 1. Petrus 5,7, wo es heißt:

Werft alle eure Sorgen, eure Ängste und Anliegen auf Gott, ein für alle Mal, denn er sorgt sich liebevoll und aufmerksam um alles, was euch betrifft (Amplified Bible).

Wir sollen unsere Sorgen auf Gott »werfen«. Ist das nicht ein schönes Bild? Wir legen unsere Sorgen nicht einfach neben uns auf den Stuhl, um sie dann später wieder einzupacken. Nein, wir sollen sie ganz von uns wegwerfen. Wir werfen sie so weit weg wie möglich, um sie nie wieder aufzusammeln. Wir werfen unsere Sorgen auf Gott und Gott sorgt für uns!

Wehren Sie sich gegen die Lügen, die sagen: *Niemand mag mich. Niemand wird mit mir essen wollen. Diese Krankheit werde ich nie los. Die Beförderung bei der Arbeit bekomme ich niemals. Ich finde nie einen Ehepartner.* Umgeben Sie sich nicht mit solchen hoffnungslosen Gedanken. Werfen Sie jede Sorge sofort auf Gott, gleich in dem Moment, in dem Sie merken, dass sie da ist. Dann wird Ihr Leben zu blühen beginnen. Dann haben die Ängste und Sorgen, die Sie vorher belastet haben, mit einem Mal keine Macht mehr über Sie. Dann wird, wie Jesus es ausdrückt, Ihre Seele zur Ruhe kommen (siehe Matthäus 11,29).

Der Garten der Hoffnung

Ich sagte bereits, wenn wir im Garten der Hoffnung leben, blüht immer irgendetwas. Normalerweise werden in einem Garten viele verschiedene Blumenarten gepflanzt und ständig entsteht irgendwo neues Leben. Sobald die Blütezeit einer Blumenart vorbei ist, beginnt eine andere zu blühen. Wer so einen Garten besitzt, dem mangelt es nie an Blumen. Bei uns zu Hause haben wir drei verschiedene Arten Büsche im Garten, die verschiedene Blüten hervorbringen. Der eine Busch blüht, sobald der Frühling beginnt, der zweite im späten Frühling und der dritte im Frühsommer. Uns mangelt es nicht an Blüten!

Allerdings werde ich keine Freude an den Blüten haben – ganz gleich wie viele es sind –, wenn ich mir nicht die Zeit nehme, sie anzuschauen. Genauso müssen wir uns regelmäßig die Zeit nehmen, das Gute wahrzunehmen, das um uns herum passiert. Die Medien berichten von allem Schlechten, das in der Welt geschieht, aber es gibt auch viel Gutes. Wir müssen nur bewusst hinsehen.

Manchmal sind wir derart mit unseren Problemen beschäftigt, dass wir uns keine Zeit nehmen, nach dem Guten im Leben zu suchen. Ich denke, es ist wichtig, in Krisenzeiten einerseits das zu tun, was jeweils erforderlich ist, uns aber andererseits auch auf das Gute in unserem Leben auszurichten. Das Gute ist sozusagen das Gegengewicht zu unserem Problem, oder wie Salz und Gewürze für ein ansonsten fades Essen. Man hat mehr Kraft, die alltäglichen Herausforderungen zu bewältigen, wenn man sich jeden Tag die Zeit nimmt zu schauen, was im Garten der Hoffnung gerade blüht.

Ich habe beschlossen, ein paar Minuten mit dem Schreiben aufzuhören und einen Blick auf das zu werfen, was zurzeit in meinem Garten blüht. Dabei ist mir aufgefallen, dass ich mich heute richtig gut fühle. Ich hatte eine erholsame Nacht, die Sonne scheint, ich habe bereits mit drei meiner vier Kinder gesprochen, obwohl es erst 10.30 Uhr ist – und mein Mann hat mich heute Morgen umarmt. Auf der anderen Seite macht eines meiner Enkelkinder gerade eine schwere Zeit durch, eine gute Freundin hat Krebs, ich habe diese Woche viel Arbeit und mein Telefon ist kaputt. Doch wenn wir darauf achten, was in unserem Garten der Hoffnung blüht, wird nichts, was unter die Kategorie »Problem« fällt, uns derart überfordern, dass wir die Freude verlieren.

Vielleicht ist es Ihnen noch nicht aufgefallen, aber bestimmt blüht auch in Ihrem Leben gerade etwas. Gehen Sie doch mal an die frische Luft und sehen Sie nach!

Ein besseres Umfeld schaffen

Manchmal muss die Hoffnung auch erkämpft werden. Wir müssen gegen die vielen Stimmen in der Welt anschreien, die unsere Hoffnung übertönen wollen. Es ist wichtig, dass wir uns mit Menschen umgeben, die nicht immer alles schwarzmalen. Zumindest brauchen wir ein paar Menschen in unserem Leben, die Hoffnung ausstrahlen. Wer verletzt ist oder in einer schmerzlichen Situation steckt, fühlt sich leicht zu Menschen hingezogen, bei denen er seine Probleme abladen kann. Es ist auch völlig in Ordnung, mit einem Freund darüber zu reden, was man gerade durchmacht, oder um Gebet zu bitten. Wir sollten uns dafür allerdings keine Menschen aussuchen, die selbst hoffnungslos sind. Wenn man einer Person, die negativ eingestellt ist, von der Grube erzählt, in der man gerade sitzt, sagt sie: »Soll ich dir mal von der Grube erzählen, in der *ich* sitze?« Bestimmt kennen Sie solche Menschen.

Ich möchte Sie herausfordern, heute an Ihrem Umfeld zu arbeiten. Schalten Sie die negativen Stimmen aus und umgeben Sie sich stattdessen mit Hoffnung. Bitten Sie Gott, Menschen in Ihr Leben zu bringen, die Sie täglich ermutigen können. Statt viel Zeit mit Menschen zu verbringen, die Sie an Ihre Probleme erinnern, suchen Sie sich lieber Menschen, die Ihnen sagen, dass Sie mit Ihrer Situation fertigwerden können und dass Gott auf Ihrer Seite ist. Es ist leicht, seine Hoffnungslosigkeit dadurch zu entschuldigen, dass man sagt: »Ich bin von so vielen negativen Menschen umgeben, die mich herunterziehen. Mein Job ist deprimierend und überall wird pausenlos herumgejammert.« Da heißt es, sich Hoffnung zu erkämpfen. Machen Sie es sich zur Aufgabe, einige Menschen zu finden, die nicht so negativ sind und die sich keinen Tratsch anhören. Statt bei der Arbeit die Mittagspause mit den Klagemäulern zu verbringen, gehen Sie lieber spazieren. Wenn Sie zu Hause jemanden haben, der einen negativen Einfluss ausübt und dem Sie nicht aus dem Weg gehen können, dann gleichen Sie diesen negativen Einfluss mit anderen Beziehungen aus, die positiver sind und Ihnen Verschnaufpausen von der Hoffnungslosigkeit verschaffen.

Machen Sie das Bibellesen zu einer Priorität in Ihrem Leben. Das, was Gott in seinem Wort sagt, richtet uns wieder auf und gibt uns in jeder Situation Hoffnung. Auch christliche Musik und gute biblische Lehre können ein Umfeld schaffen, das Hoffnung fördert. Mit den heutigen technischen Mitteln gibt es mehr Möglichkeiten denn je, lebensbejahende Inhalte aufzunehmen und ermutigende Musik zu hören. Ob nun durch eine CD, einen Podcast, eine App auf Ihrem Smartphone, einem Onlinevideo – was immer für Sie am besten passt –, umgeben Sie sich täglich mit dem, was Gott sagt.

Der Feind mag Menschen in unser Leben schicken, die nichts Gutes im Sinn haben, und Umstände provozieren, die uns Kummer bereiten, doch die Bibel lehrt uns, dass Gott uns mit seiner Gegenwart und viel Gutem umgibt.

Denn du bist mein Schutz und bewahrst mich vor Angst und Sorgen. Du lässt mich über meine Rettung jubeln.

Psalm 32,7

So wie die Berge Jerusalem umgeben und schützen, so umgibt und schützt der Herr sein Volk, jetzt und für alle Zeit.

Psalm 125,2

Sei voller Hoffnung!

Falls sie von Negativität, Zweifeln, Unsicherheit, Sorgen oder Enttäuschungen umgeben sind, muss sich daran etwas ändern. Lassen Sie nicht zu, dass Ihr Leben von diesen Dingen beherrscht wird. Sie können Ihr Umfeld ändern und voller Hoffnung leben. Noch bevor sich Ihre Situation ändert, kann sich in Ihrer Seele etwas ändern. Sie können sich entschließen, ein Gefangener der Hoffnung zu sein, und sich darauf freuen, dass Gott Sie für alles, was Sie verloren haben, doppelt entschädigen wird.

KAPITEL 12

Eine Gebetserhörung sein

Denkt nicht nur an eure eigenen Angelegenheiten, sondern interessiert euch auch für die anderen und für das, was sie tun.

Philipper 2,4

Es gibt keine hoffnungslosen Situationen; es gibt nur Menschen, die in ihrer Situation die Hoffnung verloren haben.

Clare Boothe Luce

Hoffnung und Lebensglück erlangt man am besten dadurch, dass man anderen Menschen hilft. Ich weiß, das leuchtet nicht unbedingt sofort ein. Aber es funktioniert tatsächlich. Nicht mehr so stark auf sich selbst fixiert zu sein, sondern sich zu überlegen, wie man anderen Gutes tun kann, lenkt im positiven Sinne von den eigenen Problemen ab. Mehr noch, wer anderen durch Wort und Tat Hoffnung und Ermutigung spendet, erntet ein Vielfaches von dem, was er gesät hat.

Wenn ein Bauer einen Gemüsegarten anlegt, sät er winzige Samen in den Boden, und nach einiger Zeit bekommt er für seine Mühe einen Garten voller Pflanzen, die ihn und seine Familie mit Nahrung versorgen. Gottes Versprechen, dass wir ernten, was wir säen, versetzt mich immer noch in Erstaunen. Wenn wir etwas brauchen, müssen wir nur anfangen, genau das wegzugeben!

Gary Morsch, Gründer von *Heart to Heart International* in Kansas, ist ein Arzt, der viel geleistet hat, um arme Länder auf der ganzen Welt mit medizinischen Geräten und Materialien zu

Eine Gebetserhörung sein

versorgen. In seinem Buch *The Power of Serving Others* (»Was geschieht, wenn wir anderen dienen«) berichtet er von seiner Mitarbeit in Mutter Teresas Sterbehaus im indischen Kalkutta.

Bei diesem Sterbehaus handelt es sich um einen Ort, wo verarmte Kranke hingebracht wurden, wenn klar war, dass sie sterben würden. Wenn sie niemanden hatten, der sich um sie kümmern konnte, und kein Geld besaßen, um sich Pflege leisten zu können, wurden sie in dieses Heim gebracht, wo Mutter Teresa und ihre ehrenamtlichen Mitarbeiter sich um sie kümmerten. Dort waren Menschen mit den schlimmsten Krankheiten, die man sich vorstellen kann, und die Ärmsten der Armen wurden dort jeden Tag gepflegt.

Morsch war sich der großen Not bewusst, die dort herrschte, doch genauso groß war sein Vertrauen in sein medizinisches Können und er steckte voller Tatendrang, als er beim Sterbehaus ankam. Optimistisch dachte er: *Ich werde aus dem Sterbehaus ein Lebenshaus machen. Aufgrund meiner Hilfe wird man den Namen dieser Einrichtung ändern können.* Sein Herz war am rechten Fleck und seine Absichten gut, aber er war nicht auf das gefasst, was dann geschah.

Als er zusammen mit seinen 90 freiwilligen Helfern dort ankam, begann Schwester Priscilla, eine Nonne mit leiser Stimme und einem sanften britischen Akzent, die Aufgaben zu verteilen. Morsch legte sich sein Stethoskop auf nicht gerade unauffällige Art und Weise um den Hals, um Schwester Priscilla wissen zu lassen, dass er Arzt war. Bestimmt würde sie ihm eine wichtige Aufgabe geben, die seinen beruflichen Fähigkeiten entsprach.

Nachdem sie allen anderen Mitgliedern der Gruppe verschiedene Aufgaben zugeteilt hatte, musterte Schwester Priscilla den letzten Freiwilligen, der vor ihr stand, Gary Morsch. »Bitte kommen Sie mit mir«, wies sie ihn an. Sie kamen in den Männersaal, gefüllt mit Betten, auf denen kranke und sterbende Männer lagen. *Das wird wohl meine Aufgabe sein*, sagte Morsch sich, doch Schwester Priscilla ging schnurstracks durch den

Saal hindurch in den Frauensaal, in dem überall ausgezehrte Frauen lagen, die sich in ihren letzten Lebensmomenten befanden. Morsch nahm an: *Die Not muss hier wohl am größten sein. Hier werde ich bestimmt zum Einsatz kommen.* Doch Schwester Priscilla ging weiter. Als sie in die Küche traten, wo auf einem offenen Feuer Reis gekocht wurde, kamen ihm Zweifel. *Warum sollten sie einen Arzt in der Küche einsetzen?* fragte er sich. Doch auch durch die Küche marschierte Priscilla schnell hindurch.

Sie führte Morsch von der Küche nach draußen in eine enge Gasse und zeigte auf einen riesengroßen Haufen mit verfaultem Abfall. Allein bei dem Geruch drehte sich Morsch der Magen um. »Bitte bringen Sie den Müll zur Müllkippe«, erklärte Schwester Priscilla. »Die Müllkippe befindet sich einige Häuserblöcke entfernt auf der rechten Seite. Ist nicht zu übersehen.« Mit diesen Worten drückte sie dem Arzt zwei Eimer und eine Schaufel in die Hände, lächelte zum Abschied und ließ ihn mit seiner Arbeit allein.

Morsch stand wie angewurzelt da, verwirrt und auch etwas gekränkt. Er fragte sich, was er tun sollte. Sollte er die Aufgabe ablehnen? Sollte er jemanden um eine neue Aufgabe bitten? Nachdem er sich die Sache ein paar Minuten lang überlegt hatte, beschloss er, sich einfach an die Arbeit zu machen. Den ganzen Tag über schleppte der hochgeachtete Arzt Eimer voll verfaultem Müll zur städtischen Müllkippe. Am Ende des Tages war er nur noch ein schwitzendes, stinkendes Etwas, aber er hatte den ganzen widerlichen Haufen weggeschafft.

Verärgert darüber, wie der Tag gelaufen war, ging Morsch zurück durch die Küche, den Frauensaal und den Männersaal, auf der Suche nach seinem Team, damit sie zusammen zu ihrer Unterkunft gehen konnten. Während er durch diese Räumlichkeiten ging, hatte er das starke Empfinden, dass man besseren Gebrauch von seinen Diensten hätte machen können. Selbst in der Küche zu helfen wäre besser gewesen, als Müll zu schleppen. Und da sah er es. Während er wartete, um sich halbherzig von Schwester Priscilla zu verabschieden, fiel ihm ein kleines, handgeschriebenes Schild auf, auf dem Mutter Teresas eigene Worte standen: »Wir können nichts Großes tun, nur Kleines mit großer Liebe.«

Dieser Augenblick wurde zu einem Wendepunkt für Gary Morsch. Er sagte: »Mein Herz schmolz. Ich hatte das Wesentliche überhaupt nicht begriffen. Ich brauchte diese Lektion. Beim Dienst an anderen Menschen geht es nicht darum, wie viel ich weiß, wie viele akademische Titel ich habe oder was meine Qualifikationen sind. Es geht um die richtige Haltung und die Bereitschaft zu tun, was immer nötig ist – mit Liebe.«

Im Laufe der Zeit wurde Gary Morsch ein guter Freund von Mutter Teresa und fand einen besonderen Lebenssinn darin, anderen Menschen zu helfen. Er brachte viele weitere Gruppen nach Kalkutta, um den Ärmsten der Armen in Indien zu dienen, und jedes Mal erfüllte es ihn mit einer tiefen Zufriedenheit zu sehen, welche Auswirkung das Erlebnis auf sein Team von freiwilligen Helfern hatte. Er erklärte: »Häufig kommen die Freiwilligen mit einer ähnlichen Selbstsicherheit wie ich damals. Auch sie nehmen sich oft sehr wichtig. Doch sie alle werden durch den Dienst an anderen verwandelt.«[10]

Hoffnung geben, um Hoffnung zu bekommen

In Apostelgeschichte 20,35 steht:

Stets war ich euch ein Vorbild, wie ihr durch harte Arbeit den Armen helfen könnt. Behaltet die Worte von Jesus, dem Herrn, in Erinnerung: »Es ist segensreicher zu geben als zu nehmen.«

Lebensglück kommt, wenn wir anderen helfen. So sagt es Jesus. Das ist das Gegenteil von dem, was wir häufig denken, nämlich: Wenn wir uns auf uns selbst konzentrieren und dem Glück nur beflissen nachjagen, fangen wir es schließlich ein. Wenn wir ausreichend Geld verdienen, genügend Besitztümer ansammeln, genügend Ziele erreichen, eine bestimmte Anzahl Pfunde verlieren, ein gewisses Maß an Anerkennung ernten – ja dann, und nur dann, werden wir glücklich sein. Das führt wiederum dazu, dass wir uns immer mehr abrackern, um eines Tages unser Lebensglück zu erreichen.

Ich kann Ihnen sagen, es gibt viele müde Menschen da draußen. Das Streben nach Glück kann ein ziemlich anstrengendes Unterfangen sein. Ich weiß das, weil ich selbst lange Zeit so gelebt habe. Jahrelang war ich ein unglücklicher Christ. Mir bedeutete mein Glaube zwar sehr viel, aber ich war trotzdem selten glücklich. Es war nicht schwer, mich aus dem Konzept zu bringen und mir meinen Tag zu ruinieren. Wenn das Auto komische Geräusche machte, wenn Dave Golfspielen ging, statt den Samstagvormittag mit mir zu verbringen, wenn eines meiner Kinder mir widersprach, wenn ich nicht alles auf meiner Aufgabenliste abhaken konnte – war mein Tag dahin. Und je mehr ich mich anstrengte, mein persönliches Glück zu finden, umso unerreichbarer schien es zu werden.

Doch in der Zeit hat Gott mir auch eine Menge darüber beigebracht, wie man das Leben genießt. Je eingehender ich mich mit der Bibel beschäftigte, umso mehr erkannte ich, dass die Gedanken in meinem Kopf und die Worte in meinem Mund sowie meine Herzenshaltung mein Leben stark beeinflussten. Ich lernte, dass ich mich nicht von meinen Gefühlen und Emotionen beherrschen lassen musste. Mit Gottes Hilfe kann ich über meinen Gefühlen stehen und das Leben genießen, das Jesus Christus mir durch seinen Tod ermöglicht hat.

Ich schreibe und spreche nun schon seit vielen Jahren über diese verschiedenen Prinzipien der Bibel, doch eines der einfachsten und durchschlagendsten Prinzipien, die Gott mir gezeigt hat, ist dieses: Wer Hoffnung und Lebensglück *haben* will, der muss auch Hoffnung und Lebensglück *geben*. Wenn wir den Blick von unseren eigenen Problemen weglenken und stattdessen überlegen, wie wir anderen Menschen mit ihren Problemen helfen können, ist es erstaunlich, was Gott alles tun wird.

Jedes Mal, wenn ich meine Frustrationen hintanstellte und mich stattdessen darauf konzentrierte, einem Mitmenschen zu helfen, änderte sich meine ganze Einstellung. Statt zu beten: »Gott, ich brauche dies« oder »Herr, warum habe ich das nicht?«, fing ich an zu beten: »Gott, wie kann ich dem anderen heute helfen?« und »Herr, gib mir die Gelegenheit, heute einer Not zu begegnen«. Ich habe entdeckt, dass eine unsagbare Freude darin liegt, sich von Gott als Gebetserhörung für einen anderen Menschen gebrauchen zu lassen.

Vermutlich haben Sie das in Ihrem Leben auch schon festgestellt. Es ist wirklich segensreicher zu geben als zu nehmen. Sie werden nie genug verdienen, genug ansammeln oder genug erreichen, um das Glücksloch zu füllen. Eitelkeit gibt sich nie zufrieden. Doch in dem Moment, in dem man nicht mehr nach innen schaut, sondern den Blick nach außen richtet, entdeckt man eine Hoffnung und ein Glück, das man bis dahin gar nicht kannte. Genau wie Gary Morsch und sein Freiwilligenteam können auch Sie dadurch verändert werden, dass Sie anderen Menschen dienen.

Ich bitte Gott jeden Tag, mir jemanden zu zeigen, dem ich helfen kann. Manchmal zeigt er mir Dinge, die großen Einsatz erfordern, doch häufig sind es nur Kleinigkeiten, die eigentlich kaum der Rede wert sind. Heute kam ein Mann, um meine Toilette zu reparieren, und als er fertig war, fragte er, ob er kurz mit mir reden könne. Als ich bejahte, erzählte er mir, dass er eine Frau und fünf Kinder hat. Er wollte wissen, welches meiner Bücher gut als Geschenk zum Muttertag geeignet wäre. Ich unterhielt mich ein bisschen mit ihm über seine Familie, bevor ich ihn zu meinem persönlichen Bücherregal führte und ihn zwei meiner Bücher als Geschenk für seine Frau aussuchen ließ. Das Ganze dauerte nur wenige Minuten und kostete mich kaum etwas, bedeutete ihm aber sehr viel. Ich glaube, dass ich heute aufgrund dieser kleinen freundlichen Geste glücklicher sein werde. Ich bedauere, dass ich so lange gebraucht habe, dieses wichtige Prinzip zu lernen, doch ich bin dankbar, dass ich es zumindest jetzt kenne. Wir können jeden Tag unseres Lebens gegen Hoffnungslosigkeit ankämpfen, indem wir andere mit kleinen Gesten überraschen!

Selbst der Größte dient

Während der Amerikanischen Revolution ritt ein Mann in Zivilkleidung an einer Gruppe Soldaten vorbei, die gerade einen Schutzwall reparierten. Der Leiter gab Anweisungen, ohne aber selbst einen Finger zu rühren. Als der Reiter ihn nach dem Grund seines Verhaltens fragte, antwortete dieser würdevoll: »Sir, ich bin ein Stabsunteroffizier!«

Der Fremde entschuldigte sich, stieg von seinem Pferd und machte sich daran, den erschöpften Soldaten unter die Arme zu greifen. Als die Arbeit erledigt war, wandte er sich wieder dem Stabsunteroffizier zu und sagte: »Herr Stabsunteroffizier, falls Ihnen mal wieder Männer für eine solche Arbeit fehlen, kommen Sie einfach zu Ihrem Oberbefehlshaber, dann helfe ich Ihnen gerne erneut.« Der Fremde war kein anderer als George Washington.[11]

Ganz gleich wie hoch Sie aufsteigen, erlauben Sie sich nie zu glauben, Sie seien zu wichtig, um anderen Menschen zu helfen. Vielleicht haben Sie bereits ein langes Arbeitsleben hinter sich, vielleicht haben Sie in Ihrem persönlichen und beruflichen Leben viel erreicht, vielleicht haben Sie ehrwürdige Titel oder eindrucksvolle Buchstaben vor Ihrem Namen stehen, doch Sie sind nie zu wichtig, um anderen demütig unter die Arme zu greifen. Jesus ist von ganz oben gekommen und hat den niedrigsten Platz eingenommen, den man sich nur vorstellen kann (siehe Philipper 2,7). Und die Bibel lehrt uns, dass wir uns in Sachen Demut Jesus zum Vorbild nehmen sollen (siehe Philipper 2,5).

Ich habe das Vorrecht, Leiterin einer weltweiten christlichen Organisation zu sein. Jeden Tag muss ich viele Entscheidungen

Eine Gebetserhörung sein

treffen und an vielen Orten sein. Ich bin dankbar für diese Gelegenheiten, die Gott mir gegeben hat, doch die schönsten Momente in meinem Leben finden nicht unbedingt im Sitzungssaal oder auf der Bühne statt. Obwohl ich diese Dinge sehr genieße, sind die glücklichsten, befriedigendsten Momente meines Lebens doch, wenn ich anderen Menschen durch unser Hilfswerk *Hand of Hope* vor Ort helfen kann. Jedes Mal wenn ich mich an die Seite unserer freiwilligen Helfer stelle und ein bisschen dazu beitrage, anderen Gutes zu tun – den Hunger Leidenden Essen zu geben, die Durst Leidenden mit sauberem Trinkwasser zu versorgen, den Armen Schulmaterialien zu geben –, führt es mir vor Augen, warum wir diese Arbeit überhaupt tun. Indem ich anderen eine Hand der Hoffnung reiche, schöpfe ich selbst wieder Hoffnung und gewinne neue Freude. Auch wenn ich häufig erschöpft von einer Missionsreise in ein Drittweltland zurückkomme, bereue ich es nie, die Gelegenheit zum Dienen wahrgenommen zu haben.

Wir gründeten unser Hilfswerk vor fast 20 Jahren und ich entschied mich für den Namen *Hand of Hope*, weil es unser Ziel war, hoffnungslosen Menschen Hoffnung zu geben. Ich wage zu behaupten, dass man sich unmöglich selbst hoffnungslos fühlen kann, wenn man regelmäßig Gelegenheiten wahrnimmt, anderen Hoffnung zu geben!

Jesus ist der Sohn Gottes, der gekommen ist, um die Sünden der Welt zu tilgen, aber selbst er nahm sich die Zeit, anderen zu dienen. In Markus 10,45 sagt er, er sei nicht gekommen, *»um sich dienen zu lassen, sondern um anderen zu dienen und sein Leben als Lösegeld für viele Menschen hinzugeben«*. In den Evangelien sehen wir immer wieder, wie Jesus anderen hilft: Er speist die Hungernden, heilt die Kranken, verbringt Zeit mit Kindern und wäscht sogar die Füße seiner Jünger. Jesus hatte offenbar gewaltige Freude daran, Menschen zu dienen, denn er tat es ständig! Er hat es uns vorgelebt, damit wir in seine Fußstapfen treten.

Was für ein großes Vorbild! Gehen Sie nicht davon aus, dass

Sie zu wichtig oder zu beschäftigt sind, um jemandem Hoffnung zu geben, der Hoffnung braucht. Nehmen Sie sich jeden Tag die Zeit, nach einer Person Ausschau zu halten, der Sie etwas Gutes tun können. Vielleicht ist es nur eine kleine freundliche Geste oder vielleicht ist es auch etwas sehr Großzügiges. Was immer Sie tun können, um anderen zu helfen, tun Sie es. Das tut nicht nur dem anderen gut, sondern auch Ihnen selbst.

Am besten erzählt man Menschen von Jesus, indem man ihnen Jesus zeigt

Römer 2,4 lehrt uns, dass es die Freundlichkeit Gottes ist, die Menschen zur Umkehr bewegt. Sie werden überrascht sein, wie viele Ihrer Freunde, Nachbarn und Kollegen offen für Jesus wären, wenn Sie Ihnen nur Gutes tun würden. Manchmal müssen wir aufhören, die Menschen anzupredigen, und anfangen einfach nett zu sein. Wie wäre es, wenn wir uns aufrichtig für die Menschen interessieren und sie freundlich behandeln, für sie beten und Gott bitten würden, uns klarzumachen, wie wir ihnen dienen können? Anders gesagt, wir sollten Menschen die Liebe Jesu »zeigen«.

In Jakobus 2,15-16 steht:

> *Angenommen, jemand sieht einen Bruder oder eine Schwester um Nahrung oder Kleidung bitten und sagt: »Lass es dir gut gehen, Gott segne dich, halte dich warm und iss dich satt«, ohne ihnen zu essen oder etwas anzuziehen zu geben. Was nützt ihnen das?*

Lassen Sie uns keine Menschen sein, die zu anderen sagen: »Tschüss! Halte dich warm und iss dich satt.« Wenn jemand in Not ist und Sie dieser Not abhelfen können, dann nur zu! Wir spielen die Nöte anderer zu häufig herunter, indem wir sagen: »Ich bete für dich«, ohne Gott überhaupt zu fragen, was

Eine Gebetserhörung sein

wir selbst tun können, um zu helfen. Ich habe gelernt, dass ich Gott gar nicht erst im Gebet darum bitten muss, einer Not zu begegnen, wenn ich es selbst tun kann, aber vielleicht keine große Lust dazu habe. Wenn Sie beten, dass Gott jemandem helfen soll, dann machen Sie sich darauf gefasst, dass Gott vielleicht Sie schickt, um die Hilfe zu bringen.

Jemand erzählte einmal, dass er mit einer christlichen Gruppe nach Russland reiste, um Bibeln zu verteilen. Das war zu einer Zeit, in der es wirtschaftlich in Russland besonders schwierig war und viele Menschen hungerten. Das Team brachte die Bibeln zu einer Suppenküche, wo die Menschen Schlange standen, um ein kleines Stück Brot und ein Schälchen Suppe zu bekommen. Als eines der Teammitglieder einer Frau eine Bibel geben wollte, wurde sie wütend und sagte: »Ihre Bibel füllt meinen leeren Magen auch nicht!« Es war so, als ob sie es den Christen übel nahm, dass sie ihr von einem guten Gott erzählten, ohne aber greifbare, praktische Hilfe anzubieten. Das Team, das die Bibeln verteilte, hat das nie vergessen. Einige Menschen sind derart bedürftig, dass sie überhaupt nicht aufnahmefähig für die gute Nachricht von Jesus Christus sind, solange man sich nicht um ihren Schmerz kümmert.

Ich will damit nicht sagen, dass wir keine Bibeln verteilen sollen, doch darüber hinaus müssen wir uns auch um die äußerlichen Bedürfnisse der Menschen kümmern. Genau so hat es Jesus getan: Er hat die Menschen gelehrt *und* sich ihrer Nöte angenommen. Er hat ihnen zu essen gegeben; er hat sie geheilt; er hat sie unterrichtet; er hat ihnen zugehört. Er hat über die Freundlichkeit Gottes nicht nur geredet; er hat sie konkret unter Beweis gestellt.

Falls es Menschen in Ihrem Umfeld gibt, die Jesus nötig haben, dann möchte ich Ihnen vorschlagen, einmal eine andere Methode auszuprobieren, um ihnen Jesus nahezubringen. Statt ihnen nur von der Hoffnung zu erzählen, die in Jesus zu finden ist, geben Sie ihnen doch lieber diese Hoffnung weiter. Bringen Sie in Erfahrung, welche Bedürfnisse oder Nöte diese Menschen haben, und dann machen Sie sich daran, diese zu stillen. Vielleicht brauchen sie Lebensmittel, einen vollen Tank für ihr Auto oder Geld für eine ärztliche Behandlung. Vielleicht brauchen sie einen Babysitter, damit sie mal einen Abend entspannen können. Vielleicht brauchen Sie auch einfach nur jemanden, der ihnen zuhört. Was immer Sie tun können, um anderen die Liebe Jesu zu zeigen, tun Sie es. Wenn Sie Menschen in Bezug auf ihre äußerlichen Bedürfnisse helfen, werden Sie überrascht sein, wie schnell auch ihre geistlichen Bedürfnisse zur Sprache kommen.

Sei voller Hoffnung!

Es ist wichtig, daran zu denken, dass sich das Leben nicht nur um uns dreht. Vielleicht haben wir gerade persönliche Probleme. Da passiert es leicht, dass wir Gott nur noch bitten, *uns* zu helfen, *unsere* Bedürfnisse zu stillen und *uns* mit dem zu versorgen, was *uns* unserer Meinung nach fehlt. Doch während Sie daran arbeiten, das zu bewältigen, was Sie direkt betrifft, vergessen Sie nicht Ihre Mitmenschen. Überall gibt es Freunde, Verwandte, Kollegen, Nachbarn und Fremde, die Nöte haben – Nöte, um die Sie sich vielleicht kümmern können.

Am besten gewinnt man Hoffnung, indem man sie austeilt. Bei Gott werden die Letzten die Ersten sein (siehe Matthäus 20,16). Wer der Geringste ist, der ist der Größte (siehe Lukas 9,48). Die Schwachen sind stark (siehe Joel 4,10) und wenn man gibt, dann erhält man (siehe Lukas 6,38). Also seien Sie voller Hoffnung. Sie können Ihr Leben ganz neu genießen, indem Sie anderen helfen ihres zu genießen. Überlegen Sie einmal, wem Sie unter die Arme greifen können. Ich bin mir sicher, Sie müssen nicht lange suchen. Unter Ihren Bekannten gibt es garantiert jemanden, der jetzt gerade Gott um Hilfe bittet. Sie können die Gebetserhörung sein!

KAPITEL 13

Hoffnung ist unser Anker

Diese [Hoffnung] halten wir fest als einen sicheren und festen Anker der Seele ...
  Hebräer 6,19 (Schlachter)

Es ist dumm, nicht zu hoffen.
  Ernest Hemingway, *Der alte Mann und das Meer*

Gott möchte, dass wir innerlich gefestigt sind und das Leben genießen, ganz gleich was um uns herum geschieht. Er möchte, dass wir fest in ihm verankert und stets hoffnungsvoll sind. Ich bin überzeugt: Das beste Argument für unseren Glauben ist unsere Freude. Wir haben so viel zu feiern! Vergebung, Heilung, Freiheit – das alles haben wir empfangen. Jesus ist nicht nur für uns gestorben, um uns die Ewigkeit im Himmel zu ermöglichen. Er verspricht uns auch, dass wir uns an jedem Tag, den wir hier auf der Erde erleben, freuen dürfen. Christen sollten die glücklichsten Menschen auf der Welt sein!

Obwohl wir Gottes Kinder sind, erleben wir durchaus Schwierigkeiten, und allzu oft lassen wir unsere Gedanken, unsere Befindlichkeit und unsere Einstellung davon bestimmen. Wir erlauben es, dass sie uns unser Lächeln stehlen, und das ist tragisch, weil die Freude am Herrn auf unseren Gesichtern meiner Meinung nach eine großartige Werbung für Jesus ist! Wieso sollten uns unsere Schwierigkeiten langfristig unglücklich machen, wenn wir doch die Zusage Gottes haben, dass denen, die Gott lieben und aufrichtig für ihn leben wollen, alles zum Guten dient?

Freude und Lebensglück sind kein Luxus oder bloße Möglichkeiten; sie sind ganz wesentliche Aspekte unseres Lebens mit Jesus. In Nehemia 8,10 heißt es: *Seid nicht traurig, denn die Freude am Herrn ist eure Zuflucht.* Und in Römer 14,17 steht, im Reich Gottes ist es entscheidend, *dass man ein Leben führt in Gerechtigkeit und Frieden und der Freude im Heiligen Geist.* Wer sich ein Leben wünscht, das gelingt und das im Einklang mit Gottes Willen steht, für den ist Freude besonders wichtig.

Hoffnung: das natürliche Heilmittel gegen Traurigkeit

Freude und Hoffnung gehen Hand in Hand. Wenn man anfängt, wirklich voller Hoffnung zu leben – voller Glauben und Vertrauen darauf, dass Gott etwas Fantastisches mit einem vorhat –, dann bricht die Freude förmlich herein. Man kann dann unmöglich deprimiert oder entmutigt sein. Hoffnung ist das natürliche Heilmittel gegen Traurigkeit.

Machen Sie doch einfach ein kleines Experiment, um selbst zu sehen, ob meine Erfahrungen auch auf Sie zutreffen. Das nächste Mal, wenn Sie einen traurigen, deprimierenden Tag erleben, denken Sie bewusst: *Gott führt meine Probleme zum Guten und ich erwarte, dass ich etwas Gutes erleben werde.* Versuchen Sie als Nächstes, den Gedanken laut auszusprechen, und wiederholen Sie ihn mehrmals am Tag. Vielleicht drücken diese Worte in dem Moment nicht aus, wie Ihnen zumute ist, doch sie sind wahr! Gottes Wahrheit hat die Kraft, unsere Gefühle zu überwinden, wenn wir ihr die Gelegenheit dazu geben.

Wenn wir auf Gottes Güte hoffen, bringt das Halt und Stabilität in unsere Gedanken- und Gefühlswelt. Es beruhigt uns und heitert uns auf. Unsere Seele (d. h. unser Denken, Wollen und Fühlen) findet einen Ort des Friedens in Gottes Zusagen. Menschen, die keine Hoffnung haben, können in den Lebensstürmen, die über sie hereinbrechen, unmöglich gefestigt bleiben. Ihnen fehlt die Möglichkeit, sich in einem sicheren Fundament zu verankern. Wenn uns die Hoffnung auf Gott fehlt, was in dieser Welt kann uns dann einen festen Ort der Sicherheit bieten? Die ehrliche Antwort ist: »Nichts.«

Statt zu »versuchen« sich besser zu fühlen oder davon auszugehen, dass man sich erst besser fühlen kann, wenn die Umstände sich ändern, geben Sie doch Gottes Prinzipien einfach mal die Chance, sich in Ihrem Leben zu bewahrheiten.

Das Leben kann so viel Spaß machen. Vor vielen Jahren habe ich beschlossen, dass ich mein Leben genießen will, weil ich das vorher nie getan hatte. Selbst in meinem Engagement für Gott habe ich immer nur geschuftet, mich abgestrampelt und abgerackert, verfolgt von Schuldgefühlen, fixiert auf meine Fehler. Alles in allem war ich unglücklich. Schließlich erkannte ich jedoch: Jesus möchte, dass ich Freude habe und mein Leben genieße (siehe Johannes 10,10). Wie alles andere im Reich Gottes auch, steht uns Freude frei zur Verfügung, allerdings erfordert es Entschlossenheit, an ihr festzuhalten. Der Feind tut sein Bestes, um uns davon abzuhalten, das Leben zu genießen. Durch seine Lügen und Täuschungen will er uns den Frieden rauben, uns mithilfe von Schuldgefühlen niederdrücken und uns einreden, dass Gott uns nicht liebt. Jedes Mal wenn Sie sich hoffnungslos und freudlos fühlen, rufen Sie sich sofort in Erinnerung, dass das nur im Interesse des Feindes ist. Widerstehen Sie ihm!

Sie können sich entscheiden, das Leben zu genießen, und zwar jeden Aspekt des Lebens – selbst inmitten von ungünstigen Umständen oder wenn Menschen, die Ihnen etwas bedeuten, Sie kritisieren. Sie können glücklich sein, weil Ihre Hoffnung und Freude nicht auf den Umständen der Welt basieren, sondern darauf, dass Gott gut ist. Leben wir mit der Hoffnung und der Erwartung, dass etwas Gutes geschieht, wird Freude zu unserer »Grundeinstellung«.

Solange Sie Ihre Freude jedoch davon abhängig machen, dass sich Ihre Umstände ändern, werden sich diese vermutlich nie zum Positiven wenden. Wir sollten uns glücklich schätzen, weil wir durch Jesus Hoffnung haben, anstatt unglücklich über Situationen zu sein, die uns nicht gefallen.

Die Zustände in der Welt ändern sich ständig. Es ist leicht nachvollziehbar, warum Menschen so wenig gefestigt sind: Alles um sie herum ist instabil. An einem Tag verlaufen die Dinge gut, am nächsten Tag schon wieder nicht. Heute mögen uns die Leute und morgen können sie uns nicht mehr ausstehen. Heute haben wir eine Arbeitsstelle und morgen verlieren wir sie vielleicht. Heute haben wir Geld, dann kommen unerwartete Kosten auf uns zu und morgen sind die Taschen leer. Heute verhalten sich unsere Kinder wie Engel und morgen haben sie plötzlich alles vergessen, was wir ihnen je beigebracht haben. Wenn wir uns an unseren Gefühlen oder dem äußeren Schein orientieren, werden wir sehr emotional und unbeständig sein. Der Apostel Jakobus wies darauf hin, dass wir uns oft vom Wind hin- und herwerfen lassen (siehe Jakobus 1,6). Der Apostel Paulus sagte, dass wir wie Schiffe sind, die von den Wellen der Veränderungen umhergeworfen werden (siehe Epheser 4,14). Wir können jedoch stabil sein und trotz widriger Wetterbedingungen oder Enttäuschungen standhaft bleiben, wenn wir die Hoffnung als unseren Seelenanker haben.

Im Sturm wirft ein Schiff häufig als Erstes den Anker. Dadurch ist das Schiff an etwas gebunden, das sich nicht bewegt. Um die Seeleute herum bewegt sich alles, doch sie selbst nicht. Sie sind im Meeresboden verankert. Unsere Hoffnung auf Gott kann uns einen ähnlichen Dienst erweisen. Alles um uns herum bewegt sich, doch wir sind fest in ihm.

Weg mit den Fesseln

Statt uns von den Sorgen und Ängsten der Welt niederdrücken zu lassen, kann unsere Hoffnung auf Gott ein Anker für die Seele sein. Eine solche Hoffnung bringt uneingeschränkte Freude, weil sie sich nicht länger von den weltlichen Lasten herunterziehen lässt. Stellen Sie sich einmal einen Heißluftballon vor. Solange der Ballon von Gewichten unten gehalten wird und an Seile geknotet ist, kann er nicht emporsteigen, wie es eigentlich gedacht ist. So ähnlich verhält es sich mit Ihrem Leben. Wenn Sie sich vom Gewicht der Angst unten halten und von den Seilen der Sorgen fesseln lassen, kommen Sie nicht in den Genuss des Lebens, für das Gott sie geschaffen hat. Ich möchte Sie ermutigen, sich von der Last zu befreien, die Sie unten hält. In Hoffnung verankert zu sein, ist etwas ganz anderes, als von Sorgen niedergedrückt zu werden.

Hier sind einige Dinge, die Sie niederdrücken wollen.

Der Wunsch, wie andere zu sein

Für mich war es eine unglaublich befreiende Lektion zu lernen, dass ich nicht wie andere Menschen sein muss. Unsere Hoffnung, von anderen akzeptiert zu werden, darf nicht darauf beruhen, dass wir versuchen jemand zu sein, der wir nicht sind. Gott hat mich nicht dazu geschaffen, wie andere zu sein. Er hat mich dazu geschaffen, ich selbst zu sein!

Bevor ich das begriff, versuchte ich jahrelang, in die Schablonen anderer zu passen. Ich versuchte so locker und lässig zu sein wie Dave, doch das hielt nicht lange an. Ich versuchte so still und leise zu sein wie die Pastorenfrau in meiner Gemeinde, doch das entpuppte sich als Katastrophe. Mein verkrampftes Bemühen, wie andere zu sein, brachte nichts als Frust. Ich sollte auch gar nicht die Kopie eines anderen sein – genauso wenig wie Sie.

Gott hat Sie dazu geschaffen, Sie selbst zu sein. Wenn Sie je Ihr Leben genießen wollen, müssen Sie lernen, glücklich und zufrieden mit dem Menschen zu sein, als den Gott Sie gemacht hat. Der Versuch, wie Ihr Nachbar zu sein oder wie Ihre Kollegin oder die Frau, die in der Gemeinde vorne singt, oder wie ein Hollywoodschauspieler, wird Ihnen nur die Freude rauben.

Vergleichen Sie sich nicht mit anderen Menschen. Feiern Sie lieber das Kunstwerk, als das Gott Sie erschaffen hat.

Ob es Ihnen bewusst ist oder nicht, Sie haben einzigartige Gaben und Talente. In der Bibel steht, dass Sie »herrlich und ausgezeichnet gemacht« sind (Psalm 139,14). Gott hat Sie zu der Person geformt, die er sich vorgestellt hat. Niemand auf der Welt ist haargenau wie Sie; Sie sind ein wundervolles Unikat.

Jedes Mal wenn Sie versucht sind zu denken: *Ach, wäre ich doch nur wie der und der* oder *Wäre ich doch nur so begabt wie diese Person*, dann machen Sie sich bewusst, dass der Betreffende vermutlich dasselbe über eine andere Person denkt – vielleicht sogar über Sie. Wir alle kennen solche Gefühle, aber wir dürfen uns von ihnen nicht niederdrücken lassen. Finden Sie ein Ja zu dem Menschen, als den Gott Sie geschaffen hat. Lassen Sie Ihre Seele in Hoffnung verankert sein und lassen Sie Ihre Freude emporsteigen.

Unversöhnlichkeit

Wenn man sich durchringt, jemandem zu verzeihen, der einen verletzt oder gekränkt hat, ist das so, als würde man das Seil abschneiden, das einen am Boden halten will. Wo man der Vergebung Raum gibt, kann sich Freude ausbreiten. Angenommen jemand hat Sie verletzt, dann schlage ich zwei Dinge vor:

1. Seien Sie Gott gehorsam und entscheiden Sie sich zu vergeben.
2. Setzen Sie Ihre Hoffnung darauf, dass Gott in Ihrem Leben für Recht sorgen wird. Gott verspricht Ihnen eine doppelte Wiedergutmachung für die erlittene Schmach (siehe Jesaja 61,7). Setzen Sie Ihre Hoffnung auf dieses Versprechen und erwarten Sie einen Lohn.

Wer an Groll und Unversöhnlichkeit festhält, schadet damit nur sich selbst. Die Menschen, die uns verletzt haben, denken vermutlich gar nicht mehr an die Sache, sondern machen einfach mit ihrem Leben weiter. Wir hingegen lassen uns von dem Gift der Bitterkeit auffressen. Erlauben Sie den Verletzungen nicht länger, Sie an die Vergangenheit zu fesseln. Vergeben Sie der Person, die Sie verletzt hat, lassen Sie Gott an Ihre Wunde heran und bitten Sie ihn um Hilfe, sodass Sie über den Schmerz hinauswachsen können, der Ihnen so zugesetzt hat.

Ein hektischer Lebensstil

Damit Hoffnung der Anker für Ihre Seele sein und Freude Ihr Leben bestimmen kann, müssen Sie eventuell in einigen Bereichen etwas kürzertreten. Vereinfachen Sie Ihr Leben, indem Sie das beschneiden, was keine Frucht bringt. Sie müssen auch Nein sagen können, ohne sich dabei schlecht zu fühlen. Werfen Sie genug Ballast ab, damit Freude sich Bahn brechen kann!

Ich spreche aus Erfahrung. Früher habe ich ständig geklagt: »Wer kann denn so ein Tempo aufrechterhalten? Ich brauche Urlaub. Nie habe ich eine Pause!« Doch eines Tages hatte ich den Eindruck, als würde Gott zu mir sagen: »Wenn du nicht so viel zu tun haben willst, dann schraube eben zurück. Du bist für deinen Terminkalender selbst verantwortlich.« Das war ein befreiender Augenblick. Ich musste nicht alles machen und ich musste deswegen kein schlechtes Gewissen haben. Denken Sie einmal darüber nach: Möchte Gott lieber, dass wir viel beschäftigt oder dass wir voller Freude sind? Ich glaube, wir kennen die Antwort; also sollten wir tun, was wir tun können, ohne dass unsere Aktivitäten uns zur Last werden.

Schalten Sie einen Gang zurück und nehmen Sie sich Zeit für Dinge, die wirklich wichtig sind. Verbringen Sie Zeit mit der Familie und mit Freunden. Genießen Sie Ihre Beziehung zu

Gott. Nehmen Sie sich Zeit für sich selbst; suchen Sie sich ein Hobby, das Ihnen Spaß macht.

Langsamer zu machen und das Leben zu genießen, ist sehr wichtig. Falls Sie zu viel zu tun haben, um glücklich zu sein – so viel, dass Sie sich hoffnungslos fühlen –, dann ist es höchste Zeit, daran etwas zu ändern. Streichen Sie etwas aus Ihrem Terminkalender und genießen Sie das Leben, das Gott Ihnen geschenkt hat.

Es gibt zahllose Dinge, die uns niederdrücken können. Ich habe drei erwähnt, aber ich würde Ihnen vorschlagen, die Liste entsprechend Ihrer eigenen Situation zu erweitern. Ob es nun eines dieser drei Dinge ist oder etwas anderes, lassen Sie sich von den Lügen des Feindes nicht weiter niederdrücken.

Die beste Freudenquelle, die es gibt

Kommt Ihnen das folgende Gebet bekannt vor: »Herr, ich versteh einfach nicht, was los ist. Ich habe keine Freude mehr und weiß nicht warum«? Haben Sie sich schon einmal so verzweifelt gewünscht, Gottes Stimme zu hören, dass Sie die Bibel vier- oder fünfmal hintereinander wahllos aufgeschlagen haben, um zu sehen, ob Sie eventuell auf einen Vers stoßen, der Sie ermutigt? Oder haben Sie eine christliche Fernsehsendung angesehen in der Hoffnung, dass Gott Ihnen dadurch zeigt, was Sie tun sollen?

Eines Abends suchte ich verzweifelt nach etwas, das mich davon abhalten würde, in das Loch der Verzweiflung zu fallen, das sich unter mir auftat. Ich ging in die Küche, wo ich in einem Kästchen einen Stapel Bibelverse aufbewahrte, und zog ein Kärtchen heraus. Der Vers, den ich zog, war Römer 15,13:

> *Deshalb bete ich, dass Gott, der euch Hoffnung gibt, euch in eurem Glauben mit Freude und Frieden erfüllt, sodass eure Hoffnung immer größer wird durch die Kraft des Heiligen Geistes.*

Mir wurde schnell bewusst, was Gott mir dadurch zeigte: Ich hatte meine Freude verloren, weil ich so negativ geworden war und die Hoffnung aufgegeben hatte. Glauben Sie immer an Gott und seine Zusagen! Ganz gleich was los ist, wie sehr etwas wehtut oder wie lange eine Sache dauert – glauben Sie immer! Wenn Sie das tun, wird die Hoffnung in Ihnen übersprudeln, eine Hoffnung, die ein Anker für Ihre Seele ist. Statt ein Babychrist zu sein, der von jeder Veränderung hin- und hergeworfen wird, können Sie ein reifer Mensch werden, auf den Gott sich verlassen kann und der ihn zu allen Zeiten gut repräsentiert.

Sei voller Hoffnung!

Hoffnung und Lebensglück sind nicht nur für andere Menschen gedacht; es sind Dinge, die Gott auch für Sie möchte. Lassen Sie sich vom Feind nicht die Freude rauben. Als Kind Gottes haben Sie so viel Gutes bekommen. Nehmen Sie sich jeden Tag kurz Zeit, sich bewusst zu machen, wie glücklich Sie sich schätzen können. Das wird Ihrer Freude Auftrieb geben.

Es gibt Dinge im Leben, die Sie niederdrücken und davon abhalten wollen, in den Genuss von allem zu kommen, was Gott für Sie vorbereitet hat. Doch Sie müssen diese Lasten keinen einzigen Tag mehr festhalten. Sie können jede Sorge bei Gott abladen und dafür seine Freude empfangen. Also seien Sie voller Hoffnung. Machen Sie Hoffnung zum Anker Ihrer Seele. Hoffnung ist ein starker und vertrauenswürdiger Anker, der niemals reißt, wenn wir uns an ihn ketten (siehe Hebräer 6,19). Was für eine Zusage!

Teil IV
Hoffnung für jetzt

Herr, du allein bist meine Hoffnung, dir habe ich vertraut, Herr, von meiner Jugend an.
Psalm 71,5

»Jetzt« ist eines der wichtigsten Worte in der Bibel. Jesus sagte: »Ich bin«, womit er meinte: »Ich bin jetzt hier. Ihr müsst nicht zu irgendeiner anderen Zeit nach mir suchen. Ich bin hier! Hoffnung ist hier!«

Das, was die Welt Hoffnung nennt, ist eigentlich gar keine Hoffnung. Eine solche Hoffnung ist schwach und unbestimmt, ohne Kraft. Sie verschiebt alles, was man sich an Gutem erhofft, in die unbestimmte Zukunft. Nichts ist definitiv. Nichts ist eindeutig. Das Jetzt ist ungewiss.

Als Kinder Gottes haben wir das Vorrecht zu glauben, dass Gott *jetzt* am Werk ist und dass in der geistlichen Welt etwas passiert, was sich bald auch in der sichtbaren Welt zeigen wird. Bei Gott muss man erst glauben und dann sieht man etwas. Die weltliche Hoffnung hegt vage Wünsche, dass sich die Dinge zum Guten wenden, doch so lange die Menschen keine konkreten Beweise sehen, haben sie keine Hoffnung, keinen echten Glauben, dass es tatsächlich passieren wird.

Vergessen wir nicht, dass Abraham keinen sichtbaren Grund für seine Hoffnung hatte; doch im Glauben hoffte er, dass er ein Kind haben würde, gemäß der Verheißung Gottes. Er war »guter Hoffnung«, dass das Gute, das Gott versprochen hatte, auch wirklich eintreffen würde. Seine Hoffnung war real und er hatte diese Hoffnung im *Jetzt*.

In diesem Teil des Buches möchte ich Ihnen helfen, im Jetzt zu leben, nicht in der Vergangenheit oder Zukunft. Sie sollen glauben können, dass Gott jetzt gerade, in diesem Augenblick, in Ihnen und Ihrem Leben am Werk ist.

Was ist nun also der Glaube? Er ist das Vertrauen darauf, dass das, was wir hoffen, sich erfüllen wird, und die Überzeugung, dass das, was man nicht sieht, existiert.

Hebräer 11,1

KAPITEL 14

Heute, nicht morgen!

Denn Gott spricht: »Gerade zur richtigen Zeit habe ich dich erhört. Am Tag der Erlösung habe ich dir geholfen.« Gott ist bereit, euch gerade jetzt zu helfen. Heute ist der Tag der Erlösung.

2. Korinther 6,2

Gestern ist Geschichte, morgen ist ein Geheimnis, heute ist ein Geschenk Gottes und als solches sollten wir die Gegenwart annehmen.

Bil Keane

Der Autor Leo Buscaglia erzählte einmal von seiner Mutter und einer Begebenheit, die er das »Elendsessen« nannte. Es war das Abendessen nach dem Tag, als sein Vater nach Hause gekommen war und angekündigt hatte, dass sie vermutlich Konkurs würden anmelden müssen, weil sein Geschäftspartner sich mit den Firmengeldern aus dem Staub gemacht hatte. Buscaglias Mutter verkaufte einen Teil ihres Schmucks, um Essen für ein üppiges Fest zu kaufen. Einige Familienmitglieder schimpften auf sie, dass sie den Schmuck verkauft und so viel Geld ausgegeben hatte, doch sie sagte ihnen: »Die Zeit für Freude ist jetzt, wenn wir sie am meisten brauchen, nicht nächste Woche.«[12]

Ich bin beeindruckt von dieser mutigen Tat und der Weisheit der Mutter. Hoffnung und Freude sind zwei Dinge, die nie aufgeschoben werden sollten. Viel zu viele Menschen vergeuden ihr Leben damit, auf »morgen« zu warten. Sie sagen: »Vielleicht siehts ja morgen besser aus« oder »Ach, morgen ist ein neuer Tag« oder »Wenn ich nur heute überstehe und es bis morgen schaffe ...« Während sie ihre Hoffnung auf den morgigen Tag verschieben, erleben sie nicht die Freude des heutigen Tages und das ist nicht das Leben, das Jesus uns durch seinen Tod ermöglicht hat. Jesus möchte, dass wir diesen Tag und jeden Tag unseres Lebens genießen.

Friede, Freude, Lebensglück, Zuversicht, Mut, Gesundheit, Gelingen, ein gesunder Menschenverstand, eine gute Ehe – das sind alles Dinge, die Gott Ihnen schon heute gerne gönnt. Jedes Mal wenn Sie denken: *Den heutigen Tag kann ich abschreiben; vielleicht läuft es morgen besser*, lassen Sie sich den besten Plan Gottes für Ihr Leben entgehen. Wenn Gott heute bei Ihnen ist – und das ist er; er ist immer bei Ihnen –, dann müssen Sie nicht auf irgendeinen Punkt in der Zukunft warten, um sich zu freuen. Sie können auch heute schon das erfolgreiche, überfließende, von Freude erfüllte Leben erfahren, das Gott Ihnen schenken möchte. Im Hebräerbrief heißt es, dass wir *heute* auf die Stimme Gottes hören und unser Herz nicht verschließen sollen (siehe Hebräer 3,15). Gott ist *heute* in Ihrem Leben am Werk und er möchte, dass Sie das *heute* glauben und sich *heute* freuen!

In Psalm 118,24 steht: **Dies** *ist der Tag, den der Herr gemacht hat. Lasst uns jubeln und fröhlich sein* (Hervorhebung durch die Autorin). Gott hat diesen Tag nicht ohne Grund gemacht. Er möchte heute etwas ganz Bestimmtes erreichen. Sind Sie bereit dafür? Menschen, die von Hoffnung getragen werden, tun genau das, was der Vers empfiehlt: Sie jubeln und sind fröhlich. Es kommt nicht darauf an, wie das Wetter draußen ist, wie sie sich fühlen, was andere sagen, was sich gegen sie verschworen hat oder was in der Welt gerade los ist – hoffnungsvolle Menschen sagen: »Gott hat etwas für diesen Tag vorbereitet. Ich will jubeln und fröhlich sein. Ich will mich darauf freuen, dass er heute etwas Gutes in meinem Leben tut!«

Ich möchte Ihnen etwas aus meinem eigenen Leben erzählen. Im Jahr 1976 hatte ich einen Punkt erreicht, an dem ich über den Zustand meines Lebens verzweifelt war. Ich dachte, dass ich nie etwas Gutes erleben würde. Obwohl ich an Jesus glaubte, hatte ich mein Leben nicht im Griff. Als ich dann eines Morgens im Februar zur Arbeit fuhr, schrie ich im Auto verzweifelt zu Gott und erlebte zum ersten Mal, was wahrer Glaube eigentlich ist. Plötzlich hatte ich nämlich die innere Gewissheit, dass Gott sich um meine Situation kümmern würde. Obwohl sich äußerlich betrachtet nicht sofort eine Änderung einstellte, hatte ich innerlich völligen Frieden. Ich war mit der freudigen Erwartung erfüllt, dass an dem Tag etwas Gutes geschehen würde. Ich hatte echte Hoffnung! Es spielte keine Rolle, was Gott tat oder wann er es tat, weil ich in meinem Herzen wusste, dass es bereits beschlossene Sache war. Ich kann ehrlich sagen, dass sich mein Leben von dem Moment an allmählich zum Besseren wendete. Es war keineswegs perfekt, doch Stück für Stück, Tag um Tag, passierte Gutes.

Ich weiß, jetzt brennt vielen die Frage auf der Zunge: »Joyce, was ist, wenn ich glaube, dass heute etwas Gutes passiert, und dann passiert es nicht?« Zunächst einmal: Ich bin fest davon überzeugt, dass wirklich jeden Tag etwas Gutes passiert; wir nehmen es nur nicht unbedingt wahr. Zweitens ist das Gute, das passiert, nicht immer genau das, was wir erwartet und uns erhofft hatten. Doch Hoffnung gibt uns immer einen besseren Tag, als wir ihn ohne Hoffnung gehabt hätten, und das allein ist schon etwas wert. Zu guter Letzt: Sie sollten auch den morgigen Tag wieder mit Hoffnung angehen, in dem Glauben, dass Sie an dem Tag etwas Gutes erleben. Ganz gleich wie viele Tage Sie dranbleiben müssen, geben Sie nicht auf, dann werden Sie erleben, dass Gott treu ist!

Der Schlüssel ist Beständigkeit

Mangelnde Beständigkeit gehört zu unseren größten Schwächen. Viele Menschen feiern an einem Tag große Erfolge und stecken am nächsten vernichtende Niederlagen ein, und zwar unter anderem deshalb, weil sie selbst so unbeständig sind. Sie werden erstaunt sein, was es in Ihrem Leben ausmachen kann, wenn Sie sich entscheiden, jeden Tag beständig zu sein. Nicht das, was wir einmal richtig machen, verändert unser Leben, sondern das, was wir kontinuierlich richtig machen! Wer an einem Tag voller Hoffnung ist und am nächsten Tag nicht mehr, dem werden die Resultate nicht sonderlich zusagen. Wenn Sie glauben, dass das, was ich über Hoffnung sage, wahr ist und Sie voller Hoffnung sein wollen, dann entscheiden Sie sich *konsequent* für die Hoffnung. Wir tun das Richtige, weil es richtig ist! Wir verpflichten uns!

Nicht auf das »Wenn« warten

Ich habe einmal eine Geschichte von einer Veranstaltung in einer großen Gemeinde gehört. Den Teilnehmern wurden Heliumluftballons gegeben mit der Aufforderung, sie während des Gottesdienstes fliegen zu lassen, wenn ihnen danach zumute war, der Freude in ihrem Herzen Ausdruck zu verleihen. Während des gesamten Gottesdienstes stiegen Luftballons empor, doch als der Gottesdienst vorbei war, waren ein Drittel der Ballons noch nicht geflogen.

Ist das nicht erstaunlich? Ein Drittel der Teilnehmer wartete so lange, dass sie die Chance verpassten, sich an der fröhlichen Aktion zu beteiligen und ihre Ballons fliegen zu lassen. Als Kinder Gottes, die wir die Möglichkeit haben, voller Hoffnung und Freude zu leben, müssen wir nicht auf irgendeinen zukünftigen Augenblick warten, um das Leben zu genießen, das Gott uns geschenkt hat. Wir können es jetzt schon genießen.

So viele Menschen haben die Mentalität, dass sie wirklich glücklich sein werden und das Leben genießen können, *wenn* ... *Wenn* Sie in den Urlaub fahren, *wenn* sie heiraten, *wenn* sie auf der Karriereleiter höher steigen, *wenn* sie ein Baby bekommen, *wenn* sie mehr Geld verdienen, *wenn* die Kinder älter sind, *wenn* ihr Ehepartner sie besser behandelt – und so weiter.

Ich kenne das selbst nur allzu gut. Es gab eine Zeit, in der ich schon im geistlichen Dienst tätig war und mir meine Arbeit grundsätzlich auch gut gefiel. Trotzdem konnte ich manche der täglichen Pflichten und Aufgaben, die dazugehörten, nicht genießen. Ich musste lernen, in der Gegenwart zu leben und Freude an dem zu finden, was Gott *in dem Moment* in mir und durch mich tat, nicht erst *wenn* die Konferenz vorbei war oder *wenn* das Projekt fertig war oder *wenn* ich Urlaub machen konnte. Gott zeigte mir, wie wichtig es ist, dass ich das bejahe und genieße, was er in der Gegenwart tut.

Dasselbe gilt für Sie. Es wird immer ein *Wenn* in Ihrem Leben geben. Vielleicht bringen die Kinder Sie heute auf die Palme, vielleicht ist Ihr Chef gerade schlecht gelaunt, vielleicht haben Sie heute körperliche Schmerzen, vielleicht spielen Ihre Gefühle momentan verrückt, doch nichts von dem ändert etwas daran, dass Gott in diesem Augenblick bei Ihnen ist und einen guten Plan für Ihr Leben hat. Und der heutige Tag ist Teil dieses Planes.

Den Tag auskosten

In Psalm 71,14 steht: *Ich werde nicht aufhören, auf deine Hilfe zu hoffen, und dich immer mehr loben.* Die Schlüsselformulierung in diesem Vers über Hoffnung ist »nicht aufhören«. Wer voller Hoffnung ist, der hofft nicht nur *gelegentlich* oder *sporadisch*. Solch eine Person wartet ganz bestimmt nicht bis morgen, um etwas Gutes von Gott zu erwarten. Wer voller Hoffnung ist, der hört nicht auf zu hoffen; jeden Tag entscheidet er sich neu für die Hoffnung und seine Hoffnung trägt ihn durch den Tag.

Darf ich Ihnen einige Vorschläge machen, wie Sie beständig voller Hoffnung sein und jeden Tag in positiver Erwartung leben können?

Jeden Tag mutig beten

Wenn Sie Hoffnung haben, dann haben Sie auch keine Angst vor großen Träumen. Genauer gesagt ist Hoffnung der feste Boden, auf dem unser Glaube steht. Deshalb ist es eine gute Idee, sich heute mit einem mutigen Gebet an Gott zu wenden. Sie können nicht mit einer positiven Erwartungshaltung leben, wenn Sie nicht den nötigen Glauben haben, Gott eine Bitte vorzubringen.

Welche Träume Sie auch im Herzen hegen: Solange sie im Einklang mit der Bibel sind, trauen Sie sich, Gott mutig zu bitten und dann gespannt zu warten. Gott liebt mutige Gebete. In der Bibel hat er sie immer wieder erhört, und auch heute erhört er sie noch. Machen Sie sich Hoffnung, bleiben Sie im Glauben stark und bringen Sie ihm eine mutige Bitte vor – jetzt!

Jeden Tag etwas Schönes tun

Teilweise verlieren wir die Hoffnung, weil wir die Freude verlieren. Statt das Leben jeden Tag zu genießen, brennen wir aus, weil wir so viele Rechnungen zu bezahlen haben, oder wir lassen uns entmutigen, weil wir derart viele Probleme haben. Wie wäre es damit, einfach jeden Tag etwas zu tun, was Ihnen Spaß macht? Es muss kein täglicher Ausflug in einen Vergnügungspark sein, sondern so etwas Simples wie mit einer Freundin Kaffee zu trinken, sich mit der Familie einen lustigen Film anzuschauen oder einen Spaziergang durch den Park zu machen – irgendetwas, das Sie einmal tief durchatmen lässt oder Sie zum Lächeln bringt.

Wenn Sie nicht aufhören wollen, voller Hoffnung zu sein, dann planen Sie Aktivitäten ein, die ein Gefühl der Vorfreude schaffen. Hoffnung und Freude gehen Hand in Hand, also planen Sie etwas Schönes ein, und genießen Sie den ganzen Tag hindurch Gottes Nähe und alles Gute, was er Ihnen gibt.

Wir alle brauchen Dinge, auf die wir uns freuen können. Heute schreibe ich mehrere Stunden lang an meinem Buch. Später habe ich vor, mit einigen Freunden Kaffee zu trinken, ein bisschen zu shoppen und heute Abend noch essen zu gehen. Bei meiner Tagesplanung füge ich immer etwas ein, auf das ich mich freuen kann. Warten Sie nicht auf Ihre Rente, bis Sie daran denken, das Leben zu genießen. Genießen Sie es *jetzt!*

Jeden Tag einem Menschen etwas Gutes tun

Ich halte gern Ausschau nach Menschen, denen ich etwas Gutes tun kann. Es tut so gut, anderen Gutes zu tun! Wenn Sie Ihren Tag wirklich genießen wollen, dann schlage ich vor, dass Sie einer anderen Person helfen, ihren Tag ebenfalls zu genießen. Vielleicht können Sie jemandem ein Mittagessen spendieren, ein ermutigendes Kompliment machen oder ihm sagen, wie viel er Ihnen bedeutet und wie sehr Sie ihn schätzen.

Fragen Sie Gott, wie Sie ein Segen sein können, und dann folgen Sie seinen Impulsen. Wenn Sie sich um die Bedürfnisse anderer kümmern, werden Sie überrascht sein, wie leicht es auf einmal ist, Hoffnung zu schöpfen, dass Gott auch Ihre Bedürfnisse stillen wird. Verschieben Sie das Gutestun nicht auf morgen. Tun Sie es heute. Seien Sie *heute* ein Segen!

Jeden Tag ins »Tagebuch der Hoffnung« schreiben

Hoffnung gedeiht in einer Atmosphäre der Dankbarkeit. Wenn Sie ständig von Hoffnung erfüllt sein wollen, dann denken Sie regelmäßig darüber nach, was Gott Ihnen Gutes getan hat. Sie werden sich wundern, was Sie da alles finden. Je stärker Ihnen bewusst wird, wie gut Gott *jetzt* schon zu Ihnen ist, umso mehr Hoffnung werden Sie haben, dass Sie in Zukunft noch mehr Gutes erleben werden.

Nehmen Sie sich am Ende eines jeden Tages etwas Zeit, diese Dinge aufzuschreiben. Fangen Sie ein »Tagebuch der Hoffnung« an. An einigen Tagen werden Sie nur ein oder zwei Dinge finden, die Sie notieren können; an anderen Tagen werden es zehn oder zwanzig Dinge sein, die insgesamt eine ganze Seite füllen. Beginnen Sie Gottes Freundlichkeit in Ihrem Leben zu dokumentieren, dann werden Sie sehen, wie leicht es fallen kann, keinen Tag ohne eine lebendige Hoffnung zu verbringen.

Sei voller Hoffnung!

Geben Sie der Hoffnung Raum. Sie müssen nicht Tage, Wochen, Monate oder Jahre warten, ehe Sie etwas von Gott erwarten können. Er ist bei Ihnen und bereits in Ihrem Leben aktiv. Beten Sie, dass er Ihnen sein Handeln stärker bewusst macht, damit Sie nie wieder übersehen, was Gott alles in Ihrem Leben tut.

Wir werden immer versucht sein, unsere Hoffnung auf die lange Bank des »Wenn« zu schieben, statt die Kraft des »Jetzt« anzuzapfen. Lassen Sie sich durch die Schwierigkeiten von heute nicht dazu verleiten, Ihre positive Erwartungshaltung auf morgen zu verschieben. Seien Sie voller Hoffnung. Heute könnte etwas Wunderbares passieren. Heute könnten Sie ein Erfolgserlebnis haben. Warten Sie nicht auf morgen, um das zu glauben. Glauben Sie es heute.

KAPITEL 15

Gottes Perspektive

Aber Segen soll über den kommen, der seine ganze Hoffnung auf den Herrn setzt und ihm vollkommen vertraut.

Jeremia 17,7

Gott ist der Einzige, der aus dem Tal der Not ein Tor der Hoffnung machen kann.

Catherine Marshall

Manchmal kann man sich einfach nicht vorstellen, wie eine Situation noch gut ausgehen soll. Kennen Sie das Gefühl? Sie lesen jeden Tag die Bibel; Sie versuchen zuversichtlich zu bleiben; Sie haben sogar gute Freunde, die Sie ermutigen. Doch so sehr Sie sich auch bemühen, Sie fühlen sich trotzdem entmutigt. Sie erleben nicht die Art von Hoffnung, über die wir bis jetzt in diesem Buch gesprochen haben. Klar, es gibt schon Tage, an denen Sie mehr Hoffnung haben als an anderen, aber wirklich hoffnungsvoll sind Sie immer noch nicht.

Falls Ihnen das bekannt vorkommt, seien Sie getrost: Sie sind nicht der einzige Mensch, dem es so geht. Viele Menschen kämpfen darum, Hoffnung zu schöpfen – und andere kämpfen darum, die Hoffnung nicht aufzugeben. Hoffnung darf nicht auf unseren Umständen beruhen; sie muss einzig und allein auf Jesus beruhen. Hoffnung stellt sich nicht dadurch ein, dass man sie herbeiwünscht. Sie muss vielmehr gehegt und gepflegt werden und regelmäßiges Bibelstudium ist der nötige Nährstoff, der sie wachsen lässt. Sie müssen jedoch nicht warten –

die Hoffnung ist bereits da. Sie können heute anfangen, Hoffnung zuzulassen. Sie müssen nicht warten, bis sich hoffnungsvolle Gefühle einstellen, sondern können sich entscheiden, dass ein Leben ohne Hoffnung die reinste Qual ist und Sie deswegen viel lieber *jetzt* voller Hoffnung sein wollen. Erwarten Sie heute etwas Gutes!

Ein wichtiger Aspekt für ein solches von Hoffnung geprägtes Leben – ein Leben voller freudiger Erwartung – ist zu lernen, Gottes Perspektive einzunehmen. Solange Sie die Situationen in Ihrem Leben aus einer rein menschlichen Perspektive betrachten, werden Sie in der Gefahr stehen, sich hilflos und geschlagen zu fühlen. Sehen Sie Ihr Leben hingegen so, wie Gott es sieht, dann übernimmt die Hoffnung die Führung.

Genau das erlebte Abraham. In 1. Mose, Kapitel 15 lesen wir, dass Abraham ziemlich hoffnungslos war. Gott hatte ihm die Zusage gegeben, dass er der Vater vieler Völker werden würde (siehe 1. Mose 12,2) und dass seine Nachkommen das Land Kanaan in Besitz nehmen würden (siehe 1. Mose 12,5-7), doch Abraham sah einfach nicht, wie das Realität werden sollte. Eigentlich glaubte er Gott und wollte gerne Hoffnung haben, nur hatte er keine Kinder. Wie konnte Gott ihn zu einem großen Volk machen, wenn Abraham noch nicht einmal einen Erben hatte?

In 1. Mose 15,2-3 betete Abraham eines dieser ehrlichen Gebete, die wir alle ab und zu beten. Er sagte: *O allmächtiger Herr, was wirst du mir geben, wenn ich kinderlos bin?* Abraham erinnerte Gott daran, dass er ihm keine Kinder geschenkt hatte. Er war frustriert. Er betrachtete die Situation aus seinem menschlichen Blickwinkel und dieser Blickwinkel hatte nicht viel Hoffnung zu bieten.

Da Gott wusste, dass Abraham einen Perspektivwechsel nötig hatte, tat er etwas Erstaunliches. In 1. Mose 15,5 lesen wir:

Der Herr führte Abram nach draußen und sprach zu ihm: »Schau hinauf zum Himmel. Kannst du etwa die Sterne zäh-

len?« Dann versprach er ihm: »*So zahlreich werden deine Nachkommen sein!*«

Während Abraham noch in seinem Selbstmitleid gefangen war, wusste Gott, was Abraham brauchte: einen Perspektivwechsel. Stellen Sie sich Abraham vor, wie er aus seiner engen menschlichen Perspektive zu Gott betete, ohne Hoffnung. Er hatte nur eine begrenzte Sicht und betete um einen einzigen Nachkommen, während Gott die ganze Zeit plante, ihm so viele Nachkommen zu schenken, dass man sie unmöglich zählen kann. Also führte Gott ihn nach draußen und eröffnete ihm eine neue Perspektive: einen Himmel voller Sterne. Und in dem Moment, in dem Abraham Gottes Perspektive bekam, erwachte seine Hoffnung zum Leben. Römer 4,18 schreibt dazu: *Als Gott Abraham versprach, dass er zum Vater vieler Völker werden würde, glaubte Abraham ihm und hielt an der Hoffnung fest, obwohl es hoffnungslos schien. Gott hatte ihm versprochen: »Deine Nachkommen werden so zahlreich sein wie die Sterne.«*

Ich finde Abrahams Geschichte sehr ermutigend. Sie sagt mir, dass selbst die Besten unter uns bisweilen entmutigt sein können. Es ist verständlich, dass wir Gott anzweifeln, wenn wir keine Möglichkeit sehen, wie seine Versprechen wahr werden sollen. Doch wir dürfen nicht bei diesen Gefühlen des Zweifels und der Entmutigung stehen bleiben. Gott möchte uns seinen Blick schenken, um uns dadurch mit Hoffnung und Glauben zu füllen. Statt nur eine enge menschliche Sicht zu haben, möchte Gott uns eine weite Sicht eröffnen – *seine* Sicht –, denn seine Sicht ändert alles.

Die »Gottesbrille« aufsetzen

Setzen wir doch einmal unsere »Gottesbrille« auf und betrachten einige Dinge aus Gottes Perspektive. Er sieht Dinge ganz anders als wir, weil er das Ende von Anfang an kennt.

Wie sieht Gott Sie? Er liebt Sie mehr, als Sie je begreifen können und er hat einen guten Plan für Ihr Leben. Sie sind nie allein, weil er immer bei Ihnen ist. Gottes Vergebung ist größer als jede Sünde, die Sie je begangen haben. Sein Erbarmen ist jeden Tag neu. Gott hat Ihnen Kraft gegeben und Sie müssen sich nicht mit Niederlagen abfinden. Durch das, was Jesus für Sie getan hat, sind Sie ein nagelneuer Mensch. Er hat Ihnen ein neues Leben geschenkt und Sie können alles Vergangene hinter sich lassen und sich auf das freuen, was vor Ihnen liegt. Wenn Sie wissen, wer Sie in Christus sind – und wie Gott Sie durch das Opfer seines Sohnes sieht –, dann ändert das auch, wie Sie das Leben angehen.

Gott hat sich seine Schöpfung angeschaut und gesagt, dass sie sehr gut ist (siehe 1. Mose 1,31). Sie sind Teil der Schöpfung, also bezieht sich diese Aussage auch auf Sie. Manchmal fällt es uns schwer, das zu glauben. Ich meine damit nicht Ihre schlechten menschlichen Neigungen. Der Apostel Paulus sagte: *Ich weiß, dass ich durch und durch verdorben bin, soweit es meine menschliche Natur betrifft* (Römer 7,18). Menschlich gesehen sind wir mit Makeln behaftet und wir alle machen Fehler. Wenn Gott sagt: »Du bist gut«, dann meint er damit unseren neu geschaffenen geistlichen Menschen!

Denn wir sind Gottes Schöpfung. Er hat uns in Christus Jesus neu geschaffen, damit wir zu guten Taten fähig sind, wie er es für unser Leben schon immer vorgesehen hat.

Epheser 2,10

Es ist wichtig, dass wir die Realität der neuen Schöpfung verstehen und anfangen, uns mit ihr zu identifizieren. Viele Menschen verhalten sich schlecht, weil sie schlecht von sich denken – sie *glauben*, dass sie schlecht sind. Menschen bleiben oft in einem zerstörerischen Lebensstil stecken, weil sie nicht glauben, dass Jesus sie befreit hat. Sie sehen sich als die Person, die sie schon immer gewesen sind, und begreifen nicht, was es wirklich bedeutet, wenn man sich entscheidet, Jesus Christus nachzufolgen. Die Bibel spricht davon, dass wir in dem Moment »von Neuem geboren« werden. Wer mit Jesus lebt, der wird ein ganz neuer Mensch. *Er ist nicht mehr derselbe, denn sein altes Leben ist vorbei* (2. Korinther 5,17). Es fällt uns zwar schwer, das zu verstehen und wirklich zu glauben, aber durch Jesus sieht Gott uns als makellos an.

> *Denn Gott machte Christus, der nie gesündigt hat, zum Opfer für unsere Sünden, damit wir durch ihn vor Gott gerechtfertigt werden können.*
>
> 2. Korinther 5,21

Als jemand, der sich den Großteil seines Lebens »falsch« gefühlt hat, war es für mich enorm befreiend und wunderbar zu entdecken, dass ich durch Jesus tatsächlich gerecht gesprochen bin. Das begeistert mich noch heute und ich helfe anderen liebend gern, es ebenfalls zu verstehen, damit sie sich nicht mit Selbstablehnung strafen, nur weil sie es nicht schaffen, immer perfekt zu sein. Unsere Stellung vor Gott basiert nicht darauf, was wir leisten können, sondern darauf, was Jesus bereits geleistet hat.

Je mehr wir über die Liebe, Annahme und Gnade Gottes lernen, umso mehr wird Hoffnung zu unserem ständigen Begleiter. Ehrlich gesagt kann ich mich gar nicht erinnern, wann ich mich das letzte Mal hoffnungslos gefühlt habe! Wir können lernen Gott zu vertrauen und die Zuversicht zu haben, dass wir wachsen und uns verändern. Gott sieht unseren aufrichtigen Glauben und so weit es ihn betrifft, stehen wir in einer bereinigten Beziehung zu ihm.

Es gibt einen großen Unterschied zwischen dem, wer wir sind und dem, was wir tun. Deshalb fordere ich Menschen immer wieder auf, zwischen ihrem »Wer« und ihrem »Was« zu unterscheiden: wer sie sind im Gegensatz zu dem, was sie tun. Sie sind ein Kind Gottes. Sie sind von Neuem geboren. Sie sind mit Gottes Geist erfüllt. Statt auf Ihre schlechten Neigungen zu schauen, nehmen Sie Gottes Blickwinkel ein und schauen Sie auf Ihren geistlichen Menschen. Sehen Sie sich im Spiegel der Bibel an und seien Sie begeistert darüber, wer Sie *in Jesus Christus* sind!

Genauso möchte ich Ihnen nahelegen, auch Ihre Schwierigkeiten aus Gottes Perspektive zu betrachten. Sehen Sie sie so, wie Gott sie sieht. Er weiß, dass sie vorübergehen. Kein Problem hält ewig an, also seien Sie voller Hoffnung, denn der Durchbruch ist näher, als Sie meinen. Wenn Sie durch Gottes Brille schauen, können Sie sagen: »Das hält nicht ewig an und ich werde es überstehen!«

Wenn du in die Enge getrieben wirst und sich alles gegen dich zu wenden scheint, bis es so aussieht, als ob du es nicht eine Minute länger aushalten kannst, gib nicht auf, denn das ist genau der Augenblick, in dem das Blatt sich wendet.

Harriet Beecher Stowe

Gott wünscht sich, dass wir ganze Sache mit ihm machen. Wir haben die Wahl: Wollen wir aufgeben oder weitermachen? Gott gibt uns seine Zusagen, aber es liegt an uns, standhaft zu bleiben und unsere Lebensstürme durchzustehen. Natürlich hilft Gott uns. Er schenkt uns seine Gnade, Kraft und Ermutigung, doch letzten Endes müssen wir selbst entscheiden: Augen zu und durch oder das Handtuch werfen? Schwierigkeiten können auch Vorzüge haben, weil Gott sie benutzt, um uns abzuhärten.

Fürchte dich nicht, denn ich bin bei dir. Sieh dich nicht ängstlich nach Hilfe um, denn ich bin dein Gott: Meine Entscheidung für dich steht fest, ich helfe dir. Ich unterstütze dich ...

Jesaja 41,10

Dieser Vers ist sehr ermutigend. Er sagt uns: Immer wenn wir etwas Schwieriges durchmachen, können wir mit Gottes Hilfe rechnen. Diese Hilfe kommt auf vielerlei Weise, aber auch dadurch, dass er uns stärker werden lässt. Er härtet uns im positiven Sinne ab. Dinge, die uns früher aus der Ruhe gebracht, geängstigt oder in Sorge versetzt haben, stören uns nun überhaupt nicht mehr.

Wer Krafttraining macht, der baut Muskeln auf, doch irgendwann erreicht er den Punkt, an dem er nur dann noch mehr Muskeln aufbauen kann, wenn er schwerere Gewichte stemmt. Wenn wir Gott darum bitten, dass wir in einem bestimmten Bereich unseres Lebens vorankommen, können wir davon ausgehen, dass Gott erst etwas in uns tun muss, bevor er etwas für uns tut. Man könnte sagen, dass wir uns erst daran gewöhnen müssen, geistlich gesehen schwerere Gewichte zu stemmen.

Beispielsweise können wir Gott im Gebet darum bitten, dass unsere Liebe zu anderen Menschen zunimmt. Das kann jedoch bedeuten, dass wir mehr mit Menschen zu tun haben werden, die nur schwer zu lieben sind. Ich kann mich noch daran erinnern, wie ich einmal um die Fähigkeit betete, wenig liebenswerte Menschen lieben zu können! Ein paar Wochen später beklagte ich mich bei Gott, dass ich in letzter Zeit mit so vielen schwierigen Menschen zu tun hatte. Da erinnerte er mich daran, dass ich wenig liebenswerte Menschen unmöglich lieben lernen kann, wenn ich nur von freundlichen Menschen umgeben bin, die mich in keiner Weise irritieren.

Wer Gott darum bittet, ihn mehr zu gebrauchen, der sollte daran denken, was Paulus gesagt hat: dass mit den großen Möglichkeiten, die sich ihm in seinem Dienst boten, auch viele Widerstände kamen (siehe 1. Korinther 16,9). Satan stellt sich allem entgegen, was gut ist. Er hasst Wachstum und Fortschritt, doch wenn wir charakterfest bleiben, wird Gott uns nicht nur durch unsere schwierigen Umstände hindurchhelfen, sondern diese Umstände auch nutzen, um unser geistliches Wachstum zu fördern.

Das heißt nicht, dass Gott der Urheber unserer Probleme ist, aber er benutzt sie definitiv, um uns in vielerlei Hinsicht zu helfen. Wenn Sie mitten in einer herausfordernden oder schmerzhaften Situation stecken, versuchen Sie nicht darüber nachzudenken, wie schwierig doch alles ist, sondern lieber darüber, was dadurch Gutes entstehen kann. Sollte es rein menschlich gesehen eigentlich keine Hoffnung geben, halten Sie wie Abraham trotzdem an Ihrer Hoffnung fest.

Aus Gottes Sicht machen wir bereits Fortschritte, während wir auf eine Veränderung oder auf das Ende eines Problems warten. Wir wachsen geistlich, wir entwickeln Geduld, wir meistern eine schwierige Situation – und wenn wir das geschafft haben, werden wir geistlich gesehen befördert. Wir ehren Gott, indem wir ihn jetzt schon genauso lieben wie später, wenn sich unsere Umstände zum Positiven wenden.

Schwierigkeiten sind wertvoll. Sie tun weh, aber sie sind wertvoll! Wir alle werden mit ihnen konfrontiert, aber wir meistern sie nicht alle erfolgreich. Für manche Menschen handelt es sich »nur« um eine belastende Situation, die zu mehr Kummer führt. Für andere ist es eine Glaubensprüfung, die den Glauben stärker macht.

Sich Hoffnung zur Gewohnheit machen

Um Gottes Sicht zu bekommen, kann es erforderlich sein, einige neue Gewohnheiten in den Alltag einzubauen. Bei dem Wort »Gewohnheit« denken Sie vielleicht gleich an schlechte Gewohnheiten (weil schlechte Gewohnheiten heutzutage die meiste Aufmerksamkeit bekommen), aber Sie können auch gute Gewohnheiten entwickeln. Vor allem können Sie sich Hoffnung zur Gewohnheit machen. Hoffnung kann etwas sein, das Sie mit der Zeit entwickeln, bis es zu Ihrem Naturell dazugehört.

Eine positive Erwartungshaltung – immer Ausschau zu halten und zu erwarten, dass Gott etwas Großes tut – wird uns nicht in den Schoß fallen. Es ist eine Haltung der Hoffnung, die wir ganz bewusst entwickeln müssen, bis sie uns in Fleisch und Blut übergeht – bis sie zur Gewohnheit wird. Das erreichen wir unter anderem dadurch, dass wir uns immer wieder daran erinnern, Gutes zu erwarten. Eine praktische Möglichkeit wäre, dass Sie bei sich zu Hause an vielen Stellen kleine Erinnerungen anbringen, die Ihnen helfen, ein hoffnungsvolles Herz zu bewahren. Will ich mir etwas Neues angewöhnen, greife ich zu allen Methoden, die mir irgendwie nützlich sein können. Gute Gewohnheiten lassen schlechten Gewohnheiten keinen Raum. Wenn wir uns also die Gewohnheit der Hoffnung angeeignet haben, finden Hoffnungslosigkeit, Entmutigung und Verzweiflung in unserem Kopf und Herz keinen Raum mehr.

In Habakuk 2,2 steht:

> Da antwortete mir der Herr und sagte: »Was ich dir jetzt zeigen werde, sollst du säuberlich auf Tafeln schreiben, damit es jeder mühelos im Vorbeigehen lesen kann.«

Schreiben Sie Ihre Ziele auf. Das muss nicht lang oder wortgewandt sein. Es können einfach kleine Schildchen sein, die jeder bei ihnen zu Hause »mühelos im Vorbeigehen lesen kann«. Stellen Sie sich nur vor, wie viel hoffnungsvoller Sie wären, …

- wenn Sie die Zähne putzen und ein Schildchen am Badezimmerspiegel angebracht ist, auf dem steht: »Hoffnung ist wichtig. Vergiss nicht zu glauben, dass Gott heute etwas Gutes in deinem Leben tun wird.«
- wenn Sie den Flur entlanggehen und da ein Schildchen ist, auf dem steht: »Hoffnung ist die freudige Erwartung, dass etwas Gutes passiert. Freu dich. Gott hält Gutes für dich bereit.«
- wenn Sie in die Küche gehen, um sich Frühstück zu machen, und da ein Schildchen über dem Herd ist, auf dem steht: »Freu dich! Heute überrascht Gott dich mit etwas Gutem.«

- wenn Sie ins Auto steigen, um zur Arbeit zu fahren, die Kinder zur Schule zu bringen oder sich mit jemandem zum Kaffeetrinken zu treffen, und da ein Schildchen im Auto ist, auf dem steht: »Sei voller Hoffnung! Gott ist heute bei dir, und er tut dir gerne Gutes.«

Ich weiß nicht, wie es Ihnen geht, aber bei mir wächst die Hoffnung bereits! Möchten Sie ein Leben voller Hoffnung führen? Dann tun Sie, was immer dazu nötig ist. Es gibt jeden Tag vieles, was einem die Hoffnung rauben will. Seien Sie den »Hoffnungsräubern« zahlenmäßig mit »Hoffnungserinnerungen« überlegen. Pflastern Sie Ihre Umgebung damit! Das ist besonders wichtig, wenn Sie zu Negativität oder Depressionen neigen oder gerade eine besonders schwere Zeit durchmachen.

Je weiter oben man ist, desto besser sieht man

Ich muss zugeben, Bergwandern liegt mir nicht so. Vielleicht tun Sie es für Ihr Leben gern, aber es ist einfach nicht mein Ding. Ich verbringe das Wochenende lieber mit meinen Kindern als irgendwo einen Wald auszukundschaften oder Bergpfade zu besteigen. Aber Menschen, die gerne wandern, haben mir erzählt, dass sie einfach zu einem höher gelegenen Punkt gehen, wenn sie sich orientieren wollen. Solch ein Aussichtspunkt verschafft ihnen einen besseren Überblick. Ob sie nun auf einen Baum klettern, einen Hügel hinaufgehen oder einen großen Felsen erklimmen, Wanderer suchen sich einen Aussichtspunkt weiter oben. Sie haben gelernt: Je höher sie kommen, desto weiter können sie sehen.

Ich glaube, dasselbe gilt heute für Sie und für mich. Manchmal ist es schwer zu sehen, in welche Richtung wir gehen, weil unsere Sicht so begrenzt ist. Unsere Umgebung verwirrt uns und wir sind unsicher, wo es langgeht, weil uns die richtige

Perspektive fehlt. Unsere Hoffnung und unser Orientierungssinn sind von dem Baumkronendach unserer vergangenen Fehler verdunkelt, vom Nebel niedriger Erwartungen verdeckt und von den Schluchten der Verzweiflung umgeben.

Um Gottes Sicht zu bekommen, müssen wir höher hinaus. Klettern Sie an der Undankbarkeit vorbei; steigen Sie höher als Zweifel und Entmutigung. Sobald Sie sich für höhere Erwartungen und größere Hoffnungen entscheiden, gewinnen Sie auch eine neue Perspektive, eine göttliche Perspektive. Davon bin ich überzeugt. Und dann können Sie weiter sehen als je zuvor.

Sei voller Hoffnung!

Ihr Leben ist von dem bestimmt, wie Sie sich und Ihre Umstände sehen. Wenn Sie auf Ihre Fehler und Misserfolge schauen und Ihre Identität von sich selbst abhängig machen, dann haben Sie keine großen Hoffnungen, dass Gott viel in Ihrem Leben tun wird. Und wenn Sie ständig nur Ihre Probleme im Blick haben und über diese reden, werden sie Ihnen gewaltig groß und schier unüberwindbar erscheinen. Das macht es wiederum sehr schwer, die Hoffnung zu bewahren.

Doch zum Glück gibt es noch eine andere Perspektive. Gottes Perspektive für Sie und Ihr Leben ist eine bessere Perspektive – und die einzige, auf die es ankommt. Gott sieht Sie voller Liebe an und er hat bereits einen wunderbaren Plan für Ihr Leben vorbereitet. In Jeremia 29,11 sagt er: »*Denn ich weiß genau, welche Pläne ich für euch gefasst habe*«, spricht der Herr. »*Mein Plan ist, euch Heil zu geben und kein Leid. Ich gebe euch Zukunft und Hoffnung.*« Also seien Sie voller Hoffnung. Gott hat Ihnen in der Vergangenheit viel Gutes getan und er hat versprochen, Ihnen auch in der Zukunft Gutes zu tun. Immer wenn Sie sich fragen, wie eine positive Veränderung bloß zustande kommen soll, gehen Sie nach draußen unter den Sternenhimmel und schauen Sie nach oben. Gott hat sein Versprechen Abraham gegenüber eingehalten und er wird auch seine Versprechen Ihnen gegenüber einhalten.

KAPITEL 16

Die Entscheidung liegt bei uns

Sorgt euch um nichts, sondern betet um alles. Sagt Gott, was ihr braucht, und dankt ihm. Ihr werdet Gottes Frieden erfahren, der größer ist, als unser menschlicher Verstand es je begreifen kann. Sein Friede wird eure Herzen und Gedanken im Glauben an Jesus Christus bewahren.

Philipper 4,6-7

Hoffnung ist die Kraft, auch in verzweifelten Situationen noch fröhlich zu sein.

G. K. Chesterton

Es ist wunderbar zu wissen, dass Ihnen und mir heute Hoffnung zur Verfügung steht. Doch um in dieser Realität leben zu können, müssen wir einen Feind der Hoffnung besiegen, nämlich Sorgen.

Sorgen sind ein erbitterter Feind der Hoffnung. Man kann unmöglich gleichzeitig voller Hoffnung und voller Sorgen sein. Man muss sich für das eine oder das andere entscheiden, denn die beiden sind das genaue Gegenteil voneinander. Hoffnung sieht das Gute, das passieren kann; Sorge sieht das Schlechte, das passieren kann. Sorgen und Ängste arbeiten Hand in Hand und reden uns ein: Wenn wir nur wüssten, was wir in unserer Situation unternehmen könnten, dann hätten die Schwierigkeiten vielleicht ein Ende. Obwohl die Bibel uns wiederholt klarmacht, dass Sorgen nutzlos sind und wir uns keine Sorgen machen sollen, bleiben sie eine der größten Versuchungen für uns.

VOLLER HOFFNUNG

Es braucht Zeit, bis wir endlich aufhören, unsere Probleme aus eigener Kraft lösen zu wollen und uns stattdessen ganz auf Gott verlassen.

Ich bin auf eine Geschichte gestoßen, die gut veranschaulicht, was der Schlüssel ist, um Sorgen zu überwinden und unser Leben ganz von Hoffnung prägen zu lassen:

> Ein Pastor saß im Flugzeug. Er hatte einen langen Flug vor sich. Der erste Hinweis, dass es Probleme geben würde, kam, als das Anschnallsignal aufleuchtete. Dann, einige Zeit später, ertönte eine ruhige Stimme: »Wir können die Getränke momentan noch nicht servieren, da wir einige Turbulenzen erwarten. Bitte vergewissern Sie sich, dass Sie angeschnallt sind.«
>
> Als der Pastor sich im Flugzeug umsah, merkte er, dass bei vielen Passagieren Sorgen aufkamen. Dann kam die Ansage von der Flugbegleiterin: »Leider können wir Ihnen das Essen zurzeit noch nicht servieren. Die Turbulenzen liegen weiterhin vor uns.« Und dann brach der Sturm herein. Das bedrohliche Grollen des Donnerns übertönte sogar das Dröhnen der Düsen. Blitze zuckten durch den nunmehr dunklen Himmel und das große Flugzeug wirkte fast wie ein Korken, der auf dem himmlischen Ozean hin- und hergeworfen wurde. Mal wurde das Flugzeug durch einen sagenhaften Luftstoß emporgehoben, dann sackte es wieder ab, als würde es abstürzen.
>
> Der Pastor gab zu, dass er das Unbehagen und die Furcht der anderen Passagiere um ihn herum teilte. Er erzählte: »Als ich mich umsah, konnte ich sehen, dass nahezu alle Passagiere aufgewühlt und alarmiert waren. Einige beteten. Die Zukunft schien nichts Gutes zu verheißen und viele fragten sich, ob sie den Sturm wohl überleben würden. Dann fiel mir mit einem Mal ein kleines Mädchen auf. Offensichtlich war ihr der Sturm völlig egal. Sie hatte die Beine bequem auf ihren Sitz gezogen, während sie ein Buch las.

Die Entscheidung liegt bei uns

Alles in ihrer Welt schien ruhig und geordnet zu sein. Ab und zu schloss sie die Augen, dann las sie weiter. Sie streckte die Beine, aber Sorgen und Ängste gab es in ihrer Welt nicht. Während das Flugzeug von dem schrecklichen Sturm hin- und hergeworfen wurde, während es nach links und rechts taumelte, während es mit furchterregender Härte nach oben und unten gestoßen wurde, während alle Erwachsenen halb zu Tode erschrocken waren, da blieb dieses fabelhafte Kind vollkommen gelassen und furchtlos.«

Der Pastor nahm das sehr erstaunt wahr. Als das Flugzeug dann schließlich doch an seinem Ziel ankam und all die Passagiere so schnell wie möglich von Bord gingen, blieb er absichtlich etwas zurück, um mit dem Mädchen zu sprechen. Er sagte etwas über den sehr unruhigen Flug während des Sturms und fragte, warum sie denn gar keine Angst gehabt hätte.

Das Kind antwortete: »Weil mein Papa der Pilot ist und er mich nach Hause bringt.«[13]

Was für ein großartiges Bild dafür, wie wir selbst inmitten des Sturms Frieden finden können. Dieses kleine Mädchen war überhaupt nicht besorgt, weil sie darauf vertraute, dass ihr Papa die Lage schon im Griff hatte. Alle anderen konzentrierten sich auf den Sturm, der um sie herum tobte, voller Panik und Sorgen, dass sie den Tag vielleicht nicht überleben würden. Diese Gedanken kamen dem kleinen Mädchen gar nicht in den Sinn. Für sie war klar: Ihr Papa hatte die ganze Zeit über alles im Griff, also gab es keinen Grund zur Sorge.

Wenn Sie die Sorgen in Ihrem Leben überwinden wollen, dann möchte ich Sie zu der gleichen Einstellung ermutigen, die dieses kleine Mädchen hatte. Statt immer sofort mit dem Schlimmsten zu rechnen, wenn es mal stürmisch wird, lehnen Sie sich lieber zurück und entspannen Sie sich. Ja, vielleicht gibt es einige Turbulenzen und die Menschen in Ihrem Umfeld haben Angst, doch Sie wissen etwas, das die anderen vielleicht nicht wissen: Ihr himmlischer Vater ist der Pilot. Er wird Sie unmöglich abstürzen lassen. Er hat immer alles im Griff.

Ruhe im Sturm

Römer 8,24-25 hat Folgendes über Hoffnung zu sagen:

Nachdem wir nun gerettet sind, hoffen und warten wir darauf. Denn wenn man etwas schon sieht, muss man nicht mehr darauf hoffen. Und was ist die Hoffnung auf etwas, das man schon sieht? **Aber wenn wir auf etwas hoffen, das wir noch nicht sehen, müssen wir mit Geduld und Zuversicht darauf warten** (Hervorhebung durch die Autorin).

»Geduld und Zuversicht« – was bedeutet das? Es bedeutet, dass wir unsere Gefühle unter Kontrolle haben. Wenn jemand emotional die Fassung verliert, sagen wir ab und zu: »Jetzt reiß dich mal zusammen.« Die Bibel lehrt, dass uns Hoffnung die Kraft gibt, uns zusammenzureißen und geduldig und zuversichtlich zu warten. Mit anderen Worten, wir können die Ruhe bewahren, während wir auf Gott warten. Wir verfallen weder in Hektik noch in Angst. Selbst wenn wir versucht sind, uns von diesen Dingen vereinnahmen zu lassen, können wir sie doch überwinden, indem wir uns daran erinnern, dass Gott uns liebt und uns nie im Stich lässt. »Versuchen« Sie nicht einfach, die Ruhe zu bewahren, sondern halten Sie Ihren sorgenvollen Gedanken etwas entgegen. Erinnern Sie sich daran, wie Gott Ihnen in der Vergangenheit geholfen hat, und machen Sie sich bewusst, dass er es in Zukunft wieder tun wird. Wir mögen einige Schläge einstecken, aber wir sind nie geschlagen!

Hoffnung lässt uns ruhig und gefasst sein. Hoffnung sagt: »Mit meinem natürlichen Auge sehe ich zwar noch keine Lösung für meine Situation, aber mit meinem geistlichen Auge sehe ich, dass Gott aktiv ist.« Denken Sie immer daran, dass

Sorgen totale Kraftverschwendung sind. Sorgen laugen uns geistig und emotional aus, ohne irgendetwas Gutes zu bewirken. Sorgen ändern nur uns, sonst nichts! Sie bringen uns durcheinander, während wir hektisch nach Lösungen für Probleme suchen, für die nur Gott eine Lösung hat. Gott stiftet keine Verwirrung, sondern Frieden. Er ist der Friedefürst und er möchte, dass Ihr Leben von Hoffnung getragen ist, sodass Sie selbst an Tagen, an denen alles außer Kontrolle zu geraten scheint, immer noch fest daran glauben können, dass Sie etwas Gutes erwartet. Glauben Sie es, verinnerlichen Sie es, sprechen Sie es aus und ermutigen Sie andere, die ebenfalls stürmische Zeiten erleben.

Stellen Sie sich ein Elternpaar vor, das beim Fußballspiel des Sohnes zuschaut. Der eine Elternteil ist ein chronischer Sorgenmacher, der andere nicht. Der sorgenvolle Elternteil geht immer gleich vom Schlimmsten aus, während der andere das Beste glaubt.

Der Sohn geht in die zweite Klasse. Er rennt herum, schießt den Ball und hat einen Riesenspaß. Mit einem Mal kollidiert er mit einem anderen Spieler, fällt hin und schürft sich das Knie auf. Das führt natürlich normalerweise zu ein paar Tränen und die anderen Kinder warten, während die Schürfwunde verbunden wird. Beide Eltern schauen gebannt aufs Spielfeld, weil sie sehen wollen, ob mit ihrem Sohn alles in Ordnung ist (was der Fall ist), doch ihre unterschiedliche Einstellung zum Leben erzeugt ganz unterschiedliche Reaktionen.

Der Elternteil, der sich nicht so schnell aus der Ruhe bringen lässt, sieht zu, wie der Trainer sich um das Kind kümmert. Dieser Elternteil ist zwar anfangs auch ein bisschen besorgt, was ja ganz normal ist, doch als sich herausstellt, dass der Junge nur ein Pflaster und eine kleine Erfrischung benötigt, streckt er die Daumen hoch und ermutigt den Jungen weiterzuspielen. Dieser optimistische Elternteil ignoriert die Situation nicht, lässt sich aber auch nicht gleich aus der Ruhe bringen, nur weil es eventuell eine Verletzung gegeben hat. Er hat die gesunde und freudige Erwartung, dass alles gut sein wird, statt eine ungesunde und qualvolle Angst zu haben, dass etwas Schlimmes passiert ist.

Der sorgenvolle Elternteil reagiert ganz anders. Er rennt wie wild aufs Spielfeld. Bevor überhaupt der Schiedsrichter oder der Trainer nach dem Jungen sehen können, ist der besorgte Elternteil bereits an seiner Seite und untersucht hektisch das Knie, während er im Kopf bereits überschlägt, wie hoch die Krankenhausrechnung wohl sein wird. Wohlgemerkt, es ist nur ein aufgeschürftes Knie, aber ein Sorgenmacher gerät derart aus der Fassung, dass er es gar nicht wahrnimmt. Er macht viel Theater, trägt den Jungen vom Spielfeld, eilt mit ihm zum Auto und stellt ihn sich bereits im Gips und mit Krücken vor.

Vielleicht haben Sie solche Szenen schon erlebt, sei es bei anderen oder bei sich selbst. Menschen, die beim ersten Anzeichen von Schwierigkeiten in Aufregung geraten, sagen oft: »Ach, ich mach mir halt schnell Sorgen«, als sei ihre Reaktion nur ein Persönlichkeitsmerkmal. Dabei sind Sorgen eine Waffe des Feindes, die uns und allen anderen die Freude rauben will. Sorgen sind nicht einfach nur eine Eigenart der Persönlichkeit, sondern sie sind in Angst verwurzelt und drücken mangelndes Gottvertrauen aus.

Sie müssen nicht immer gleich das Schlimmste befürchten. Sie müssen nicht bei jedem aufgeschürften Knie sofort ausflippen. Sie können mit der ruhigen Gewissheit leben, dass alles schon in Ordnung ist. Genauer gesagt: mehr als in Ordnung, einfach großartig! Gott hat die Dinge im Griff und wenn Sie seinem Plan für Ihr Leben vertrauen, sind Hoffnung, Frieden und Gelassenheit die natürliche Folge. All das bedeutet nicht, dass wir nie mit unangenehmen Situationen konfrontiert werden oder alles im Leben immer wie am Schnürchen läuft, aber es bedeutet, dass wir uns entscheiden können, das Beste zu glauben statt das Schlimmste. Die Entscheidung liegt bei uns!

Die beruhigende Wirkung von Hoffnung

Vielen Menschen – auch Christen! – fehlt es an innerem Halt und dieser Mangel an Stabilität entsteht durch Sorgen und Ängste. Sorgen wühlen die Emotionen auf und lassen die Gedanken in alle möglichen Richtungen schießen. Bei Familienmitgliedern oder Freunden, die sich leicht Sorgen machen, weiß man nie, wie sie sich als Nächstes verhalten. Da ihre Emotionen so stark von den Tagesereignissen abhängen, sind sie unberechenbar und unzuverlässig. Sie sind nicht mit Absicht so; sie sind so geworden, weil sie sich Sorgen machen. Diese Menschen wären gerne ruhig und gelassen, doch sie gehen fälschlicherweise davon aus, dass sie nur dann ruhig und gelassen sein können, wenn ihre Umstände angenehm sind.

Viele Jahre litt ich unter emotionalen Schwankungen und bat Gott ständig darum, meine Probleme zu lösen, damit ich endlich zur Ruhe kommen konnte. Gott möchte ja auch, dass wir zur Ruhe kommen, so wie Jesus im Sturm. Warum beseitigt er also nicht einfach unsere Probleme? Er könnte es doch, wenn er es wollte. Die Antwort ist, dass wir in dieser Welt leben und in dieser Welt gibt es viel Schweres (siehe Johannes 16,33). Um nie Schwierigkeiten zu erleiden, müssten wir ganz aus dieser Welt gehen. Doch zum gegenwärtigen Zeitpunkt leben wir nun einmal hier. Und genau das ist nicht immer leicht, aber Gott hat uns mit allem ausgestattet, was wir brauchen, um die Ruhe zu bewahren und das Leben zu genießen, komme was da wolle.

Realistisch sein

Ich ermutige in jedem Kapitel dieses Buches dazu, Gutes zu erwarten, doch das bedeutet nicht, dass wir unrealistische Erwartungen haben sollten. Es ist unrealistisch zu erwarten, dass andere Menschen perfekt sind und uns nie verletzen werden, oder zu erwarten, dass sich jeder Tag des Lebens so gestaltet, wie wir es uns vorgestellt haben. Gutes zu erwarten hilft uns, einen Weg durch die Lebensstürme zu finden und am Ziel anzukommen. Wir werden auf jeden Fall Stürme durchmachen, doch Gott sei Dank machen wir sie *durch*. Das ist nicht immer angenehm, aber erheblich besser, als irgendwo festzuhängen und nie hindurchzukommen.

Wenn ich morgens aufstehe, erwarte ich nicht gleich Probleme, aber mir ist bewusst, dass Probleme durchaus auftauchen können. Deshalb bin ich bereits beim Aufstehen fest entschlossen, voller Hoffnung zu bleiben und die positive Erwartung zu haben, dass am Ende für mich alles zum Guten dient. In der Bibel heißt es, dass wir »mehr als Überwinder« sind, was bedeutet, dass wir uns schon des guten Ausgangs gewiss sein können, noch bevor überhaupt ein Problem auftaucht. Am Ende tragen wir den Sieg davon. Unsere Identität wird von diesem Wissen geprägt, und deshalb brauchen wir nicht mit einer Opfermentalität zu leben.

Diese Überzeugung gibt uns inneren Halt, sodass wir in jeder Lage die Ruhe bewahren können. In 1. Korinther 15,58 sagt der Apostel Paulus uns, dass wir »fest und unerschütterlich« im Glauben sein und uns »mit aller Kraft für das Werk des Herrn« einsetzen sollen. Das drückt sehr gut aus, was es heißt, Jesus Christus nachzufolgen. Genau so verhält sich ein Mensch, dessen Lebensfundament Gott ist. »Fest und unerschütterlich« sind Eigenschaften, die wir entwickeln, indem wir unsere Sorgen ablegen und konsequent beschließen, voller Hoffnung zu sein.

Hoffnung bringt Kraft und Festigkeit in Ihr Leben. Wenn Sie zuversichtlich sind, dass Gott alles im Griff hat und etwas Gutes aus Ihrer Situation macht, dann werden Sie von den Lebensstürmen nicht wie wild hin- und hergeworfen, sondern sind fest verankert, weil Ihre Hoffnung auf Gott beruht.

Die Entscheidung liegt bei uns

Geier oder Kolibri?

In einem Artikel in *Reader's Digest* las ich:

> Sowohl Kolibri als auch Geier fliegen über die Wüsten unseres Landes hinweg. Geier sehen nichts weiter als faulendes Fleisch, weil sie genau danach Ausschau halten. Davon leben sie. Kolibris hingegen ignorieren völlig das stinkende Fleisch toter Tiere. Sie halten vielmehr nach den farbenfrohen Blüten der Wüstenpflanzen Ausschau. Geier leben von dem, was einmal war. Sie leben von der Vergangenheit. Sie füllen sich mit dem, was tot und vorbei ist. Kolibris leben von dem, was ist. Sie suchen neues Leben. Sie füllen sich mit Frische und Leben. Jeder Vogel findet das, wonach er sucht. Das tun wir alle.[14]

Der Unterschied zwischen einem Geier und einem Kolibri ist ganz ähnlich wie der Unterschied zwischen Sorgen und Hoffnung. Wie der Geier nähren sich Sorgen von dem, was kein Leben hat: Negativität, Pessimismus, Ängste, Furcht. Es ist keine schöne Sache, sich von Totem zu ernähren. Hoffnung ist da ganz anders. Wie der Kolibri ist Hoffnung etwas Wunderbares. Hoffnung sucht neues Leben und nährt sich von dem, was frisch und neu ist.

Als Kind Gottes ist es Ihr Recht, das Leben zu genießen, doch um das tun zu können, müssen Sie sich entscheiden, zuversichtlich zu sein und nach Frischem und Neuem Ausschau zu halten. Zuversichtlich zu sein bedeutet, aktiv nach Gutem zu suchen. Es bedeutet, fortwährend die Augen für das Gute geöffnet zu haben, das Gott bereithält, statt immerzu das nächste Unglück zu erwarten.

Es reicht nicht, nur die Negativität abzulegen. Das ist erst der Anfang. Sie haben die Gelegenheit, die Negativität abzulegen und dann eine positive Lebensperspektive einzunehmen!

Ich weiß noch, wie es war, als Gott den Finger auf meine Negativität legte und mir deutlich machte, welche Auswirkungen das auf mich hatte. Also bemühte ich mich, nicht mehr so negativ zu sein. Einige Monate lang dachte ich, dass ich das eigentlich auch ganz gut hinbekam. Doch ich erlebte immer noch keine positiven Veränderungen in meinen Umständen. Als ich Gott im Gebet nach dem Grund dafür fragte, hatte ich den Eindruck, dass er mir zeigte, dass ich jetzt zwar längst nicht mehr so negativ war, aber noch nicht angefangen hatte, stattdessen positiv zu sein. Gott möchte nicht nur, dass wir aufhören, das Falsche zu tun; er möchte auch, dass wir anfangen, das Richtige zu tun. Paulus sagte, wer ein Dieb ist, der soll aufhören zu stehlen und stattdessen einer ehrlichen Arbeit nachgehen und mit seinem Verdienst anderen, die in Not sind, großzügig helfen. Er sagte auch, dass wir uns von Bitterkeit und Wut befreien und stattdessen freundlich und mitfühlend zueinander sein sollen (siehe Epheser 4,28.31-32).

Gott möchte weltliche Prinzipien durch göttliche Prinzipien ersetzen. Das sieht man in der Bibel immer wieder. Er nimmt unsere Sünden und gibt uns seine Gerechtigkeit. Er nimmt unsere Unruhe und gibt uns seinen Frieden. Er nimmt unsere Trauer und gibt uns seine Freude. Er beseitigt das Schlechte und bringt das Gute.

In Ihrem Leben könnte das so aussehen:

- Vielleicht haben Sie aufgehört, einen anderen Menschen schlecht zu behandeln. Das ist ein guter Schritt. Doch jetzt gehen Sie einen Schritt weiter und machen sich daran, ihm Gutes zu tun, wann immer Sie können.
- Vielleicht haben Sie aufgehört, negative Dinge über andere zu sagen. Gut. Doch als Nächstes sollten Sie sich alle Mühe geben, Gutes an ihnen zu finden, das sie über sie sagen können.
- Vielleicht haben Sie aufgehört, sich ständig über alles zu beklagen, was in Ihrem Leben schwer ist. Das ist großartig.

Doch jetzt führen Sie das weiter, indem Sie für das Gute dankbar sind, das Sie jeden Tag erleben.
- Vielleicht haben Sie aufgehört, morgens beim Aufstehen gleich davon auszugehen, dass Sie einen grauenhaften Tag haben werden. Das ist gut. Doch jetzt gehen Sie einen Schritt weiter und erwarten Sie, dass Sie mit Gott an Ihrer Seite einen wunderbaren Tag erleben werden.

Wie ich im letzten Kapitel erwähnt habe, steht in der Bibel, dass Gott alles betrachtete, was er geschaffen hatte, und sah, »dass es sehr gut war« (siehe 1. Mose 1,31). Ich finde es schön, dass Gott sich die Zeit nahm, das Gute anzuerkennen und wertzuschätzen. Das sollten wir auch tun. Wir sollten wie die Kolibris sein, nicht wie die Geier. Legen Sie alles Negative ab und machen Sie sich auf die Suche nach dem Guten. Ich weiß nicht, wie Sie das empfinden, aber ich wäre lieber ein Kolibri als ein Geier.

Sei voller Hoffnung!

Wenn Sie mit Sorgen und Ängsten zu kämpfen haben, dann können Sie in diesem Bereich eine entscheidende Wende erleben. Entschließen Sie sich, ein Leben voller Hoffnung zu führen – Hoffnung auf Gott. Entschließen Sie sich, seinen Plan für Ihr Leben begeistert und optimistisch zu erwarten. Sorgen gehören nicht zu Ihrer geistlichen DNS. Sie kommen vom Feind, den Sie mit Gottes Hilfe besiegen können.

In schwierigen Situationen müssen Sie nicht in Panik geraten und gleich durchgeschüttelt werden; Sie können voller Frieden sein und die Fassung bewahren. Gott ist Ihr Fels und er kann Sie verankern, sodass Sie nicht mehr von den Stürmen des Lebens hin- und hergeworfen werden. Also seien Sie voller Hoffnung. Seien Sie ein Kolibri, kein Geier. Sie können in jeder Situation das Gute statt das Schlechte sehen. Und falls Sie in einen Sturm geraten und die Turbulenzen Ihnen Angst einjagen, keine Sorge: Ihr himmlischer Vater ist der Pilot!

KAPITEL 17

Hoffnung im Überfluss

Deshalb bete ich, dass Gott, der euch Hoffnung gibt, euch in eurem Glauben mit Freude und Frieden erfüllt, sodass eure Hoffnung immer größer wird durch die Kraft des Heiligen Geistes.

Römer 15,13

Freude ist tiefer als Verzweiflung.

Corrie ten Boom

Flatrate-Essen!

Ich habe mir sorgfältig überlegt, wie ich dieses letzte Kapitel des Buches beginnen soll. Ein Ausdruck, der mir dabei immer wieder in den Sinn kam, war »Flatrate-Essen«. Ich habe mehr als hundert Bücher geschrieben, aber ich kann mit Sicherheit sagen, dass ich noch nie ein Kapitel so begonnen habe.

Ein Flatrate-Essen ist ein Essen in einem Restaurant, bei dem man so viel essen kann, wie man möchte. Vielleicht gönnen Sie sich das nur selten, aber wenn, dann kosten Sie es bestimmt auch voll aus. Neulich erzählte mir ein Bekannter, dass er zu Thanksgiving mit seiner Familie immer zu solch einem Büfett geht – das ist bereits Familientradition. Statt den ganzen Vormittag zu kochen und den ganzen Abend Geschirr zu spülen, geht diese Familie jedes Thanksgiving zum selben Restaurant und kostet das Büfett aus. Immer wieder gehen sie mit ihren Tellern zur Theke und holen sich mehr gefüllten Truthahn, mehr Kartoffeln und Süßkartoffeln, mehr grüne Bohnen und Cranberrysoße. Und zu diesem besonderen Anlass erlauben er und seine Frau ihren Kindern, sich so viel Nachtisch zu holen, wie sie möchten. Er sagte: »Joyce, zu solch einem Flatrate-Essen gehen wir nur einmal im Jahr, aber wenn schon, denn schon!«

Ich erwähne das am Anfang des letzten Kapitels, weil ich denke, dass Hoffnung gewissermaßen ein Gericht auf Gottes Flatrate-Büfett ist. Es ist zwar nicht das einzige Essen, das er anzubieten hat, aber es ist definitiv eine der Hauptspeisen. Gnade, Hoffnung, Liebe, Vergebung, Annahme, Stärke, Sicherheit – das sind einige der vielen Dinge, die Gott ohne Limit anbietet. Man kann sich unmöglich zu häufig Gnade abholen. Man kann nie Gottes Vorrat an Liebe erschöpfen. Man kann unmöglich zu viel Hoffnung erbeten.

Was auch immer Sie sich heute von Gott erhoffen – sei es in Bezug auf Ihre Familie, Ihre seelische oder körperliche Gesundheit, Ihre Beziehungen, Ihren Beruf, Ihre Finanzen, Ihre Zukunft –, setzen Sie sich kein Limit. Gehen Sie immer wieder zurück zum Büfett und tun Sie sich so viel Hoffnung auf, bis Sie satt sind. Wenn andere sich über Sie unterhalten, dann sollten sie sagen: »Das ist jemand, der voller Hoffnung ist. Was auch passiert, er kehrt Gott nie den Rücken.«

Sie können Ihre Seele als eine Art Glas sehen. Befüllen Sie es nicht nur zu einem Viertel mit Hoffnung. Begnügen Sie sich nicht mit einem halben Glas Hoffnung. Dreiviertel voll Hoffnung reicht auch nicht. Es gibt sogar noch mehr als voller Hoffnung zu sein: Sie können vor Hoffnung übersprudeln, sodass auch Ihre Mitmenschen etwas davon abbekommen. Entscheiden Sie sich, vor Hoffnung auf Gott überzusprudeln. Glauben Sie, dass er unendlich viel mehr tun wird, als Sie von ihm bitten oder auch nur erhoffen können (siehe Epheser 3,20).

Der Gott des Mehr-als-genug

Eines steht fest: Jesus übertrifft gerne Erwartungen. An seiner Macht besteht kein Zweifel, denn er gibt uns mehr als nur das, was wir brauchen; er gibt uns das, was wir brauchen und noch darüber hinaus. Hier ist ein Bibelvers, der dieses Prinzip unterstreicht:

Er wird euch großzügig mit allem versorgen, was ihr braucht. Ihr werdet haben, was ihr braucht, und ihr werdet sogar noch etwas übrig behalten, das ihr mit anderen teilen könnt.
2. Korinther 9,8

Gott verspricht nicht nur genug für Sie, sondern auch einen Überfluss, durch den Sie anderen helfen können. Das klingt nach einem aufregenden Lebensstil, oder nicht? Den möchte ich mir auf keinen Fall entgehen lassen. Sie?

In Johannes 6 finden wir die bekannte Geschichte der Speisung der Fünftausend (plus Frauen und Kinder). Die Jünger gerieten in Panik, weil die Menschenmenge Hunger hatte und sie nicht annähernd genug zu essen für all diese Menschen hatten. Ein hungriger Mob und hilflose Jünger – das sah nicht gut aus.

Kennen Sie dieses Gefühl der Hilflosigkeit? Waren Sie schon einmal in einer Situation, in der das Problem so groß war, dass Sie es unmöglich selbst lösen konnten?

- Um Ihre Ehe steht es nicht besonders gut, aber Sie sind völlig ratlos, wie diese noch zu retten ist.
- Sie fühlen sich einsam und entmutigt und Sie wissen nicht, wie Sie das ändern sollen.
- Sie sind an Ihrem Arbeitsplatz in Ungnade gefallen und haben keine Ahnung, wie Sie wieder Boden unter die Füße bekommen können.
- Ihr Einkommen reicht nicht aus, um Ihre Ausgaben zu decken, und Sie wissen nicht, wie Sie das Problem lösen sollen.
- Ihre Kinder tun sich in der Schule schwer und Sie wissen nicht, wie Sie ihnen helfen können.

So ging es vielleicht auch den Jüngern. Die Leute schauten sie erwartungsvoll an, doch sie fühlten sich hoffnungslos. Ihr Problem war zu groß und ihre Fähigkeiten zu klein. Also taten sie das Einzige, was sie tun konnten – sie gingen zu Jesus. Und Jesus nahm das wenige, das sie hatten (fünf Gerstenbrote und zwei kleine Fische), brachte es im Gebet vor Gott und machte sich dann daran, es zu vervielfachen.

Zunächst dachten die Jünger vermutlich, das Essen würde höchstens für zwei oder drei Personen reichen. Doch der Vorrat aus der Hand des Retters war nicht zu erschöpfen. Zehn Menschen wurden gespeist, dann hundert, fünfhundert und tausend. Zu ihrem Erstaunen kam immer mehr und noch mehr Proviant! Der unglaublichste Teil der Geschichte ist nicht, dass alle genug zu essen bekamen, sondern dass alle so viel essen konnten, wie sie wollten und am Ende immer noch zwölf Körbe voller Essen übrig waren. Jesus versorgte sie mehr als genug.

Flatrate-Essen!

Wenn Jesus eine hungrige Menschenmenge speisen konnte, stellen Sie sich nur vor, was er für Ihre hungrige Seele tun kann. Ganz gleich was Sie heute durchmachen, die Kraft Gottes in Ihrem Leben ist dem mehr als gewachsen. Es gibt keinen Grund zur Sorge oder Angst; Sie haben Hoffnung. Derselbe Jesus, der für so viel Essen gesorgt hat, dass zwölf Körbe übrig blieben, dieser Jesus sorgt auch für Sie.

Scheuen Sie sich nicht, Gott vertrauensvoll zu bitten, das Undenkbare und Unvorstellbare in Ihrem Leben zu tun. Gott liebt es, aus etwas, das als unmöglich gilt, erstaunliche Möglichkeiten zu schaffen. Wenn das Meer seinem Volk im Wege steht, dann teilt er es eben. Wenn die Sonne während einer Siegesschlacht untergeht, dann befiehlt er ihr stehen zu bleiben. Wenn eine Menschenmenge Hunger bekommt, dann speist er sie aus einer einzigen Brotbüchse. Wenn Gott aktiv wird, dann gibt es Sieg, Tageslicht und Essen in Hülle und Fülle. Bitten Sie Gott also nicht nur um gerade genug, sondern um Hülle und Fülle. Bitten Sie nicht aus egoistischen Motiven, sonst bekommen Sie vielleicht gar nichts. Doch wenn Sie mehr als genug haben wollen, um Not leidenden Menschen zu helfen, dann dürfen Sie unendlich viel mehr erwarten, als Sie je bitten oder auch nur *hoffen* können (siehe Epheser 3,20).

In Lukas, Kapitel 5 kommt Jesus zu seinen Jüngern, nachdem sie die ganze Nacht gefischt hatten, ohne etwas zu fangen. Er sagt ihnen, dass sie es noch einmal im tieferen Wasser probieren sollen. Als sie seinen Rat befolgen, geschieht etwas Erstaunliches.

Diesmal waren ihre Netze so voll, dass sie zu reißen begannen! Sie riefen nach ihren Gefährten in dem anderen Boot, und bald darauf waren beide Boote so voller Fische, dass sie unterzugehen drohten.

Lukas 5,6-7

Woher kommt die Hilfe?

Wenn etwas nicht so klappt wie erhofft oder wenn man einen schlechten Ratschlag bekommt oder von einem Freund enttäuscht wird, hören wir möglicherweise folgenden Kommentar: »Kein Wunder. Von dem konnte man eigentlich auch nichts anderes erwarten.« Die Person bringt dadurch zum Ausdruck, dass wir unsere Zuversicht auf eine unsichere Grundlage gebaut haben und deshalb unweigerlich enttäuscht wurden.

Ein Grund, warum nicht mehr Menschen voller Hoffnung sind, ist, dass sie ihre Hoffnung auf die falschen Dinge setzen. Statt sich an Gott zu wenden, stützen sie sich auf ihren Job, eine Beziehung, die Wirtschaft, eine politische Ideologie, einen Traum oder ihren Ehepartner, um sie glücklich zu machen und ihre Bedürfnisse zu stillen. An sich ist an diesen Dingen auch nichts verkehrt, doch sie waren nie dazu gedacht, unsere Hoffnungsquelle zu sein. Gott ist die einzige Quelle, die nie austrocknet. Am Anfang des Buches hatten wir bereits darüber gesprochen, wie wichtig es ist, dass Gott die Quelle unserer Hoffnung ist. Es ist jedoch sehr leicht, von dieser wichtigen Wahrheit abzudriften, dass ich sie in dieses Schlusskapitel noch einmal einbeziehen will.

In 1. Korinther 8,6 steht:

Wir aber wissen, dass es nur einen Gott gibt, den Vater, der alles erschaffen hat und für den wir leben. Und es gibt nur einen Herrn, Jesus Christus, durch den Gott alles erschaffen hat und durch den wir leben.

Gott ist derjenige, »der alles erschaffen hat« und »für den wir leben«. Wenn Ihre Hoffnung auf irgendetwas anderem beruht als auf Gott, werden Sie unweigerlich enttäuscht sein. Der emotionale Stress, unter dem viele Christen leben, rührt daher, dass sie sich auf die falschen Quellen verlassen. Solange Ihre Hoffnung auf einen Menschen, ein Programm oder vielleicht sogar Sie selbst gegründet ist, werden Sie immer wieder Enttäuschungen und Kummer erleben, weil diese Quellen begrenzt sind. Und je länger Sie versuchen aus ausgetrockneten Quellen zu schöpfen, umso tiefer und ausgeprägter werden Ihre Enttäuschungen sein.

In Psalm 42,12 steht: *Warum bin ich so mutlos? Warum so traurig?* **Auf Gott will ich hoffen,** *denn eines Tages werde ich ihn wieder loben, meinen Retter und meinen Gott!* (Hervorhebung durch die Autorin). David tat in diesem Bibelvers etwas sehr Weises. Obwohl er sich niedergeschlagen fühlte und ihm nicht gerade hoffnungsvoll zumute war, fing er an sich selbst aufzufordern, auf Gott zu hoffen. Er sagte sich: *Ich will heute auf Gott hoffen und ich will ihn loben. Ob ich mich nun danach fühle oder nicht, Gott ist meine Quelle und auf ihn will ich hoffen!* Er ignorierte seine schlechte Stimmung und beschloss, auf die einzige Quelle zu hoffen, die ihm Kraft geben konnte. David hatte in der Vergangenheit wiederholt die befreiende Kraft Gottes erlebt und er wusste, dass Gott treu ist.

Ich kann gar nicht aufzählen, wie oft Gott seine Treue in meinem Leben bewiesen hat, und vermutlich geht es Ihnen genauso. Warum sollten wir unsere Zeit damit vergeuden, uns an ein wackeliges Gerüst zu klammern? Setzen wir doch unsere Hoffnung auf das einzig Stabile; so werden wir viele Enttäuschungen vermeiden.

Wie Hoffnung aussieht

Die Niagarafälle gehören zu den atemberaubendsten Sehenswürdigkeiten Nordamerikas. Selbst wenn Sie noch nicht persönlich da waren, haben Sie bestimmt schon in Videos oder auf Bildern gesehen, wie imposant sie sind. Das mächtige Toben des Flusses und das ohrenbetäubende Brausen des Wasserfalls sind wirklich Ehrfurcht gebietend. Das Wunder und die Schönheit der Welt, die Gott geschaffen hat, versetzen mich immer wieder in Erstaunen!

Am meisten fasziniert mich an den Niagarafällen, dass sie nie austrocknen. Jede Minute strömen mehr als 168 000 Kubikmeter Wasser über die Klippen, unaufhörlich.[15] Es gibt keinen Tag, an dem die Niagarafälle zu fließen aufhören und die Angestellten in dem Naturpark alle Besucher nach Hause schicken, um die Wasservorräte aufzufüllen. Minute um Minute, Stunde um Stunde, Tag um Tag fließt das Wasser weiter.

Falls Sie die Niagarafälle schon einmal besucht haben, dann wissen Sie, dass man unmöglich in ihre Nähe kommen kann, ohne ihre Wirkung zu spüren. Noch bevor Sie die Wasserfälle sehen, können Sie sie schon hören. Das Rauschen des Wassers, das unten auf die Felsen trifft, ist extrem laut. Und wenn man näher kommt, fängt man an, den Sprühnebel zu spüren, der in der Luft hängt. Jeder, der in die Nähe dieser Naturschönheit kommt, ist hinterher durchnässt. Die Wasserfälle sind ein währendes Wunder, das seine Spuren bei jedem hinterlässt, der damit in Berührung kommt.

Das ist ein treffendes Bild für das, was Hoffnung in Ihrem Leben sein kann. Hoffnung fließt immer weiter, genau wie ein Fluss, der nie austrocknet. Sie können in Hoffnung schwimmen, von ihr trinken, sie an andere weitergeben – ganz gleich wie oft Sie aus ihr schöpfen, nie können Sie sie erschöpfen. In Sprüche 23,18 heißt es, dass unsere Hoffnung nicht enttäuscht wird. Das heißt, es wird nie vorkommen, dass Sie zum Fluss der Hoffnung gehen und ein trockenes Flussbett vorfinden. Da Gott ewig ist, quillt auch die Hoffnung aus ihm ewig hervor. Jeden Tag Ihres Lebens können Sie sich voller Glauben und Hoffnung an ihn wenden, in dem Wissen, dass er Ihnen gibt, was Sie brauchen.

Hoffnung ist nicht nur ein Fluss, der nie austrocknet, Hoffnung ist ein Wasserfall, der niemanden unberührt lässt, der in seine Nähe kommt. Man kann Hoffnung hören, man kann sie sehen, man kann sie in der Nähe eines hoffnungsvollen Menschen spüren. Wenn Sie vor Hoffnung übersprudeln, wirkt sich das nicht nur auf Ihr eigenes Leben aus, sondern auch auf das Ihrer Mitmenschen. Ihre Hoffnung ergießt sich über andere. Je öfter sie Kontakt mit Ihnen haben, umso mehr hören sie das Rauschen des Wasserfalls und spüren den Sprühnebel in der Luft. Es dauert nicht lange und sie werden sagen: »Ich bin gerne mit dir zusammen. Irgendetwas ist anders an dir. Irgendwie macht es mir immer Hoffnung, wenn ich mit dir rede.«

Wenn Sie morgens aufstehen und erwarten, dass Gott heute etwas Gutes tut, denken Sie an den Wasserfall. Sobald Entmutigung aufkommt und Sie versucht sind, Ihren Traum aufzugeben, denken Sie an den Wasserfall. Und wenn Menschen in Ihrer Nähe Ermutigung brauchen, denken Sie an den Wasserfall. Hoffnung ist kein Rinnsal. Hoffnung ist kein Bächlein. Hoffnung ist ein mächtiger, rauschender Wasserfall, zu dem Menschen aus aller Welt kommen, um ihn zu erleben.

Hoffnung im Überfluss

Was wollen Sie glauben?

Die kritische und zynische Welt warnt uns ständig davor, uns bloß nicht zu große Hoffnungen zu machen. Sie sagt: »In der Vergangenheit ist es doch auch nicht gut gelaufen« oder »Du wirst nur wieder enttäuscht werden«. Sie fordert uns auf, doch bitte »vernünftig« zu sein und nicht zu viel zu erwarten. Doch Gott fordert uns auf, mehr zu erwarten, als menschlich gesehen vernünftig ist. Er will, dass wir alles im Überfluss erwarten!

Ich möchte Ihnen Mut machen, das Gegenteil von dem zu tun, was die Welt tun würde. Lassen Sie Ihr Leben nicht von Ihrer rein menschlichen Sicht bestimmen. Bringen Sie Ihre Denkweise in Einklang mit der Bibel und lernen Sie, so zu denken wie Gott. In jedem Kapitel dieses Buches haben wir Bibelverse und Zusagen Gottes gesehen, die uns ermutigen, auf sein Bestes in unserem Leben zu hoffen. Wir haben biblische Beispiele betrachtet. Wir haben Geschichten von ganz gewöhnlichen Menschen wie Sie und ich gehört, von Männern und Frauen, die es wagten zu glauben, dass Gott seine Zusagen erfüllen würde. Das führt uns zu der Frage: Wie wollen Sie sich entscheiden? Wollen Sie sich für Hoffnung oder Hoffnungslosigkeit entscheiden? Wollen Sie mit der freudigen Erwartung leben, dass heute etwas Gutes in Ihnen, durch Sie und für Sie geschehen wird? Wollen Sie Gutes für Ihre Familie, Ihre Kinder, Ihre Freunde, Ihre Umstände, Ihre Arbeit, die Schule, die Regierung und so weiter erwarten? Eines ist sicher: Hoffnungslosigkeit und Negativität haben noch nie Besserung gebracht. Wenn doch die Möglichkeit besteht, dass Hoffnung und Glauben an Gott »funktionieren«, warum würden wir es dann nicht ausprobieren wollen?

Eine besonders dreiste Lüge des Feindes, die uns davon abhalten soll, die Kraft der Hoffnung zu erleben, ist, dass wir sie nicht verdient haben. *Du hast es nicht verdient, Gott um mehr zu bitten. Du hast es nicht verdient, das Beste zu erhoffen. Du hast es nicht verdient, das Leben zu genießen, weil du schon zu viele Feh-*

ler gemacht hast. Die Gesellschaft, unsere schlechten Neigungen und der Teufel erinnern uns an unsere Fehler und Misserfolge, Sünden und Mängel. Die daraus resultierenden Schuldgefühle halten uns davon ab, uns mit einem hoffnungsvollen Herzen an Gott zu wenden.

Die Wahrheit ist: Sie haben Hoffnung nicht verdient ... und ich auch nicht. Wir haben beide zu viele Fehler gemacht. Wäre Hoffnung von unserer weißen Weste abhängig, gäbe es keine Hoffnung für uns. Doch die gute Nachricht von Jesus Christus ist ja gerade, dass Gott nicht unser Scheitern ansieht, sondern das, was Jesus geleistet hat. Als wir noch in unserer Sünde verfangen waren, weit weg von Gott, da kam Jesus und hat den Preis für uns bezahlt. Sein Tod hat jede Sünde, jeden Fehler, jedes Versagen und jeden Mangel ausgeglichen. Wir konnten uns unmöglich verdienen, was Gott uns geben wollte. Gott wusste das, also hat er es auch gar nicht von uns verlangt. Uns wurde Hoffnung geschenkt, nicht weil wir sie verdient haben, sondern weil Jesus sie verdient hat. Und das, was er bezahlt hat, war mehr als genug.

Hoffnung bringt ...

Befreiung von Druck
einen positiven Stimmungswandel
Befreiung von Niedergeschlagenheit
den Wunsch, wieder Träume zu haben
die Aussicht auf bessere Zeiten
das Erweichen eines harten Herzens
einen erfrischten Geist
die Motivation, unsere Ziele zu erreichen
Energie für die Seele
innere Ruhe
Freiheit von Sorgen

Freiheit von Furcht
Lebensfreude
Geduld beim Warten
Zuversicht, die uns vor dem Aufgeben bewahrt
den Glauben, dass sich alles und jeder ändern kann
eine Erinnerung, dass Gott alles im Griff hat
Begeisterung über das Unbekannte
die Gewissheit, dass wir immer noch einmal von vorn anfangen können
die Erkenntnis, dass wir nicht allein sind

Das ist nur ein kleiner Teil von dem, was Hoffnung bewirkt. Doch selbst wenn Hoffnung nichts von dem bewirken würde, würde sie sich trotzdem lohnen, weil ein hoffnungsvoller Mensch glücklicher ist als ein hoffnungsloser.

Sei voller Hoffnung!

Hoffnung kennt kein Limit. Sie ist grenzenlos. Je mehr Sie hoffen, umso mehr freut sich Gott. Doch vergessen Sie nicht: Hoffnung ist nur so stark wie ihre Quelle. Wenn Ihre Hoffnung in einem Menschen, einem Arbeitsplatz oder Ihren eigenen Kräften und Fähigkeiten liegt, dann werden Sie nur unglücklich und frustriert sein. All diese Dinge haben Grenzen; Gott nicht. Machen Sie ihn zur Quelle Ihrer Hoffnung. Lassen Sie Ihren Tag von der Gesinnung bestimmen, die in dem alten Kirchenlied von Edward Mote zum Ausdruck kommt, geschrieben 1834:

Meine Hoffnung ruht für alle Zeit
auf Jesus, meiner Gerechtigkeit.
Nicht bauen will ich auf schöne Rahmen,
sondern ganz vertrau auf Jesu Namen.

VOLLER HOFFNUNG

Christus, der Fels, gibt mir Bestand;
jeder andre Grund ist sinkender Sand,
jeder andre Grund ist sinkender Sand.

Wenn Dunkelheit sein Gesicht verbirgt,
seine Gnade beruhigend in mir wirkt;
und wenn der Sturm auch um mich tobt,
der Anker hält mich mit meinem Boot.

Sein Eid, sein Bund, sein Blut,
sie tragen mich durch jede Flut;
und wird meine Seele auch umringt,
ist er der, der mir Hoffnung bringt.

Wenn die Trompeten seiner Ankunft schallen,
oh, möge ich in seine Arme fallen;
er allein ist meine Gerechtigkeit,
mich rein zu waschen in Ewigkeit.[16]

Also, seien Sie voller Hoffnung! Es spricht nichts dagegen. Schließen Sie sich den unzähligen Menschen an, die im Laufe der Jahrhunderte gewagt haben zu hoffen und es nie bereut haben!

Nachwort

Das erste Kapitel dieses Buches begann mit einer Frau namens Hiobs-Hanna. Die arme Hanna – sie machte es sich nicht leicht, oder? Obwohl sie eine tolle Familie hatte und obwohl sie ihren christlichen Glauben sehr ernst nahm, besaß sie sehr wenig Hoffnung. Hanna lebte nicht in der freudigen Erwartung, dass etwas Gutes passieren würde; sie lebte in der entmutigenden Erwartung, dass Schlechtes unvermeidbar war. Statt von dem Besten auszugehen, machte sich Hanna andauernd auf das Schlimmste gefasst und das hinterließ Spuren in ihrem Leben.

Sie war entweder frustriert, besorgt, niedergeschlagen oder entmutigt. Vielleicht können Sie sich an manchen Tagen mit Hanna identifizieren. Vielleicht haben Sie hin und wieder Ihre liebe Mühe, das überreiche, optimistische, mit Freude erfüllte Leben zu führen, das Jesus Ihnen durch seinen Tod ermöglicht hat. Vielleicht haben Sie dieses Buch gekauft, weil der Titel ermutigend klingt und Sie unbedingt gute Nachrichten brauchen.

Ich möchte mir noch einen Moment Zeit nehmen und ein ganz persönliches Wort an Sie richten. Ich habe nämlich große Hoffnungen für Sie. Ich glaube, dass Gott Sie von der schweren Kette des »Ich kann nicht« oder »Es ist zu spät« befreit, damit Sie auf den Flügeln des »Ich kann« und »Die Zeit ist richtig« emporsteigen können. Ich habe die freudige Erwartung, dass Sie die Entmutigung und Verzweiflung Ihrer Vergangenheit da lassen, wo sie hingehören – in der Vergangenheit – und Sie Ihrer verheißungsvollen Zukunft entgegenlaufen.

Ich weiß nicht, wie Ihre Lebenssituation aussieht, während Sie diese Worte lesen. Vielleicht läuft alles tadellos und Sie können sich auf neue Abenteuer und neue Möglichkeiten freuen. Oder Sie schlagen sich mit Mühe gerade so durch und denken: *Viel schlimmer kann es nicht werden.* Oder möglicherweise schmerzt Ihre Seele so sehr, dass Sie sich fragen, ob der Schmerz je wieder abklingt.

VOLLER HOFFNUNG

Ganz gleich vor welchen großen oder kleinen Herausforderungen Sie heute stehen, es ist Zeit, wieder Hoffnung zu schöpfen. Es ist Zeit, voller Hoffnung zu sein, dass Gott Ihnen Gelingen schenkt. Es ist Zeit, voller Hoffnung zu sein, dass es bergauf geht. Es ist Zeit, voller Hoffnung zu sein, dass Sie glücklich sein können. Die Hürde, die vor Ihnen liegt, bietet Gott die Chance, etwas Wunderbares in Ihrem Leben zu tun. Sie werden nicht verlieren; Gott ist auf Ihrer Seite und Gott ist unbesiegt.

Also nichts wie los! Schrauben Sie Ihre Erwartungen hoch. Geben Sie sich nicht mit »gut« zufrieden, wenn Sie mit »herrlich« rechnen können. Heute ist ein neuer Tag in Ihrem Leben und ein neuer Tag ist die beste Gelegenheit, voller Hoffnung zu sein.

Weitere Bibelverse über Hoffnung

Die Seiten dieses Buches sind mit Bibelversen über Hoffnung gefüllt, aber unten habe ich zur Ermutigung noch einige weitere aufgeführt.

Hoffnung für den Alltag

Meine Seele spricht: »Der Herr ist mein Anteil, auf ihn will ich hoffen.«
Klagelieder 3,24

Freut euch auf alles, was Gott für euch bereithält. Seid geduldig, wenn ihr schwere Zeiten durchmacht, und hört niemals auf zu beten.
Römer 12,12

Was ist nun also der Glaube? Er ist das Vertrauen darauf, dass das, was wir hoffen, sich erfüllen wird, und die Überzeugung, dass das, was man nicht sieht, existiert.
Hebräer 11,1

Macht Christus zum Herrn eures Lebens. Und wenn man euch nach eurer Hoffnung fragt, dann seid immer bereit, darüber Auskunft zu geben.
1. Petrus 3,15

Denn bei Gott ist nichts unmöglich.
Lukas 1,37

VOLLER HOFFNUNG

Israel, hoffe auf den Herrn! Denn der Herr ist gnädig und sein Erbarmen ist groß.

Psalm 130,7

Dies wurde vor langer Zeit aufgeschrieben, damit wir daraus lernen. Es soll uns Hoffnung geben und ermutigen, sodass wir geduldig auf das warten, was Gott in der Schrift versprochen hat.

Römer 15,4

Gib mir Halt, wie du es versprochen hast, damit ich lebe! Lass nicht zu, dass meine Hoffnung vergeblich ist.

Psalm 119,116

Herr, lass uns deine Gnade erfahren, denn du allein bist unsere Hoffnung.

Psalm 33,22

Denke an dein Versprechen, das du mir gegeben hast, denn es ist meine einzige Hoffnung.

Psalm 119,49

Ich bete, dass eure Herzen hell erleuchtet werden, damit ihr die wunderbare Zukunft, zu der er euch berufen hat, begreift und erkennt, welch reiches und herrliches Erbe er den Gläubigen geschenkt hat.

Epheser 1,18

Gott gab uns also sowohl seine Zusage als auch seinen Eid, die beide unabänderlich sind, weil Gott nicht lügt. Das ist für uns, die wir bei ihm Zuflucht gesucht haben, eine große Ermutigung, denn wir wollen ja das vor uns liegende Ziel, die Erfüllung der Hoffnung, erreichen.

Hebräer 6,18

Weitere Bibelverse über Hoffnung

Wenn du sie [die Weisheit] gefunden hast, liegt vor dir eine glänzende Zukunft, und deine Hoffnungen werden sich erfüllen.

Sprüche 24,14

Dennoch will ich mir dies zu Herzen nehmen, das will ich hoffen: Die Gnade des Herrn nimmt kein Ende! Sein Erbarmen hört nie auf.

Klagelieder 3,21-22

Ich warte sehnsuchtsvoll auf deine Rettung, auf dein Wort hoffe ich.

Psalm 119,81

Du bist meine Zuflucht und mein Schutz, dein Wort ist meine einzige Hoffnung.

Psalm 119,114

Alle, die dich fürchten, werden mich sehen und sich freuen, denn ich habe meine Hoffnung auf dein Wort gesetzt.

Psalm 119,74

Durch Christus seid ihr zum Glauben an Gott gekommen. Und weil Gott ihn von den Toten auferweckt und ihm große Herrlichkeit gegeben hat, setzt ihr nun euren Glauben und eure Hoffnung auf Gott!

1. Petrus 1,21

Wir wünschen uns deshalb sehr, dass ihr bis zum Ende diesen Eifer behaltet, damit ihr voller Zuversicht an der Hoffnung festhalten könnt, die Gott euch gab.

Hebräer 6,11

Wir bitten für euch, dass Jesus Christus, unser Herr, und Gott, unser Vater, der uns geliebt und uns in seiner Gnade bleibenden

Trost und gute Hoffnung geschenkt hat, eure Herzen ermutige und euch stärke in allem, was ihr sagt und tut!

2. Thessalonicher 2,16-17

Und in dieser Hoffnung werden wir nicht enttäuscht werden. Denn wir wissen, wie sehr Gott uns liebt, weil er uns den Heiligen Geist geschenkt hat, der unsere Herzen mit seiner Liebe erfüllt.

Römer 5,5

Wir arbeiten hart und leiden dabei viel, denn unsere Hoffnung ist der lebendige Gott. Er ist der Erlöser aller Menschen, insbesondere der Gläubigen.

1. Timotheus 4,10

Hoffnung auf Rettung

Ich hoffe auf deine Rettung, Herr, denn deine Gebote habe ich erfüllt.

Psalm 119,166

Gelobt sei der Gott und Vater unseres Herrn Jesus Christus, denn er hat uns in seiner großen Barmherzigkeit das Vorrecht geschenkt, wiedergeboren zu werden. Jetzt haben wir eine lebendige Hoffnung, weil Jesus Christus von den Toten auferstanden ist.

1. Petrus 1,3

In seiner großen Güte sprach er uns los von unserer Schuld. Nun wissen wir, dass wir das ewige Leben erben werden.

Titus 3,7

Weitere Bibelverse über Hoffnung

Denn die Gnade Gottes, die allen Menschen Rettung bringt, ist sichtbar geworden. ... Denn wir warten auf das wunderbare Ereignis, wenn die Herrlichkeit des großen Gottes und unseres Erlösers, Jesus Christus, erscheinen wird.

Titus 2,11.13

Diese Wahrheit schenkt die Hoffnung auf ewiges Leben, das Gott schon vor dem Anfang der Welt zugesagt hat – und er kann nicht lügen.

Titus 1,2

Wir dagegen, die im Licht leben, wollen einen klaren Kopf behalten. Wir wappnen uns mit Glauben und Liebe und schützen uns mit der Hoffnung auf Erlösung.

1. Thessalonicher 5,8

Denn ihr glaubt an die Hoffnung, die der Himmel für euch bereithält, wie ihr sie durch das Wort der Botschaft Gottes gehört habt.

Kolosser 1,5

Wenn der Glaube an Christus nur für dieses Leben Hoffnung gibt, sind wir die elendesten Menschen auf der Welt. Nun ist aber Christus als Erster von den Toten auferstanden.

1. Korinther 15,19-20

Gebet um Errettung

Gott liebt Sie und sehnt sich nach einer persönlichen Beziehung mit Ihnen. Sollten Sie Jesus noch nicht als Ihren Retter angenommen haben, dann können Sie das jetzt tun. Öffnen Sie ihm einfach Ihr Herz und sprechen Sie folgendes Gebet:

»Vater, ich weiß, dass ich gegen dich gesündigt habe. Bitte vergib mir. Mach du mich rein. Ich entscheide mich, mein Vertrauen auf Jesus, deinen Sohn, zu setzen. Ich glaube, dass er für mich gestorben ist. Er hat meine Sünden auf sich genommen, als er am Kreuz für mich starb. Ich glaube, dass er von den Toten auferstanden ist. Ich mache Jesus zum Herrn meines Lebens. Danke, Vater, für das Geschenk der Vergebung und des ewigen Lebens. Bitte hilf mir, für dich zu leben. In Jesu Namen, amen.«

Wenn Sie dieses Gebet von ganzem Herzen gesprochen habe, dann hat Gott Sie angenommen, Ihnen vergeben und Sie von der Gefangenschaft des geistlichen Todes befreit. Nehmen Sie sich etwas Zeit, um die folgenden Bibelstellen aufmerksam zu lesen. Bitten Sie Gott, zu Ihnen zu reden, während Sie anfangen, dieses neue Leben mit ihm zu gestalten.

Johannes 3,16	1. Johannes 1,9
1. Korinther 15,3-4	1. Johannes 4,14-15
Epheser 1,4	1. Johannes 5,1
Epheser 2,8-9	1. Johannes 5,12-13

Bitte beten Sie dafür, dass Gott Ihnen hilft, eine Gemeinde zu finden, die Sie darin unterstützt, in Ihrer Beziehung zu Jesus Christus zu wachsen. Er wird Sie in Ihrem Alltag begleiten und Ihnen zeigen, wie Sie zufrieden leben können, so wie er es sich für Sie gedacht hat. Wir empfehlen Ihnen, an einem Alpha Kurs in einer Kirchengemeinde in Ihrer Nähe teilzunehmen. In diesem überkonfessionell angebotenen Glaubenskurs können Sie in offener Atmosphäre Ihre Fragen zum Glauben stellen. Nebenbei lernen Sie andere Menschen kennen, die ebenso wie Sie am Anfang ihres spannenden Lebens mit Gott stehen. Wir helfen Ihnen gerne, einen Kurs in Ihrer Nähe zu finden. Rufen Sie uns einfach an:

Deutschland 040 / 88 88 4 11 11
Schweiz 0848 / 88 00 11

Herzliche Grüße,

Ihr Joyce Meyer Team

Anmerkungen

Kapitel 1
[1] Quelle unbekannt: »Where's the Pony«, http://storiesforpreaching.com/category/sermonillustrations/hope/

Kapitel 2
[2] James Brown: Evangeline Baptist Church, Wildsville, LA, in *Discoveries*, Bd. 2, Nr. 4, Herbst 1991

Kapitel 3
[3] »Who we are«, »I Have a Dream Foundation«, http://www.ihaveadreamfoundation.org/who-we-are/history/; http://www.sermonillustrations.com/a-z/h/hope.htm
[4] *Today in the Word*, MBI, 18. Dezember 1991

Kapitel 4
[5] Zitiert in Joyce Meyer: »Doing Your Best with What You Have«, http://www.joycemeyer.org/articles/ea.aspx?article=doing_your_best_with_what_you_have

Kapitel 9
[6] Debra S. Larson: »Blind Skier Sets Goals on Disabled Olympics«, 5. Februar 1987, http://articles.latimes.com/1987-02-05/news/vw-1122_1_water-skiing

Kapitel 10
[7] Quelle unbekannt: »Attitude«, http://www.sermonillustrations.com/a-z/a/attitude.htm
[8] Quelle unbekannt: »Hope«, http://www.sermonillustrations.com/a-z/h/hope.htm

Kapitel 11
[9] *Bits & Pieces*, Juli 1991, http://www.sermonillustrations.com/a-z/h/hope.htm

Kapitel 12
[10] Gary Morsch und Dean Nelson: *The Power of Serving Others: You Can Start Where You Are*, Barrett-Koehler Publishers, Inc. 2006, S. 19–21
[11] Zitiert in *Today in the Word*, 6. März 1991

Kapitel 14
[12] »Misery Dinner«, Christopher News Notes, August 1993, http://www.sermonillustrations.com/a-z/j/joy.htm

Kapitel 16
[13] Quelle unbekannt: »Don't worry«, http://www.inspire21.com/stories/faithstories/dontworry
[14] Steve Goodier: *Quote magazine*, in *Reader's Digest*, Mai 1990

Kapitel 17
[15] Niagara Parks: »Niagara Falls Geology Facts & Figures«, http://www.niagaraparks.com/about-niagara-falls/geology-facts-figures.html
[16] »My Hope Is Built on Nothing Less«, http://www.hymnal.net/en/hymn/h/298#ixzz31E5ASKsi

Die Internetseiten wurden zuletzt am 10.2.2016 aufgerufen.

Joyce Meyer

Joyce Meyer ist eine der weltweit bekanntesten Bibellehrerinnen. Als Bestsellerautorin hat sie mehr als 90 wegweisende Bücher geschrieben, unter anderem „Gib niemals auf", „Powergedanken" sowie „Das Schlachtfeld der Gedanken", wovon es eine Ausgabe für Erwachsene und eine für Teens gibt. Darüber hinaus hat sie Tausende von Lehrvorträgen auf CD und DVD herausgegeben. Joyce' Radio- und Fernsehprogramme *Enjoying Everyday Life (Das Leben genießen)* werden weltweit ausgestrahlt und Joyce bereist viele Länder, um dort Konferenzen abzuhalten. Sie und ihr Mann Dave haben vier erwachsene Kinder und leben in St. Louis, Missouri, USA.

Über Joyce Meyer Ministries (JMM)

Hand of Hope – der christliche Hilfsdienst von Joyce Meyer

Joyce und Dave Meyers zentrales Anliegen ist es, armen und verletzten Menschen in der ganzen Welt zu helfen. Es geht darum, nicht nur zu reden, sondern auch konkret zu handeln. Darum bringt Joyce Meyer Ministries (JMM) humanitäre Hilfe in verschiedene Krisenregionen der Welt. Dies geschieht mit neun internationalen Büros und in Zusammenarbeit mit über 35 weltweit tätigen Missionsgesellschaften.

Auf diese Weise werden über 32 Millionen Mahlzeiten pro Jahr in den Hungerregionen der Welt ausgegeben, fast 40 Waisenheime in armen Ländern unterhalten, Dörfer mit sauberem Trinkwasser versorgt und Tausende von Gefängnisinsassen unterstützt. Außerdem gründet und fördert JMM Gemeinden in Ländern, wo Christen unter Verfolgung leiden, bietet medizinische Hilfe und hilft alten wie jungen Menschen in den „Gettos" von Großstädten, wie mit dem Dream Center in St. Louis. Mehr Infos unter **joyce-meyer.de/hand**

TV und Radio

Die *Enjoying Everyday Life (Das Leben genießen)* Sendungen in Radio und Fernsehen erreichen täglich Hunderttausende weltweit. Im September 1993 konnte das Programm wöchentlich auf zwei Kanälen empfangen werden. Heute wird *Enjoying Everyday Life* täglich und wöchentlich von rund 500 Fernsehsendern und nahezu 400 Radiosendern weltweit ausgestrahlt. Das Programm wird mittlerweile in 81 Sprachen übersetzt und kann sogar in der arabischen Welt empfangen werden.

Internet

Unter **joyce-meyer.de** können Sie die Sendung *Das Leben genießen* rund um die Uhr sehen. Außerdem erhalten Sie dort aktuelle Informationen, können Bücher, eBooks, DVDs und CDs bestellen oder Kontakt zu uns aufnehmen.
Vorträge von Joyce Meyer in anderen Sprachen finden Sie unter **tv.joycemeyer.org**

Werden Sie Fan von Joyce Meyer auf facebook. Lassen Sie sich täglich von ihr ermutigen und auf dem Laufenden halten:
facebook.com/joycemeyerdeutschland

Konferenzen

Konferenzen quer durch die USA (bis zu zwölf im Jahr) und auch im Ausland sind nach wie vor Joyce' Leidenschaft. Die Menschen kommen in Scharen und Joyce predigt das Wort Gottes und gibt praktische Lebenshilfe in der ihr eigenen direkten und humorvollen Art. Gleichzeitig werden diese Konferenzen für Fernsehsendungen aufgezeichnet.

Joyce Meyers persönliches Geschenk an Sie

Als Leser dieses Buches können Sie jetzt ein kostenloses Geschenk von Joyce Meyer erhalten. Einfach diesen Gutschein-Code [BK0316] mit Ihrer Anschrift versehen und an

Joyce Meyer Ministries Deutschland	**Joyce Meyer Ministries Schweiz**
Postfach 76 10 01	**Postfach 500**
22060 Hamburg	**3700 Spiez**

schicken oder ins Internet gehen unter **joyce-meyer.de/geschenk**
Dort Adresse und Gutschein-Code eingeben und abschicken.

Sie können uns auch gerne anrufen:
Zuschauer- und Bestellservice:
Deutschland: 040-88 88 4 11 11   Schweiz: 0848-88 00 11

Das Geschenk wird vierteljährlich verschickt. Wir bitten deshalb um etwas Geduld.

Weitere Bücher & DVDs von Joyce Meyer

Themenwelt: Persönlichkeit stärken

Über den Gefühlen stehen
Wie Sie emotional nicht baden gehen
288 Seiten, Paperback, auch als eBook erhältlich
EUR 14,– [D], 14,50 [A], CHF 19.60
ISBN 978-3-939627-31-9
Gefühle können sehr stark sein und unsere Aufmerksamkeit fordern. Dennoch sollten wir uns nicht von ihnen kontrollieren lassen. Wer abwarten muss, wie ihm zumute ist, ehe er den Tag genießen kann, überlässt seinen Gefühlen die Herrschaft. In „Über den Gefühlen stehen" beschreibt Joyce Meyer, welche Gefühlsskala Menschen durchlaufen. Sie verbindet die Weisheit der Bibel mit psychologischen Erkenntnissen und gibt dem Leser Werkzeuge an die Hand, auf produktive Weise mit den eigenen Emotionen umzugehen.

Du darfst du selbst sein
Hab den Mut und erfülle deine Bestimmung
220 Seiten, Pb, EUR 13,80 [D], 14,– [A], CHF 19.30
ISBN 978-3-935703-49-9
Gehen Sie mit der nötigen Zuversicht an Ihren Alltag heran oder fühlen Sie sich von Zweifeln an Ihren Begabungen behindert? Lernen Sie, sich selbst anzunehmen und Unsicherheit zu überwinden. Dieses Buch ist für alle, die sich im Alltag irgendwie selbst verloren haben oder damit kämpfen, sie selbst sein zu können.

Lass dich nicht entmutigen
128 Seiten, Hardcover
EUR 12,80 [D], 13,30 [A], CHF 18.–
ISBN 978-3-945678-01-5
Stress, Sorge, Unsicherheit, Niedergeschlagenheit – alles keine Fremdworte für Sie? Lassen Sie sich von Joyce Meyer ermutigen, Trost, Sicherheit und Hilfe bei Gott zu suchen. Er hat eine Perspektive für Ihr Leben! Die kurzen Impulse und Bibelverse laden zum Nachdenken ein und machen Mut, von Gott alles zu erwarten.

Jetzt mal Klartext
Gefühlskämpfe überwinden durch die Kraft des Wortes Gottes
424 Seiten, Hardcover, auch als **eBook** erhältlich
EUR 19,– [D], 19,60 [A], CHF 26.80
ISBN 978-3-939627-10-4
Joyce Meyer sagt Angst, Einsamkeit und Sorgen den Kampf an. Niemand muss sich von negativen Gefühlen kleinkriegen lassen. In „Jetzt mal Klartext" liefert Joyce erfrischende, lebensverändernde Einsichten, mit Geschichten aus ihrem persönlichen Leben, praktischen Ratschlägen, alles untermauert mit Bibelstellen.

Gib niemals auf
Sei fest entschlossen, die Herausforderungen des Lebens zu meistern
304 Seiten, Paperback, auch als **eBook** erhältlich
EUR 13,– [D], 13,40 [A], CHF 18.30
ISBN 978-3-939627-23-4
Jeder hat schon einmal versagt oder ist an einer Sache gescheitert. Wichtig ist, in diesen Momenten nicht aufzugeben, sondern die eigenen Träume und Ziele mutig weiterzuverfolgen. In „Gib niemals auf" verbindet Joyce Meyer inspirierende und verblüffende Geschichten von unterschiedlichen Menschen mit ganz praktischer Lebenshilfe und Anleitung, wie Hindernisse überwunden werden können. Ein absoluter Mutmacher, der herausfordert, aufzustehen und sich nicht unterkriegen zu lassen!

Themenheft: Erfüllt mit dem Heiligen Geist
64 Seiten, geheftet
EUR 2,80 [D], 2,90 [A], CHF 4.00
Artikel-Nr. 446781005
Der Heilige Geist ist die dritte Person der Dreieinigkeit. Er ist zudem unser Tröster, Ratgeber, Fürsprecher und die Kraft Gottes, die uns befähigt, Dinge mit Leichtigkeit zu tun, die normalerweise schwer oder unmöglich für uns wären. Um diese Kraft in unserem Leben zu erfahren, können wir Gott um die Erfüllung mit dem Heiligen Geist bitten. In diesem Themenheft erklärt Joyce Meyer die Aufgaben des Heiligen Geistes und welche Gaben uns durch ihn zur Verfügung stehen. Lassen Sie sich ermutigen, die Fülle des Heiligen Geistes in Ihrem Leben zu empfangen.

Erfrischung für den Charakter
Doppel-DVD ca. 120 Minuten
EUR 16,– [D], 16,50 [A], CHF 22.50
Artikel-Nr. 446700724

Eine der größten Herausforderungen des geistlichen Lebens besteht darin, einen Charakter zu entwickeln, der Gott gefällt. Wer sind wir, wenn keiner zusieht? Wie verhalten wir uns, wenn die Herausforderungen des Lebens uns in die Ecke treiben? Erlauben Sie Gott, Ihren Charakter zu formen – lernen Sie „gute Früchte" zu tragen, wie Liebe, Friede, Geduld und Selbstbeherrschung. Diese „Früchte des Geistes" müssen aber erst entwickelt werden und dieser Prozess erfordert Ihre aktive Beteiligung. Arbeiten Sie mit Gott zusammen und üben Sie sich darin, nach seinen Maßstäben zu leben.

Der Weg zur Freiheit Teil 1+2
2 DVDs je ca. 60 Minuten
je EUR 5,– [D], 5,10 [A], CHF 11.–
Artikel-Nr. 311313000 (Teil 1)
Artikel-Nr. 311314000 (Teil 2)

Freiheit ist ein hohes Gut, dem jeder Mensch nachstreben sollte. Aber jede Freiheit hat ihren Preis. Oft stehen wir unserer Freiheit am meisten im Wege. In dieser Lehreinheit erklärt Joyce Meyer, wie wir durch konsequentes Anwenden des Wortes Gottes frei werden können. Lassen Sie sich von dieser herausfordernden Botschaft inspirieren.

Nur Mut!
Lebe leidenschaftlich und zielgerichtet
368 Seiten, Paperback, auch als eBook erhältlich
EUR 16,50 [D], 17,– [A], CHF 23.–
ISBN 978-3-939627-25-8

Den Sinn unseres Lebens zu kennen und zu verstehen ist unerlässlich, wenn wir das umsetzen möchten, was Gott mit uns vorhat. Während der Sinn des Lebens unser Weg und Ziel ist, stellt die Leidenschaft den Treibstoff dar, mit dem wir dorthin gelangen. Wir alle brauchen einen Grund, um jeden Morgen wieder aufzustehen. Wir müssen die Leidenschaft entdecken – den Funken, der uns motiviert und in Bewegung hält.

Themenwelt: Seelischen Schmerz heilen

Gott ist nicht böse auf dich
Wie man echte Liebe erfährt, Annahme findet und ohne Gewissensbisse lebt
280 Seiten, Paperback, auch als **eBook** erhältlich
EUR 18,– [D], 18,60 [A], CHF 24.90
ISBN 978-3-939627-40-1
Gott ist Liebe! Es gibt sicherlich keinen Christen, der diesen Satz noch nicht gehört hat. Aber dennoch habe viele Schwierigkeiten von Herzen zu glauben, dass er ein barmherziger und vergebender Vater ist. Tief in ihrem Innern haben Sie Angst, auf seinen Zorn und seine Ablehnung zu stoßen, wenn sie Fehler machen.

Tu dir selbst einen Gefallen – vergib!
Lerne dein Leben durch Vergebung in den Griff zu bekommen
208 Seiten, Paperback, auch als **eBook** erhältlich
EUR 10,– [D], 10,20 [A], CHF 14.–
ISBN 978-3-939627-35-7
Warum sollten Sie vergeben, wenn Sie zutiefst verletzt worden sind? In diesem Buch erklärt Joyce Meyer, dass Vergebung der Schlüssel zur Freiheit von Aufruhr ist, den der Zorn hervorruft. Lassen Sie nicht länger zu, dass Wut und Unversöhnlichkeit Ihr Leben vergiften, sondern geben Sie Gott eine Chance, Ihren Schmerz zu heilen. Er wird Sie befähigen, eine vergebende Haltung einzunehmen und Ihre Verletzungen bewusst loszulassen.

Ein Leben
Joyce Meyer erzählt ihre Lebensgeschichte
DVD ca. 60 Minuten
EUR 12,– [D], 12,40 [A], CHF 16.80
Artikel-Nr. 446700722
Auf dieser DVD erzählt Joyce sehr persönlich über ihre Erfahrungen mit massivem und wiederholtem Missbrauch als Jugendliche und wie Gott sie geheilt und wiederhergestellt hat. Dieses bewegende Zeugnis der Veränderung durch Gottes Eingreifen wird Ihr Herz berühren und Ihnen helfen zu erkennen, dass auch Sie wiederhergestellt werden und mit Ihrem einen Leben etwas Großartiges bewirken können.

Heilung für zerbrochene Herzen
Erlebe Wiederherstellung durch die Kraft des Wortes Gottes
96 Seiten, Paperback, auch als eBook erhältlich
EUR 4,80 [D], 5,– [A], CHF 6.80
(neue überarbeitete Auflage seit 12.2011)
ISBN 978-3-939627-30-2
Gott hat einen wunderbaren Plan für unser Leben, aber oft fällt es uns schwer, das zu glauben und zu erleben, weil uns Verletzungen aus der Vergangenheit plagen und uns gefangen halten. Lernen Sie, wie Gott Sie sieht. Sie werden erleben, wie seine Liebe Sie zur Ruhe bringt, Hoffnung für die Zukunft gibt und Ihr verwundetes Herz heilt.

Gut aussehen – Gut fühlen
12 Schlüssel für ein gesundes, erfülltes Leben
256 Seiten, Paperback, auch als eBook erhältlich
EUR 14,50 [D], 14,90 [A], CHF 20.–
ISBN 978-3-939627-09-8
Sie sind unendlich wertvoll für Gott! Dennoch haben viele Menschen ein niedriges Selbstwertgefühl und gehen auch entsprechend nachlässig mit ihrem Körper um. Joyce Meyers Zwölf-Schlüssel-Plan führt Sie durch überraschende biblische Erkenntnisse sowie praktische Tipps für einen gesunden, entspannten Lebensstil, damit Sie sich gut fühlen und obendrein noch gut aussehen.

Süchtig nach Anerkennung
Hör auf, allen gefallen zu wollen – Neuauflage
304 Seiten, Paperback, auch als eBook erhältlich
EUR 12,– [D], 12,40 [A], CHF 16.80
ISBN 978-3-939627-36-4
Brauchen Sie immer Bestätigung für das, was Sie tun? Beschäftigt es Sie, was die Leute über Sie denken? Hinter der Suche nach Anerkennung verbirgt sich oft der tiefe Wunsch, Gefühle von Ablehnung und geringer Selbstachtung zu überwinden. Diesem emotionalen Schmerz kann jedoch nur Gott mit seiner Liebe und Annahme angemessen begegnen. In diesem Buch beschreibt Joyce Meyer, wie man von der Sucht nach Anerkennung frei wird.

Vergeben und befreit leben
DVD ca. 70 Minuten, mit deutschen Untertiteln
EUR 5,– [D], 5,10 [A], CHF 7.–
Artikel-Nr. 446700723
Die meisten Menschen werden zu irgendeinem Zeitpunkt in ihrem Leben tief gekränkt oder bitter enttäuscht. Diese Situationen stellen häufig Wendepunkte dar – entweder zum Guten oder zum Schlechten. Alles hängt davon ab, wie wir auf das Geschehene reagieren. In diesem Vortrag spricht Joyce Meyer darüber, welche Schritte Sie gehen können, um Vergebungsbereitschaft zu entwickeln und welche Haltungen Ihnen helfen werden, mit erlebter Ungerechtigkeit fertig zu werden.

Einsamkeit und Trauer bewältigen
DVD ca. 60 Minuten
EUR 5,– [D], 5,10 [A], CHF 7.–
Artikel-Nr. 311307000
Sie fühlen sich einsam oder haben einen geliebten Menschen verloren? Frühere Freunde haben sich von Ihnen abgewendet, Sie wurden entlassen? Viele von uns haben derartige Verlustsituationen schon erlebt. Entscheidend für Ihren weiteren Weg ist es jedoch, wie Sie mit diesen Dingen umgehen. Versinken Sie nicht in Depressionen, sondern packen Sie das Leben neu an!

Gott ist dein Arzt
DVD ca. 50 Minuten
EUR 10,– [D], 10,20 [A], CHF 14.–
Artikel-Nr. 446700732
Die Bibel spricht davon, dass Gott unser Arzt ist, dennoch plagen sich viele Christen mit Krankheiten herum, die ihnen ihre Lebenskraft nehmen. Sollten Sie dazu gehören, resignieren Sie nicht! Lassen Sie sich durch diese DVD ermutigen, Ihr Vertrauen ganz neu auf Gott zu setzen. Erfahren Sie außerdem, welche Schritte von Ihrer Seite notwendig sind, um den Heilungsprozess zu unterstützen.

Themenwelt: Mit Jesus den Alltag meistern

Alles nur Gewohnheit
Wie Sie gute Gewohnheiten entwickeln und schlechte loswerden
208 Seiten, Paperback, auch als eBook erhältlich
EUR 10,– [D], 10,20 [A], CHF 14.–
ISBN 978-3-939627-39-5
Viele Verhaltensweisen haben wir uns über Jahre angewöhnt. Gute Gewohnheiten verleihen unserem Leben Frieden und Kraft, die schlechten rauben uns die Freude und stehen unserem Erfolg im Weg. In diesem Buch erklärt Joyce Meyer, wie Sie sich Gutes angewöhnen und gleichzeitig mit schlechten Gewohnheiten brechen können, damit Sie sich am Ende so verhalten, wie Sie es eigentlich möchten. Das betrifft Bereiche wie Glauben, Disziplin, Großzügigkeit, Entschlossenheit, Selbstvertrauen und unsere Gottesbeziehung. Sie können Ihr Leben umkrempeln – eine Gewohnheit nach der anderen.

Als Zweier-Set
DVD Set 1 + Set 2
„Alles nur Gewohnheit"
Sparen Sie EUR 3,–
Doppel-DVD-Set 1, ca. 100 Minuten
Doppel-DVD-Set 2, ca. 90 Minuten
EUR 29,– [D], 29,90 [A], CHF 39.90
Artikel-Nr. 446700738

Als Dreier-Set
DVD Set 1, Set 2 + Buch
„Alles nur Gewohnheit"
Sparen Sie EUR 5,–
Doppel-DVD-Set 1, ca. 100 Minuten
Doppel-DVD-Set 2, ca. 90 Minuten
Buch, 208 Seiten, Paperback
EUR 37,– [D], 37,90 [A], CHF 51.90
Artikel-Nr. 446700739

Mach dir keine Sorgen
Die Kunst, seine Lebensängste Gott zu überlassen
208 Seiten, Paperback, auch als **eBook** erhältlich
EUR 10,– [D], 10,20 [A], CHF 14.–
ISBN 978-3-939627-37-1
Treffen Sie die Entscheidung, sich im Alltag nicht länger von Ihren Ängsten und Sorgen niederdrücken zu lassen! Sie dürfen Gott vertrauen. Er kümmert sich um Sie und schenkt innere Ruhe in den unmöglichsten Situationen. Joyce Meyer erklärt in diesem Buch, wie Sie Ihre Sorgen auf Gott werfen, aber gleichzeitig Verantwortung für Ihr Leben übernehmen können.

Zuversicht, Mama!
Mit Gottes Hilfe erziehen
176 Seiten, Paperback, auch als **eBook** erhältlich
EUR 9,50,– [D], 10,00 [A], CHF 12.–
ISBN 978-3-939627-43-2
Viele Mütter haben mit Verunsicherung und Ängsten zu kämpfen, während sie versuchen, ihre Kinder in einer herausfordernden und sich ständig verändernden Welt zu erziehen. Sollten Sie das Gefühl haben, als Mutter immer wieder zu versagen, weil Sie Ihren eigenen Ansprüchen nicht gerecht werden, werfen Sie einen Blick in das neue Buch von Joyce Meyer. Ihre Lebenserfahrung sowie die von ihr erprobten biblischen Wahrheiten werden Sie befähigen, eine zuversichtliche Mutter zu werden, die ihre Kinder mit Freude erzieht.

Schreiben Sie uns!

Was hat Ihnen dieses Buch konkret gebracht? Haben Sie Anregungen? Möchten Sie Joyce Meyer Ministries etwas mitteilen? Dann schreiben Sie uns.

Joyce Meyer Ministries Deutschland
Postfach 76 10 01
22060 Hamburg

Joyce Meyer Ministries Schweiz
Postfach 500
3700 Spiez

Zuschauer- und Bestellservice:
Deutschland: 040-88 88 4 11 11   Schweiz: 0848-88 00 11

Weitere Bücher und DVDs unter **joyce-meyer.de/shop**